Sápmi, so nennen es die Ureinwohner von Nord-Skandinavien, ist wild, einzigartig und so weitläufig, dass sogar die gigantischen Rentierherden klein wirken können.

Tilmann Bünz nimmt uns mit auf eine lange Reise mit dem Nachtzug von Stockholm bis an die Küste des Eismeeres. Wir sind dabei, wenn die letzten freien Rentierherden den Weg ins Tal antreten, rasen durch den Winterwald mit der Hundenärrin Kitty, erfahren warum alle Welt so verrückt ist auf das Polarlicht und sind eingeladen bei Åsa Larsson zu Kaffee und Kuchen. Wortgewandt und einfühlsam zeigt uns Tilmann Bünz eine ebenso fremde wie wunderschöne Welt. Man möchte sofort die Taschen packen und mit eigenen Augen sehen, was er so eindrücklich beschreibt.

TILMANN BÜNZ reist seit zwanzig Jahren als Reporter für die ARD durch die Welt. Er liebt den Norden und die Niederlande. Seine Stationen: Friedensdienst in Amsterdam, Evangelische Akademie Tutzing, Redakteur bei Tagesschau und Tagesthemen, Nordeuropa-Korrespondent der ARD, Auslandseinsätze in Tokyo, Bangkok, Washington, London. Autor von zwei Dutzend Fernseh-Features u.a. »Menschen am Rande der Welt: Lappland« (Arte) und »Hoffnung für die letzten Urwälder« (Phoenix/DW). Tilmann Bünz ist mit der Schriftstellerin Jutta Jacobi verheiratet. Sie haben zwei erwachsene Kinder und leben in Hamburg und am Rande der Stockholmer Schären.

Tilmann Bünz

Vorfahrt für Rentiere

Lappland für Anfänger

btb

Aus Gründen der Lesbarkeit wurde auf das Gendern verzichtet.
Die gewählten Formulierungen schließen alle Geschlechter ein.

MIX
Papier | Fördert
gute Waldnutzung
FSC® C014496

Penguin Random House Verlagsgruppe FSC® N001967

2. Auflage
Originalausgabe Februar 2024
Copyright © 2024 by btb Verlag
in der Penguin Random House Verlagsgruppe GmbH,
Neumarkter Str. 28, 81673 München
produktsicherheit@penguinrandomhouse.de
(Vorstehende Angaben sind zugleich
Pflichtinformationen nach GPSR)

Covergestaltung: semper smile, München
Covermotiv: © Getty Images/Dave Moorhouse
Satz: Uhl + Massopust, Aalen
Druck und Einband: GGP Media GmbH, Pößneck
JT · Herstellung: sc
Printed in Germany
ISBN 978-3-442-74726-9

www.btb-verlag.de
www.facebook.com/penguinbuecher

Für Victoria Harnesk,
die mich lehrte, ihr Land zu verstehen

Bitte Tür geschlossen halten – die Orgel friert.

(Schild an der Kirchentür in Jokkmokk)

Im Winter graben sich die Rentiere so tief in den Schnee hinein, dass manchmal nur ihr Hinterteil herausragt.

(Probleme der Rentierhaltung in Finnisch Lappland)

Die Europäer wissen über die Indianer Bescheid. Aber über die Urbevölkerung, die am Rande des eigenen Kontinents lebt, wissen sie nichts.

(Aslak Sarri, Rentierhirte aus Porjus)

Inhalt

Eine Art Liebeserklärung an Lappland

Wo sonst in Europa kann man Rentierherden in Freiheit erleben, mit der Hundenärrin Kitty durch den Winterwald rasen, das legendäre Nordlicht sehen und staunend die kalten Füße und den steifen Nacken komplett vergessen?

Wer das Weite sucht, ist hier richtig. Sápmi – so nennt die Urbevölkerung von Nord-Skandinavien ihr Land – ist einzigartig und so weitläufig, dass sogar die gigantischen Rentierherden darin mühelos verschwinden könnten.

Wer ein Buch über Europas Urvolk, die Sami, schreiben will, muss sich in ihre Welt begeben.

Nach Lappland kommt man am besten mit dem ratternden Nachtzug von Stockholm.

»Das mit der langen Dunkelheit ist nicht so schlimm«, hat Victoria uns auf den Weg mitgegeben: »Meine Großmutter hatte einen Trick. Du musst nur das elektrische Licht ausmachen, dann ist es gar nicht so dunkel.«

Die Großmutter hat recht. Wenn man den Schalter umdreht und den Augen etwas Zeit lässt, werden draußen die Umrisse von Bäumen und Hütten sichtbar.

»Bei Vollmond gehen wir manchmal um Mitternacht

spazieren.« Victoria hat diese Reise oft gemacht, wenn das Heimweh sie nach Hause treibt oder die Arbeit nach Stockholm.

Die Nachfahren der Nomaden sind immer noch auf Achse. Nicht alle und nicht alle zur gleichen Zeit. Die meisten Samen wohnen heutzutage in den Großstädten Oslo, Stockholm oder Helsinki, mit allem Komfort der Zivilisation – und oft mit einem Vorrat an Rentierfleisch in der Gefriertruhe.

Für Nachschub sorgen die Herden – großzügig geschätzt etwa eine Million Tiere im ganzen Norden – oder vielmehr deren Hirten.

Man könnte denken, dass die Hirten die Herden vor sich hertreiben. Doch die Rentiere kennen selbst den Weg und ziehen wie seit ewigen Zeiten vom Winterlager in Wäldern auf die Sommerweiden ins Hochland, und die Hirten ziehen dahin, wo sie gebraucht werden.

Folgender Dialog hat wirklich stattgefunden:

Matthias Pirrak von der Rentier-Kooperative Jåhkågaska in Jokkmokk: »Wir können uns gerne treffen. Aber dafür musst du dich bewegen. Wir sind gerade im Fjäll.«

Ich: »Und wie kommen wir dahin, bitte?«

MP: »Fahrt 150 Kilometer, immer Richtung Westen. Kurz vor Kvikkjokk ist links eine Lichtung. Sagen wir um elf? Dort wartet dann der Hubschrauber.«

Wir waren pünktlich, der Hubschrauber war pünktlich, und nach kurzem Flug landeten wir bei Vater, Sohn und Onkel Pirrak. Die schweren Vorschlaghämmer hatten sie abgestellt, sie machten eine Pause am Feuer und schoben sich dicke Scheiben von Rentierschinken mit der Messerspitze in den Mund.

Das Gehege musste repariert werden, einige Zaunpfähle waren wohl morsch geworden. Noch einen Monat, dann würden hier die Hufe von fünftausend Rentieren über die Weide donnern, immer im Kreis herum, in der Mitte die Hirten und Hirtinnen mit ihren Lassos. Bis dahin musste das Gatter – groß wie drei Fußballfelder – wieder stehen.

Dieses Buch ist eine Verbeugung vor den Menschen, die es hier oben aushalten, obwohl sie in Zeiten der Globalisierung auch wegziehen könnten: Hirten und (immer mehr auch) Hirtinnen, Windmüller, Glaziologinnen und trockene Alkoholiker, stolze Sami-Frauen, Sinnsuchende, Solowanderinnen und Sturköpfe. Es erzählt von einer Welt, die eher eine Männerwelt ist. Noch nicht ganz zu Ende zivilisiert, im Guten wie im Schlechten. Wer in beiden Welten zu Hause ist, bekommt auch die Schattenseiten mit. Der »wilde Norden« hinkt der Postmoderne in Sachen Autofahren und Ernährung (sprich Diesel und Holzfällersteaks und kein Meter zu Fuß) um gut fünfundzwanzig Jahre hinterher. Die Gemeinden sind chronisch unterfinanziert, das nächste Krankenhaus oft Hunderte von Kilometern entfernt. Aber den Prozess in der Erzgrube von Kiruna steuert eine Frau, Elin Kivinemi. Dieses Buch zeigt sie und andere starke Frauen – und Männer – von ihren uns hier eher unbekannten Seiten. Wer hätte gedacht, dass Lapplands Männer eitel sein können, wenn es um den richtigen Schuh für arktische Kälte und hüfthohen Schnee geht?

Bei genauerem Hinsehen werden manche Dinge kompliziert. Man nehme nur die Wortkombination »Wildnis in Lappland« – ein Begriff wie ein Magnet und ein Fettnäpfchen erstens Ranges.

Schwierig, von Wildnis nicht zu schwärmen, wenn man in einer kleinen Hütte mit Bollerofen die Nacht unterm Nordlicht verbracht hat, die Sterne funkelten und nur die Schlittenhunde Wache hielten. Warum sonst fährt man in diese Gegend, wenn nicht für die unberührte Natur?

Wir hatten eine Nacht in einer der schönsten Wildernis-Lodges bei Jukkasjärvi im Wald von Lappland verbracht – in Erwartung des Polarlichts – und erwähnten das bei unserer nächsten Station, einer samischen Pferdefarm in Puoltsa, ohne viel darüber nachzudenken.

»Daran ist alles falsch«, sagt Kerstin Blind Nilsson, die Besitzerin.

»Niemand hier oben sagt Lappland. Nur die Touristen. Für die Schweden ist es Norrland oder Norrbotten, eine von einundzwanzig schwedischen Regionen. Für uns Urbevölkerung ist es Sápmi, also unser Land. Und Wildnis unterstellt, dass hier keiner war, bevor die Siedler kamen. Das hätten die wohl gerne.«

Die acht Jahreszeiten

Dieses Buch gliedert sich in acht Teile. Es folgt darin den acht samischen Jahreszeiten. Was für ein Luxus für eine, mit Verlaub, doch ziemlich karge Ecke. Kommen die Samen mit Sommer, Herbst, Winter und Frühjahr nicht aus, wo doch ohnehin alles ineinanderfließt und im Juni die letzten Skifahrer den ersten Wanderern im Gebirge begegnen?

Solche Fragen kann nur einer aus dem Süden stellen, ist in Victoria Harnesks Miene zu lesen. Leises Kopfschütteln, milder Spott – und dann beginnt sie, die Wetterphilosophie der Sami zu erklären. Victoria ist unsere Gewährsfrau in der Welt der Sami. Sie ist Botschafterin ihres Volkes und Tochter eines Rentierhirten. Sie findet, dass man mit acht Jahreszeiten gerade so hinkommt. Auch die hundert Wörter für Schnee seien angemessen.

Winter:
Mit dem Nachtzug in eine andere Welt

Stockholm Abfahrt 18.03 / Die allzu hart sind, brechen /
Unterwegs mit Nils Holgersson /
Vorfahrt für Rentiere

WINTER – DÁLVVIE – JAHRESZEIT DER PFLEGE

Im zentralen Lappland rund um Kiruna meldet sich die Sonne rund um den 11. Dezember gegen Mittag ab und kommt erst Anfang Januar wieder. Niemanden scheint das groß zu bekümmern. Ganz dunkel wird es trotzdem nicht: Es gibt einen dünnen Streifen, der es gerade über den Horizont schafft und lange Schatten wirft.

Manchmal irrt das Norrsken – das Polarlicht – über den Himmel. Tag und Nacht gleichen sich an. Die Menschen holen sich den Schlaf, auf den sie in den hellen Sommernächten verzichtet haben. Wem die Decke auf den Kopf fällt, der geht eisfischen. Zeit für Spaziergänge im Mondschein. Die Rene ruhen – sie sind im Gehege.

Stockholm Abfahrt 18:03

Erste Lektion in Lappland: nicht mit Puschen in den Speisewagen.

Zwischen den Waggons liegt der Schnee knöchelhoch.

»Ganz normal«, sagt die Köchin und wirft einen kurzen Blick auf unsere Hüttenschuhe, »ein bisschen Schnee kommt immer durch die Ritzen.«

Es ist acht Uhr abends kurz hinter Uppsala, und eine lange Fahrt liegt vor uns. Noch eintausendzweihundert Kilometer bis Kiruna.

Die Zeit könnte sich dehnen. Doch dann beginnt der junge, blonde Mann mit der kleinen Wampe, der schräg über den Gang sitzt, aus seinem Leben zu erzählen.

Es fühlt sich an wie in einem russischen Roman.

Pärvo war Koch hoch oben in einer Touristenstation, nahe am Nordlicht.

»Zwanzig Grad minus fühlen sich nach einer Weile wie zehn Grad plus an.« Pärvo ist, wie man an seinem rollenden R erkennen kann, ein Finnlandschwede – und laut Selbstauskunft trockener Alkoholiker. »Familientradition«, sagt er und grinst. Ob wir mal kurz auf sein Bier und sein Handy aufpassen könnten, er müsse austreten. Er sei gerade auf dem Weg zu einer Sauftour mit alten Kollegen, berichtet er, als er zurück ist. Und dass er eine Freundin hat, die ihn gerettet habe, als er ganz unten war, damals, als er mit siebzehn in einem Hotel in Kopenhagen strandete. Die – Krankenschwester sei sie von Beruf – möge es nicht, dass er trinke, aber ab und zu könne er eben nicht anders. Als er das sagt, sieht er nicht unzufrieden aus. Fröhlich zitiert er ein klassisches Sprichwort: »Warum sollte man seine alten Sünden bereuen, wenn man doch neue Sünden begehen könnte?« Von wem es stammt? »Ach – egal«, sagt er.

Eine junge Frau mit halbseitig geschorenem Schopf, die andere Hälfte voller blonder Locken, betritt die Bühne des Buffetwagens, hört den Monolog und sieht uns nicken. Sie mischt sich sofort ein: »Du machst mich ganz krank mit deiner Geschichte. Du bist so hübsch – du könnest fünf Kinder haben und eine schöne Frau.«

»Und was ist, wenn ich das nicht will«, sagt er.

So direkt geht es nicht immer in schwedischen Zügen zu. Doch der Nachtzug nach Kiruna macht da eine Ausnahme. Lappland war schon immer eine besondere Gegend.

Die allzu hart sind, brechen

Lappland ist etwas für Liebhaber. Das offenbart auch der Blick aus dem Zugfenster. Draußen fliegen die Fichten vorbei. Sie sind kleinwüchsig und knorrig. Die Bäume halten ihre Zweige dicht am Stamm, breiten sie nicht aus. So als ob sie frören.

Der Urwald der Arktis sieht vergleichsweise mickrig aus. Man muss ihn sich schöngucken. Keine Spur von mächtigen Kronen und breiten Stämmen oder dem, was man sich so vorstellt, wenn man an einen Urwald denkt. Einige dieser zähen Geschöpfe dort draußen am Bahndamm stemmten sich schon gegen die brausenden Winterstürme, als Mozart seine Nachtmusik komponierte.

In der Arktis wächst alles langsam, und ich muss an die Worte in Wolf Biermanns »Ermutigung« denken: »Die allzu hart sind, brechen, die allzu spitz sind, stechen.« Hier oben überlebt nur das, was sich klein machen kann und sich verkriecht wie die Bären, wenn der Winter kommt.

Aber sind das nicht auch Schreckgespinste, verbreitet von Leuten, die andere verknurren möchten, wie man in der Schweiz sagt?

»Als Kinder aus Mittelschweden dachten wir, dass es in Lappland immer kalt und dunkel ist,« erzählte uns Jessica. Auch Jessica gehört zu Lappland (und damit in dieses Buch). Sie ist keine Sami, sondern eine Zugezogene, eine aus dem Süden, die für den Job in den Norden kam und nicht mehr von dort wegwill. Nun will sie, dass wir ihre neue Welt kennenlernen.

»Niemand hat uns erzählt, dass im Sommer die Sonne monatelang nicht untergeht und man in den Seen baden kann, wenn man nicht zimperlich ist.«

Jessica wohnt so ziemlich am Ende der Bahnstrecke, in Abisko, dort, wo man das Polarlicht am besten sehen kann – und sie hat uns eingeladen mit ihr in den Himmel zu gucken.

Nach Lappland kommt man mit dem Zug, so wie einst die neuen Siedler, die Männer und Frauen und Kinder von

Kiruna und Gällivare, die Grubenarbeiter, Köchinnen, Krankenschwestern und Ingenieure. In jener Zeit der Pioniere um 1900 dauerte die Fahrt von Mittelschweden bis hierher noch sechsunddreißig Stunden. Nach zwei Nächten und einem Tag in der Holzklasse tat dann das Gesäß weh. Inzwischen ist die Reise komfortabler.

Unser Zug tuckert durch die Nacht. Meine Frau Jutta – zum ersten Mal in Lappland – sagt: »Ich könnte jetzt noch tagelang weiterfahren und mich verlieren.«

Draußen hat es aufgehört zu schneien, zwischen den Abteilen ist der Schnee festgetrampelt. Halbwegs trockenen Fußes gelangen wir zurück ins Abteil. Nächstes Mal bleiben wir besser in den Stiefeln, wenn wir in den Speisewagen gehen.

Unterwegs mit Nils Holgersson

Der Morgen graut, allmählich wird es hell. Tatsächlich ist es schon nach 10 Uhr – wir nähern uns Kiruna. Eintausenddreihundert Kilometer hat sich der Zug durch eine Landschaft zwischen Taiga und Tundra gebimmelt. Die Dämmerung lässt langsam Konturen von Häusern am Bahndamm erkennen, meist sind sie, auch das erkennt man nun, ochsenblutrot mit weißen Dachkanten. Wir sind zweifelsfrei noch in Schweden.

Hier oben liegt reichlich Schnee, so viel, dass es uns zwei Lapplandfahrenden die Augen blendet, als die Sonne aufgeht. Dies ist die Gegend, wo man die dem Wind ausgesetzte Hausseite komplett einschneien lässt, weil Schnee isoliert. Es dauert eine Weile, bis man diesen Satz in seiner Tragweite begreift. Der Schnee wärmt das Haus, so wie ein Iglu seine Bewohner schützt.

Der Zug passiert eine kleine Stadt und drosselt das Tempo.

Wir sehen im Vorbeifahren einen Mann mit seiner Haustür kämpfen. Man sieht vom Mann nur den Kopf mit der Zipfelmütze aus der Tür ragen. Der Schnee liegt mindestens einen Meter fünfzig hoch. Ob es ihm gelingt, sein Haus zu verlassen?

Es gibt Winter, da hört es gar nicht mehr auf zu schneien. Dann bleibt nur der Weg aus dem ersten Stock zum Aussteigen. 2020 war so ein Winter. Sechs Meter Schnee – das ist auch für Lappland eine Menge. Für viele Tiere war es ein Hungerwinter. Ein Ren schafft es zwar, mit seinen großen Hufen Flechten in zwei Meter Tiefe auszugraben. Aber sechs Meter sind zu viel.

Winter in Lappland ist für die einen eine Verheißung. Für viele eher ein Fluch. In meinem Reisegepäck steckt ein dickes Buch, ein Wälzer von einigen Hundert Seiten, der vor über einhundert Jahren genau auf dieser Bahnstrecke geschrieben wurde, jedenfalls zum Teil. Die schwedische Autorin (und erste Nobelpreisträgerin für Literatur) Selma Lagerlöf reiste 1904 mit der Eisenbahn nach Lappland. Sie recherchierte in allen Teilen Schwedens für ein Lehrbuch der Geografie. Sie verwebte darin Ortskunde mit schwedischen Sagen so meisterhaft, dass es nach den Schulkindern auch Erwachsene verschlungen haben. Die Rede ist vom Däumling Nils Holgersson und seinen Wildgänsen, die im

Sommer nach Lappland fliegen und dann im Herbst fast fluchtartig den Rückweg antreten:

> *»Nils Holgersson dachte auch, es sei höchste Zeit*
> *für die Wildgänse, südwärts zu ziehen, denn es war*
> *schon sehr viel Schnee gefallen; so weit das Auge*
> *reichte war die Erde ganz weiß und es war auch in*
> *der letzten Zeit im Felsental tatsächlich recht unbe-*
> *haglich gewesen.«*[1]

Der Winter zwingt zudem die Rentiere hinab in die Täler. Auch darüber berichtet Selma Lagerlöf, die zusammen mit ihrer Begleiterin Sophie Elkan auf eine Reise nach Norrland gegangen war und in der neuen Herberge des Schwedischen Touristenvereins wohnte, die zuvor den Bahningenieuren in Abisko als Baracke gedient hatte.

Es wurde einsam oben im Norden. Nur wenige Tiere trauten sich den Winter in Lappland zu.

> *»Aber als die Bären die Wildgänse sahen, zeig-*
> *ten sie sie ihren Jungen und brummten: seht, seht!*
> *Diese dort fürchten sich vor ein bisschen Kälte;*
> *deshalb bleiben sie im Winter nicht daheim.*
> *Aber die alten Wildgänse blieben den Bären die*
> *Antwort nicht schuldig, sondern riefen den Jungen*
> *zu: seht, seht! Diese verschlafen lieber das halbe*
> *Jahr, als dass sie sich die Mühe machen, südwärts*
> *zu reisen!«*

Vorfahrt für Rentiere

Immer wieder schreckt uns der Lokomotivführer aus dem angenehmen Halbschlaf einer langen Zugreise. Die Tiere des Waldes nutzen gerne die Wege der Menschen, wenn sie im Schnee nicht mehr vorankommen. Dann hupt sie der Zugführer von den Gleisen, und im Vorbeifahren sehen wir eine kleine Ren-Herde in den Wald verschwinden.

Hier oben gibt es noch richtiges Wetter. Wo Naturkräfte wirken, darf man sich endlich mal angemessen klein fühlen. Lappland sperrt sich gegen alles, was zu geplant ist. Im Zweifel machen Rentiere sowieso allen Plänen einen Strich durch die Rechnung.

Ein paar Jahre zuvor, auf einer Drehreise für ARTE, trabten drei Rene auf der Europastraße Kiruna Richtung Narvik und knabberten dann auf den Gleisen der Erzbahn an den letzten Halmen zwischen den Schwellen. Im Gelände kamen sie nur mühsam voran. Man sah nur noch ihr Hinterteil aus dem Schnee ragen.

Wie sollte unter solchen Umständen der Nachtzug nach und von Stockholm pünktlich sein?

Verabredungen stehen hier immer unter Vorbehalt, besonders, wenn die Temperatur auf dem Thermometer ganz tief in den Keller geht. An diesem Tag sank sie auf minus 38 Grad. Eigentlich stand ein Interview mit einem jungen Rentierhirten in der Nähe von Kiruna an. Doch der hatte uns abgesagt. Der Grund: eine Mischung aus unerträglichen Zahnschmerzen und Renen in Not. Wir glaubten ihm, er klang am Telefon zum Erbarmen. Und seine Rene seien in den Schneebergen am Verhungern, er müsse sie auf den Lkw verfrachten, ins Gehege bringen und dort zufüttern. Ob und wann er wieder Zeit habe, dazu könne er nichts sagen. Da standen wir nun ratlos am Straßenrand bei minus 38 Grad – der Schnee war so kalt, dass er nicht mehr knirschte, die Augenbrauen vereist und der verschüttete Kaffee aus der Thermoskanne gefroren, bevor er auf dem Boden anlangte – und sahen zu, wie der seit Monaten fest eingeplante Termin sich in der arktischen Luft auflöste. Lappland liegt nun nicht gerade um die Ecke. Die Entfernung zwischen Hamburg und Kiruna beträgt etwa 2500 Kilometer. Doch wenn man lange genug oben im Norden unterwegs war, weiß man, dass es nicht lohnt, sich über solche Absagen aufzuregen. Ärger ist vergeudete Energie, vor allem an Tagen klirrender Kälte, da braucht man alle Kraft zum Staunen über diese Winterwunderlandschaft.

Später dann, als wir in einen Mietwagen umgestiegen waren, entstand ein Verkehrsstau wie aus dem Nichts. Eben noch war die Europastraße E 10 leer gewesen.

Mit der Nonchalance derer, die schon immer da waren, kreuzte eine Familie von Rentieren die Trasse und brachte im Hand- beziehungsweise Hufumdrehen eine ganze Lastwagenkolonne quietschend zum Halten.

Weil das öfter vorkommt, als es irgendjemand lieb sein könnte, und weil alle Versuche, Rentiere an die Straßenverkehrsordnung zu gewöhnen, fehlgeschlagen sind, gibt es markierte Wildwechsel. Man erkennt sie an schwarzen Plastikbändern links und rechts der Fahrbahn. So einen hatten wir offenbar gerade übersehen.

Die kleine Herde trottete noch eine Weile am Straßenrand und verschwand dann in der Tundra.

Spätwinter:
Jokkmokk – Blaues Blut friert auch

Der Markt verlangt nach Bargeld /Aufbruch im Auto-deck / Victoria nimmt uns an die Hand / Die Socken der Sami / Blaues Blut friert auch / Mit der Kirche kam der Stress / Dann seid ihr dran / Ein Elch im Vorgarten / Wer schützt uns vor unseren Freunden? / Die Herren wollten es so / Der Lappe soll ein Lappe bleiben/ Vier Stimmen aus Kiruna / Nicht ständig auf Koks / Åsa Larsson – der gute Geist von Kiruna / Stadt auf gepackten Koffern / Die heiklen Fragen / Åsa Larsson hat einen Traum / Elin hat das letzte Wort / Das Norrland-Paradox / Behandle deine Huskys gleich – dann kommst du in das Himmelsreich / Von der Kabine in den Schlitten / Bitte nicht helfen – es ist schon schwierig genug / Für die Hunde brauch ich kein Schwedisch/ Wie man den Winter rettet / Erleichterung im Galopp / Einmal Musher sein / Der große Treck zum Nord-licht / Das blaue Loch / Später Besuch / Der erste Pilger / Bauboom / Die Stunde der Wahrheit / Hinab voll Glück / Was Sie schon immer über das Polarlicht wissen woll-ten / Wo es sich zeigt / Richtige Kleidung / Wo es sich nicht

SPÄTWINTER – GIJRRADÁLVVIE – JAHRESZEIT DES ERWACHENS

Die Tage im Spätwinter beeilen sich, länger zu werden, jeden Tag ein paar Minuten. Das Eis trägt – auf Stauseen ist aber Vorsicht geboten. Dort sind schon ganze Herden versunken, wenn der Wasserspiegel stark absinkt.

Aus allen Ecken und Enden des Nordens strömen Menschen zum Wintermarkt in Jokkmokk, der seit 1605 am ersten Wochenende im Februar begangen wird. Am 6. Februar ist der Samische Nationaltag, ins Leben gerufen von der norwegischen Samin Elsa Laula in Trondheim 1917. Damals fand erstmals eine länderübergreifende Konferenz der Samen der drei westlichen Staaten Norwegen, Schweden und Finnland statt.

Der Markt verlangt nach Bargeld

Es ist samischer Nationaltag, und wir sind in Jokkmokk (auf Samisch »Jåhkåmåhkke«), einem Holzhausidyll am Polarkreis. Vor dem einzigen Geldautomaten bildet sich wie jedes Jahr eine lange Schlange. Der Wintermarkt verlangt nach Bargeld. Solide verpackte Fußgänger stoßen kleine Wölkchen aus, der Himmel ist so blau wie das Blau der Fahne der Samen, die an jedem zweiten Haus hängt.

Um keine Missverständnisse aufkommen zu lassen: Jokkmokk ist mit seinen 3500 Einwohnern zwar die Hochburg der schwedischen Samen. Aber in Zelten wohnt hier keiner mehr, jedenfalls nicht im Winter.

Jokkmokk – das war einmal ein Winterlager am Talvatis-See, mit Tausenden von Rentieren und Pferden und Dutzenden von Zelten, aus deren offenen Spitzen der Rauch quoll. Zwei Monate im Jahr gönnten sich die Nomaden des Nordens eine Ruhepause hier und in fünf weiteren Orten Lapplands. Der Rest des Landes war nicht besiedelt. Irgendwann nach der letzten Eiszeit landeten sie hier und lebten für sich und mit ihren Tieren – und wie man annehmen kann, recht einfach.

In seinem Werk *Germania* erzählt Tacitus, der römische Geschichtsschreiber, im Jahr 98 nach Christus von den »Fenni«, den Sami und der Romantik des einfachen Lebens:

> »Sie sind arm und wild wie Tiere. Sie haben keine Waffen, keine Pferde, kein Haus. Ihre Nahrung sind Kräuter, ihre Kleidung Felle, ihr Bett ist der Erdboden. Glücklich sind sie, denn sie schwitzen nicht bei harter Ackerarbeit und mühen sich nicht ab mit Häuserbau. Sie leben nicht in Furcht um eigenes und fremdes Gut. Sie haben das Schwerste erreicht: wunschlos und zufrieden sein.«[2]

Später dann tauschten sie Felle und Fleisch gegen Silber, Salz und Kaffee bei reisenden Händlern.

Bis dann die Schweden unter Daniel Hjorth kamen, dem Gesandten des Königs, mit ihren Grenzpfählen, Kreuzen und Münzen. Das war im Jahr 1605, und seitdem gibt es alljährlich am ersten Wochenende im Februar den Wintermarkt, einen der ältesten Märkte der Welt.

Für die Sami ist es das wichtigste gesellschaftliche Ereignis des Winters. Jokkmokks Wintermarkt ist wohl einer der wenigen Orte, an denen die Sami in der Mehrheit sind und ihre Sprache auch heute noch pflegen. In den Straßen sieht man geparkte Autos mit Anhängern aus Inari in Finnland und Kautokeino in Norwegen oder noch weiter nördlich und östlich bis hin zur Eismeerküste hinter Murmansk.

Aus einem der Busse ist Victoria Harnesk geklettert, eine zierliche Frau mit schulterlangen dunklen Haaren und braunen Augen, Schnabelschuhen an den Füßen und dem klassischen Kolt – der traditionellen Tracht – unter der Daunenjacke. Wer allerdings mit besonders festen Vorstellungen anreist, wie echte Sami aussehen sollten, dürfte enttäuscht werden. Victoria könnte – obwohl sie niemals dort war – für eine Italienerin durchgehen.

Der Linienbus 44 aus Porjus kommt reichlich zu spät, was Victoria aber nicht sonderlich zu beschäftigen scheint. Zum Reisen gehöre auch das Warten, sagt sie. Die Sami des Nordens sind überwiegend sesshaft und dennoch ständig unterwegs. Victoria muss nicht lange überlegen, als die unvermeidliche Frage kommt.

»Warum zieht ihr immer noch so viel herum?«

»Wir sind ein kleines Volk, verstreut über eine Riesenfläche. Wir reisen wirklich viel. Sich zu treffen und zusammenzukommen, das ist ein Grundbedürfnis.«

Wer mit Victoria auf den Wintermarkt geht, muss damit rechnen, dass sie für hundert Meter Strecke durch die Gassen etwa zwei Stunden braucht, weil sie überall Bekannte trifft.

»Für uns ist es ungeheuer spannend, denn das kennen wir sonst nicht: Hier sind wir nicht die kleine Minderheit – und jedes Gesicht kommt einem vertraut vor.«

Ganz unter sich sind sie allerdings nicht. Es gibt eingeschworene Lapplandfans, darunter viele deutsche Landsleute, die den Sami Gesellschaft leisten wollen und dafür den weiten Weg mit ihren Wohnmobilen nicht scheuen – und vermutlich ist da auch der Mann aus Oberbayern mit seinen Huskys dabei.

Am Tag zuvor auf der Fähre. Noch ist der Moment nicht gekommen, in dem sie losspurten wie bei der Formel eins. So wie sie rennen können, so können sie auch ruhen.

Auf Deck fünf schauen fünf eisblaue Augenpaare aus einem Anhänger. Auf dessen Boden liegt ein bisschen Stroh auf blankem Stahl. Fünf Huskys auf dem Weg nach Lappland, nach Arjeplog, ein weltweites Zentrum für Testfahrer. Weite Seen, solide zugefroren, ein Landkreis groß wie Dänemark. Es ist dort so einsam, dass man schon zwei Tage vorher die Paparazzi sehen kann, die herkommen, um einen Blick auf die neuen Modelle zu werfen, die Erlkönige.

Vor der fahrenden Hundehütte steht ein Allrad mit deutschem Nummernschild. Ein Mann mit Undercut und kleinem Zopf, Ring im Ohr, beugt sich hinunter und spricht leise ein paar Worte; die Hundeohren zucken.

»Doa kennans ordentlich rennen, doa san Schnee und Eis garantiert«, sagt der Hundebesitzer in sanftem Oberbayerisch, als ich mich nach dem Ziel seiner Reise erkundige.

Eine Frage muss ich ihm dann doch noch stellen. Nimmt er die Hunde mit aufs Hundeklo auf Deck sieben? Das Autodeck ist zwischen Abfahrt und Ankunft eigentlich geschlossen.

Er zuckt die Achseln. »Ich war in der Nacht zwoamal unten, Gassi gehn.«

Aber wo? Kein Baum, kein Strauch weit und breit, nur Stahl auf Deck fünf.

Er schüttelt den Kopf. »Was macht das schon aus, wenn hier ein paar Hunde pieseln?«

Auf Schwedisch sagt man: »Det ordnar sig.« Zu Deutsch: Das regelt sich von selbst. Und gerade das scheint verlockend zu sein. Die Augen des Hundebesitzers strahlen, wenn er von seinen Abenteuern erzählt, von den Möglichkeiten. Wenn er »Lappland« sagt, könnte er auch »Freiheit« sagen. Seine Hunde, einmal vor den Schlitten gespannt, wollen rennen, nicht mehr und nicht weniger. Und das Herrchen darf sich dann über die Eisseen ziehen lassen. Für diese archaischen Freuden fährt er durch halb Europa – von Oberbayern, wo er die Tiere züchtet, bis an den Polarkreis, wo es dann endlich kalt genug ist für sie. Ihr Komfortbereich liegt bei fünfzehn Grad – minus.

Victoria nimmt uns an die Hand

Es ist überraschend, wem man hier alles begegnet, und gleichzeitig auch nicht. Der Wintermarkt ist genau der Ort, wo man in dem Mann mit der Bärenmütze seinen alten Mathematiklehrer wiedererkennt und von dessen stiller Liebe zu Lappland erfährt.

Und diese Liebe teilen viele. Victoria ist die Tochter eines Rentierhirten und einer Künstlerin – und versteht sich als Kulturbotschafterin ihres Volkes. Sie gibt inzwischen *Samefolk* heraus, eine sehr liebevoll gemachte farbige Zweimonatszeitschrift mit Porträts und Tipps und harter Politik – das Sprachrohr der Minderheit seit fast einhundert Jahren.

Als junge Frau landete Victoria in Tracht und mit prächtigem Silberschmuck auf dem Titelbild einer Stockholmer

Straßenzeitung – mit einem Zitat auf der ersten Seite. »Es ist leichter, in Stockholm Tracht zu tragen, als in den Bergwerkstädten meiner Heimat.« Victoria fiel auf, ob in der Parteizentrale der Sozialdemokraten, wo sie eine Zeit lang arbeitete, oder auf dem Stockholmer Wochenmarkt, wo sie mit klingendem Silber um den Hals und Schnabelschuhen einkaufen ging. Nur an der Fleischtheke sah man sie dort selten.

»Immer, wenn ich Heimweh hatte, holte ich mir aus dem Kühlschrank Rentierfleisch aus der Herde meines Vaters.«

Stockholm liegt etwa 1000 Kilometer entfernt – da braucht man schon einen großen Kühlschrank. Zumindest, wenn das Heimweh groß ist.

Victoria hatte es im Alter von dreißig Jahren nach Lidingö verschlagen, die erste Insel vor Stockholm, bevor es in den Schärengarten geht. Ihr erster Mann Mats war hier geboren worden. Kennengelernt hatten die beiden sich oben in Lappland, als Mats dort im Urlaub mit dem Snowscooter durch die Weite sauste.

Unser erstes Treffen war 2003. Ein paar Telefongespräche und vor allem viele Kannen Kaffee später schlossen wir einen losen Bund, der aber seit zwanzig Jahre hält. Victoria ließ sich in ihrem Alltag begleiten – eine Art Familienalbum in Szenen und Bildern. Damals war ich für fünf Jahre nach Stockholm entsandt, um für die ARD über ganz Nordeuropa zu berichten. Eine samische Perspektive würde das Bild komplettieren, dachte ich damals. Vielleicht hätte sich Victoria einem schwedischen Kamerateam gegenüber nicht so offen gegeben. Unsere Nähe hatte vermutlich auch mit dem gemeinsamen Außenseiterstatus zu tun. Wir konnten gemeinsam über die schwedische Mehrheitsgesellschaft staunen. Ich als Auswanderer auf Zeit und Victoria als Nachfahrin der Urbevölkerung.

Bald kamen in unregelmäßiger Folge Berichte über Victoria und ihre Familie ins deutsche Fernsehen. Interesse für solche Insiderberichte – neugierig, aber ohne Gier – gab es mehr als genug.

Wer ist schon jemals mit drei zahmen Rentieren als Tragtiere durch Lappland gewandert? Eine Tradition aus der Zeit, als Samen noch als Nomaden herumzogen und den Rentieren den Hausrat und die Zeltstäbe aufsattelten.

Nur ein Kalkül ging nicht auf. Rentiere sind keine Lasttiere. Und da gab es diese scharfen Kanten an unseren Transportkisten, an denen sich die Tiere hätten verletzen können. Um der Wahrheit die Ehre zu geben, auch wenn es kein Ruhmesblatt ist: Die Kisten flogen im Hubschrauber, wir wanderten.

Der praktische Nutzen der vierbeinigen Begleiter hielt sich in Grenzen. Sie stoppten alle zehn Minuten und knabberten an den Birken. Sie scheuten über Brücken. Es war wunderschön, sie dabeizuhaben – keine Frage. Nur fehlten uns Wanderern die Kräfte von Victorias Großmutter, die vor etwa hundert Jahren hier oben am Fluss mit ihrem Mann in der Einöde lebte. Der Legende nach war sie so stark, dass sie zur Not auch ein Rentier tragen konnte.

Victoria verspürte von klein auf das Bedürfnis, jene Fragen zu beantworten, die Nicht-Samen unbedingt loswerden wollen, wenn sie leibhaftige Samen vor sich sehen.

Klassiker sind: Wie viele Rentiere habt ihr? Oder: Zahlt ihr Steuern für eure Rentiere?

Ihre Lehrzeit als Kulturbotschafterin begann im Nationalpark Laponia am Fuße des Berges Akka, wo nur Samen wohnen dürfen.

Dort hat sie in den Ferien Wanderern auf dem Weg zum Gipfel erklärt, was samische Kultur ist, und selbst gebackenes Brot vom heißen Stein und geräucherten Fisch verkauft. Die Besucher kamen aus aller Welt und ruhten sich am Feuer von Großvaters Torfhütte aus – und einige blieben Freunde fürs Leben.

Kulturbotschafter sind eine praktische Sache, für beide Seiten. Die Nicht-Samen finden ein offenes Ohr für alle ihre Fragen. Die Samen können steuern, was von ihrer Kultur allgemein bekannt wird – und was sie lieber für sich behalten. Minderheiten, auch im toleranten Schweden, haben Grund zum Misstrauen.

»Man muss sich auch vor seinen Bewunderern schützen«, sagt Victoria mit ernstem Gesicht, und ihre sanfte Ironie ist für einen Moment verflogen, »vor denen, die in uns die edlen Wilden sehen. Sonst landen wir noch im Reservat. Und müssen in Koten schlafen.« Letzteres hat es ja tatsächlich einmal gegeben, zu den Zeiten der Großmutter, aber das ist eine lange Geschichte, eher geeignet fürs Kaminfeuer und nicht für den Trubel des Wintermarktes, in den Victoria jetzt wieder eintaucht.

Für Besuch von auswärts ist der Markt auch eine gute Gelegenheit, sich nach einem Quartier für das nächste Jahr umzuschauen. Zimmer sind am besten ein Jahr im Voraus zu buchen. Und es lohnt sich, denn der Wintermarkt ist alles zugleich – Markenschau und Heiratsmarkt, Theater unter freiem Himmel, Handelsplatz für selbst gemachte Fellmützen und Handschuhe – und für das neuste Männerspielzeug, Snowscooter mit 200 PS und bis zu 200 Kilometer pro Stunde in der Spitze. Da wird auch Lappland überschaubar. Die Motorschlitten sind enorm praktisch, aber zugleich der Schrecken der Tierwelt: Die motorisierten Jäger sind selbst im tiefen Schnee wendig, und die Tiere haben Mühe zu entkommen.

Wenigstens ziehen die neueren Modelle – nach der Umstellung von Zwei- auf Viertaktmotoren mit Katalysator – keine blauen Abgasfahnen hinter sich her. Früher roch man die Scooter noch Stunden später in der klaren Bergluft Lapplands. Die gesammelten Motorschlitten des Nordens stoßen jedoch große Mengen an CO_2 aus. Angeblich mehr als der gesamte Inlandsflugverkehr, und wenn man die PS-Pakete so anschaut, kommt einem das ganz plausibel vor.

Der Inlandsflugverkehr wiederum ist stark rückläufig, was der Schwedin Greta Thunberg zu verdanken ist und ihrer Wortschöpfung der »Flugscham«. Die Scooter erfreuen sich hingegen steigender Beliebtheit. Wenn man mit Victorias inzwischen verstorbenem Vater Per Gunnar über diese Problematik sprach, hielt er immer dagegen, dass die Rentierhirten die Scooter als Arbeitspferde benützten – und keinesfalls zum Vergnügen durch die Gegend rasten.

Es ist eine Frage des Respekts, ihm seine Wahrheit zu lassen. Aber merkwürdig ist es schon, dass ausgerechnet diese Krachmacher mit ihren beheizten Gashebelgriffen die Herden in den Weiten Lapplands antreiben. Es ist ein bisschen so, als ob Winnetou beschlossen hätte, mit dem Hubschrauber zu kommen.

Die Socken der Sami

Lange bevor das Wort Ökologie in aller Munde war und Menschen begannen, sich für ihren ökologischen Fußabdruck zu interessieren, versuchten die Sami, so wenig Spuren wie möglich zu hinterlassen: Etwas salopp könnte man sagen, dass sie mit leichtem Gepäck reisten. Sie bauten keine Kathedralen, sprengten keine Schneisen durch die Berge und setzten keine Mühlräder an die Flüsse. Ein Großteil ihrer Energie floss in die Handwerkskunst – auf Samisch: »Duodji«.

Sie schufen filigrane Einlegearbeiten in Trinkgefäßen und Messergriffen, kunstvoll geschnitzte Holzschalen, feinste Fäden aus Rentierleder, Knöpfe, an denen der Personenstand ablesbar ist: rund für ledig, viereckig für verheiratet.

»Wir tragen unsere Geschichte am eigenen Leib«, sagt Victoria.

Victoria ist in Stiefeln in Übergröße gekommen, gefertigt aus – dreimal darf man raten – Rentierfell. Innen sind sie mit Gras ausgelegt, eine Technik, die schon den Urvater der Botanik, Carl von Linné, auf seiner Lapplandreise 1732 begeisterte und die von den Neuankömmlingen – den Siedlern aus dem Süden – schnell übernommen wurde.

Victoria lässt unter dem Mantel ihr dunkelblaues Stoffkleid mit den roten und gelben Borten sehen und den Familienschmuck, den sie um den Hals trägt und der in den alten Zeiten nicht nur Zierde, sondern auch Ersatzwährung war. Er stammt von ihrer Großmutter.

»Jeder kann an unserer Tracht erkennen, woher genau wir stammen.« Der Silberschmuck wurde in der Kota, dem Wanderzelt der Samen, stets links neben dem Kochgeschirr aufbewahrt.

»Sami-Frauen hört man von Weitem«, sagt Victoria und lacht. »Wir klimpern.«

So wie der Schmuck sind auch die Messer sehr fein gearbeitet und entsprechend kostbar. Es soll Marktbesucher geben, die drei Tage brauchen, um sich für das richtige Modell zu entscheiden: Der Griff ist aus Rentierhorn, die Klinge aus handgeschmiedetem Stahl, die Hülle aus Rentierleder, bestickt mit Perlen.

An Markttagen lässt Victoria ihre Messer daheim. Aber auf der Sommerweide trägt sie zwei am Gürtel: ein kleines, um Kälber zu markieren, und eines mit großer Klinge zum Essen.

Noch bekannter ist die Trinkschale aus dem Astloch der Birke – aber das ist eine Geschichte, die Victoria am liebsten in ihrer Sommersiedlung erzählt. Niemand kann sich so überzeugend bei einem Baum entschuldigen, bevor sie oder er ihn fällt, wie Victoria.

Unter denen, die durch die Gassen des Markts schlendern und kleine Wölkchen Atemluft in die klirrend kalte Winterluft entlassen, ist auch Lars-Ola Jannok. Er kommt gerade von der Morgenfütterung im Freigehege am Stadtrand von Jokkmokk. Später wird sich auch seine Cousine hier einfinden, die in Schweden sehr bekannte Sängerin Sofia Jannok. Und auch Anders Sunna wird sich sehen lassen, der junge zornige Maler, der gerade in seinem kleinen Atelier um die Ecke das große Wandgemälde für den Nordischen Pavillon der Biennale in Venedig gestaltet. Die Biennale ist die wohl wichtigste Kunstausstellung der Welt. Erstmals in der Geschichte – das ist wirklich eine kleine Revolution – lassen drei nordische Länder (Norwegen, Schweden, Finnland) sich jeweils von Künstlerinnen und Künstlern aus Sápmi vertreten. Lange Zeit galt deren Kunst »nur« als Kunsthandwerk. Jetzt hängen ihre Werke im Moderna Museet in Stockholm und dem neuen Nationalmuseum in Oslo. Die Themen Landraub, Kahlschlag, Kolonialismus dominieren. Es ist eine Kunst aus erlebter Geschichte – und auch das hebt sie heraus.

Blaues Blut friert auch

In der Mitte der Stadt ist eine Tribüne unter freiem Himmel aufgebaut. Links vom Rednerpult sitzt ein Paar, äußerlich gelassen; es strahlt Wohlwollen aus. Nur der Mann wackelt mit den Füßen, vermutlich, um die Zehen warm zu halten. Bei der samischen Nationalhymne stehen alle auf. Die Reden sind arktisch kurz, höchstens zehn Minuten lang. Ob der König sich auch an das Protokoll halten wird?

Carl XIV. Gustaf holt ganz weit aus zu einer Hymne

auf die Nationalfarben, die von Sápmi. Und erklärt den 1500 Zuhörern, was sie sicher alle von Kindesbeinen intus haben, aber bestimmt gerne noch einmal aus seinem Munde hören.

Grün für das, was wächst.
Blau für das Wasser.
Gelb für die Sonne.
Rot für das Feuer, also Wärme und Liebe.

Dem König der Schweden scheinen diese Untertanen ganz besonders am Herzen zu liegen, vielleicht, weil ihm hier keiner um den Bart geht – und er auch ganz froh ist, dem Zeremoniell des Hofes ab und an zu entkommen.

Der Gastgeber am Nationaltag ist der Vorsitzende des Reichsverbandes der schwedischen Sami, ein junger Mann mit geradem Rücken und wohl artikuliert. Er handhabt das Protokoll mit einer gewissen Nonchalance. König und Königin werden erwähnt und begrüßt, aber ohne die üblichen Bücklinge und Ehrbezeugungen. Das Wort »Exzellenz« kommt bei ihm nicht vor, auch nicht »Königliche Hoheit«.

Vor einer halben Generation, als der Wintermarkt von Jokkmokk seinen 400. Gründungstag feierte und achtzigtausend Gäste kamen, war das noch ein bisschen steifer. Die Königlichen standen eindeutig im Vordergrund, es gab Verbeugungen und eine andere Regie. Eine neue Generation von Samen hat seither die Hochschulen des Landes verlassen, selbstbewusst und eloquent und oft auch zornig – und die heutigen Vertreter des Königshauses spüren wohl, dass es jetzt sie sind, die zuhören sollten. Schwedens Geschichte ist eng mit den Samen verknüpft, und es gibt darin einige dunkle Kapitel von Zwang und Vertreibung, die nach und nach zur Sprache kommen.

»Vor zwanzig Jahren waren wir noch die nörgeligen Sami. Die, die niemals zufrieden waren«, sagt Victoria und sieht ein bisschen stolz aus, als sie hinzufügt: »Heute werden wir ernst genommen.«

Den königlichen Besuch, wie er heute stattfindet, kann man auch als eine Verbeugung vor dem alten Volk der Samen verstehen, das hier seit Jahrtausenden lebt, lange bevor Schweden eine Monarchie wurde. Jokkmokk ist der Ort, an dem der Vorgänger von Carl XVI. Gustaf die Samen zu Schweden machte – im Tausch gegen Silber, Kaffee, Salz und wohl auch Feuerwasser, das man damals noch irrtümlich als Heilmittel gegen die Kälte ansah.

Von Kälte hat Carl Gustaf nicht gesprochen, aber als er wieder auf der Bank mit dem Rentierfell neben Silvia Platz nimmt, lässt seine Fußhaltung vermuten, dass es für längere Darbietungen im Freien vielleicht doch ein bisschen frisch ist. Minus dreizehn Grad am Mittag bei Sonnenschein und Windstille. Für Lappland ist das gemäßigtes Winterwetter, und man sieht einige Männer ohne Schal oder Frauen ohne Handschuhe.

Silvia und Carl Gustaf sitzen nur ein paar Meter entfernt von uns, und die Presseabteilung des Hofes hat grünes Licht für ein paar Fragen gegeben. Wer die Interviews mit

Royals kennt, weiß, wie eng der Rahmen oft ist und wie erwartbar die Antworten. Aber in der frischen Luft von Lappland fallen die Antworten klarer aus als erwartbar und erwartet.

Silvia etwa erinnert sich daran, dass es bei ihrem Besuch auf dem Wintermarkt 2005 – als dieser sein 400. Jubiläum feierte – deutlich kälter war. Nun sind dreizehn Grad unter null noch kein Badewetter. Damals waren es allerdings deutlich unter dreißig Grad. Der Tonfall jedoch macht klar, dass wir hier nicht über das Wetter plaudern. Denn nicht erst seit der letzten Nordpolexpedition der deutschen *Polarstern* weiß man, dass sich die Arktis schneller erwärmt als der Rest des Kontinents, dreimal so schnell. Und der obere Zipfel von Lappland über dem siebzigsten Breitengrad gehört zur unteren Arktis.

Dem Gespräch über das Klima nähern wir uns über das unverfängliche Thema »Kleidung in Schichten«. Es ist hier durchaus statthaft, eine Dame nach ihrem persönlichen Rezept gegen die Kälte zu fragen.

Unter der langen Daunenjacke trägt Silvia ein Kleid wie das von Victoria – dunkelblau mit Borte, das ihr offenbar am Herzen liegt.

»Ich habe dieses schöne Kleid an, natürlich noch was drüber. Wie man mit der Kälte umgeht, das lernt man mit der Zeit – gerade von den Samen.«

Es ist das Kleid, das sie hier vor 27 Jahren als Gastgeschenk angenommen hat bei ihrem ersten Besuch. Man könnte jetzt den Kopf schief legen und sich fragen, ob Silvia da einen Akt der »kulturellen Aneignung« vornimmt, sich also anmaßend oder anbiedernd verhält. Aber in den Gesichtern der Zuhörer ist das nicht zu lesen. Eher Stolz, dass die Königin das Geschenk hegt und trägt und nicht im Schrank verstauben lässt – gemischt mit dem Staunen darüber, dass es ihr immer noch passt.

Carl XIV. Gustaf sagt dann einen Satz, der Allgemeingut ist, sich aus seinem Mund aber doch irgendwie frisch anhört. »Man kann von der Urbevölkerung lernen und sollte ihr zuhören, nicht nur hier in Schweden.«

Auf Schwedisch heißt das »Urfolk« – und wer, wie der König, diesen Begriff benutzt, erkennt damit an, dass die Samen die Ersten hier oben im Norden waren. Der Begriff »indigenes Volk« hat sich hier in der Breite nicht durchgesetzt. Auch Victoria – unsere samische Gewährsfrau – benutzt den Begriff »Urfolk«.

Wer die Samen hingegen zur »Minderheit« macht, tappt in einen Fettnapf, denn »Minderheit« ist – so Victoria – sehr beliebig und verkennt Stellung und Anspruch der Urbevölkerung.

Für die Samen ist der königliche Besuch eine willkommene Rückendeckung. Denn das Land, auf dem – noch – ihre Rentiere leben, ist voll von Bodenschätzen.

Nicht schlecht, wenn man König und Königin auf seiner Seite hat.

Zum Programm für das royale Paar gehört auch ein Besuch der samischen Schule unten am Seeufer. Das Begrüßungskomitee der Grundschule von Jokkmokk steht klamm in der Kälte – und etwas scheu; aber der König, selbst Großvater von sieben Enkelkindern, übernimmt das Kommando fürs Gruppenbild.

»Seid ihr glücklich?«, fragt er weithin hörbar.

»Ja«, antworten die Sieben- bis Zwölfjährigen wie aus einem Munde.

Und dann sagt der König: »Kommt, es wird kalt – lasst uns reingehen.« Und es beginnt drinnen eine Geschichtsstunde der besonderen Art.

Auf der einen Seite die Nachfahren der Nomaden, auf der anderen Seite der Nachfolger von Karl IX. mit seinen großen Ambitionen – nur eben 400 Jahre später. Man sitzt im engen Klassenzimmer – die Stühle wie immer ein bisschen zu klein, wenn erwachsener Besuch kommt – und ist damit genau an dem Ort, an dem alles begann, die Faszination und die Unterdrückung, das Miteinander und die Verachtung. Es gab auch einen Kolonialismus des Nordens.

Was der König den Schulkindern wohl erzählte? Das wissen wir nicht genau. Der Raum war proppenvoll, die Reporter standen vor der Tür.

Eher unwahrscheinlich, dass er – bei allem Wohlwollen gegenüber diesen seinen besonderen Untertanen am äußersten Rande der bewohnten Welt – die Geschichte Lapplands aus der Perspektive der Samen erzählt hat.

Die steht auf einer großen Tafel am See. Jeder kann sie lesen.

»Alles hat seinen Anfang, so auch die Geschichte von Jokkmokks Markt. Die begann hier. Am Talvatis-See hatten die Samen in Jokkmokk ihr

Winterlager aufgeschlagen. Talvatis (dálvvadis)
heißt Winterlager auf Lule-Samisch, der Dialekt,
der noch heute hier am Lulefluss gesprochen wird.
Erst war das Winterlager, dann kamen die Kirche
und ein Marktplatz (...) Hier im Inland gab es
keine schwedischen Siedler.«[3]

Es war eine naheliegende Idee, den Markt im Winter abzuhalten. Die Sami unterbrachen hier alljährlich ihre Wanderungen für ein paar Wochen im Schutz der dichten Wälder. Der monatelange Dauerfrost verwandelte Lapplands
große Ströme in Zufahrtswege. Steuereintreiber, Pelzhänd-
ler und Kirchenmänner – alle machten sich im Winter auf
den Weg nach Lappland, um ihr Schäflein ins Trockene
zu bringen.

Mit der Kirche kam der Stress

Als die Abgesandten der Krone an den Lagerfeuern in
Lappland auftauchten, begann für die Samen eine neue
Zeit. Sie wurden Untertanen des schwedischen Königs, sie
mussten sich von Weihnachten bis Anfang Februar in ihren
Winterlagern aufhalten. Dort wurde Gericht gehalten. Wie
alle Könige war auch Karl IX. von Schweden chronisch
knapp bei Kasse. Nun sollten alle Steuereinnahmen direkt
an den Vertreter der Krone gehen. Die Krone hatte den
ersten Zugriff auf die Pelze und Felle – alle Handelsströme
sollten über die Hauptstadt Stockholm laufen. Lappland
wurde Kolonie.

Damit nicht genug: Was dann geschah, war aus heutiger Sicht Menschenraub und keine Entwicklungshilfe. Der königliche Gesandte ließ die erste Landkarte Lapplands zeichnen und suchte im Auftrag der Krone nach vielversprechenden »Exemplaren« der einheimischen Bevölkerung:

> »Im Auftrag des Königs sollte er sogar zehn junge männliche Lappen mit nach Uppsala zur Ausbildung nehmen. Zwei davon tauchten ab, einer starb. Was aus den anderen sieben wurde, ist unbekannt.«

Die neuen Herren verlangten nach Tragtieren für die Transporte im weglosen Gelände zwischen der neuen Silbermine in Kvikkjokk und der Küste.

Mit dieser Grube ist eines der dunkelsten Kapitel der schwedischen Geschichte verknüpft. Die Samen wurden zum Frondienst unter Tage gezwungen und barbarisch bestraft, wenn sie nicht den Befehlen folgten. Wer nicht gehorchte, wurde am Seil von einem Eisloch zum nächsten gezogen – unter dem Eis.

Die neuen Herren hatten eine Art »Entwicklungsplan«.

König Karl IX. schrieb, er sorge sich um die Bewohner Lapplands. Er sah sie doppelt unterversorgt: ausgebeutet und in Unmündigkeit gehalten von den mächtigen Bikarlar, den Zwischenhändlern für Häute und Pelze – und in spiritueller Finsternis, ohne die Möglichkeit, das Wort Gottes zu hören. Die schamanische Religionspraxis der Samen ließ der König nicht gelten.

Die samische Geschichtsschreibung – wie auf der Tafel zu lesen – schlägt einen anderen Ton an.

> *»Zu diesen Zeiten herrschte Kirchenpflicht in*
> *Schweden. Alle mussten zum Gottesdienst gehen.*
> *Alles, was die Samen auf ihrer langen Wander-*
> *schaft an Gottesdiensten verpasst hatten, mussten*
> *sie in den wenigen Wochen im Winterlager*
> *nachholen, von der Thomas-Messe kurz vor Weih-*
> *nachten bis zur ersten Messe Anfang Februar.«*

Selbst den Pastor in Luleå beschäftigte der enorme Druck, unter den die neuen Kirchgänger gerieten.

Als er Jokkmokk 1638 besuchte, schrieb er, dass die Samen so viel in der kurzen Zeit zu erledigen hatten, dass sie für Gottesdienste kaum Zeit hätten. Sie mussten den Katechismus lernen und wurden abgefragt, sie wurden getauft, verheiratet und auch begraben. Gericht wurde gehalten und Markttag, und der Vogt des Königs war hier oben und sammelte Steuern ein.

Dann seid ihr dran

Nach der Geschichtsstunde nimmt der Helikopter die Hoheiten an Bord, fliegt eine Kurve über den See von Jokkmokk, steigt dann in Richtung Norden und gewinnt rasch an Höhe.

Wenn sie wollten, könnten die Royals einen Blick aus der Kabine auf Lars-Ola Jannok werfen, der tief unter ihnen beladen mit Futter aus seinem Wohnhaus am Stadtrand von Jokkmokk ins Gehege stapft. Seine Einjährigen haben schon auf ihn gewartet. Rentiere sind sehr genügsame Tiere. Aber ohne eine tägliche Extraladung Heu würden sie es nicht durch den Winter schaffen. Die Schneedecke ist vereist, die Moose und Flechten darunter unzugänglich.

Jannok ist Vorsitzender der Rentier-Kooperative Baste in Jokkmokk, ein stämmiger Mann mit einem breiten Gesicht, dem man kein böses Wort zutraut. Manchmal, wenn alles gesagt ist, zieht er die Luft durch die Zähne, und wenn man ihn ein bisschen kennt, erklärt er einem Besucher aus dem Süden gerne die Gangart der Menschen oben auf dem Polarkreis:

»Es lohnt sich nicht, sich zu stressen. Wer sich abrackert, kommt unweigerlich ins Schwitzen. Und Schweiß auf der Haut sorgt für Kühle. Und wer will schon frieren? Vi stressar inte her uppe.«

Er macht eine Pause.

»Aber ein Ereignis hat mich schwer mitgenommen«, sagt er und schiebt einem neugierigen Ren, das sich zu ihm drängelt, eine Schaufel Stroh hin.

Als er neulich Rentiere in ein anderes Gehege umquartieren wollte, stoppte ein Auto.

Der Fahrer brüllte aus zwanzig Meter Entfernung: »Wenn du hier deine Rentiere rauslässt, dann erschießen wir sie!«, erinnert sich Jannok. »Was sind das nur für aggressive Leute?, dachte ich. Leider war ich zu verdattert, um mir seine Autonummer aufzuschreiben. Das Letzte, was er sagte, war: ›Wenn ich einen von euch Rentierzüchtern allein im Wald treffe, dann seid ihr auch dran.‹«

Immer wieder werden Rentiere erschossen, bewusst umgefahren, mitgeschleift. Rein juristisch ist das mindestens Tierquälerei. Es läuft aber unter der Rubrik »Stöld« – also Diebstahl. Anzeigen bringt wenig. Sämtliche Verfahren – an die hundert in einem beliebigen Jahr – verlaufen im Sande. Das hat die Journalistin Ann-Helén Laestadius herausgefunden. Die Besitzer bekommen eine kleine Entschädigung, dieselbe, die es auch für bei Unfällen überfahrene Tiere gibt. Was bleibt, sind die Angst und das Misstrauen gegenüber den Nachbarn. Was sind das für Leute, die ein Rentier an der Anhängerkupplung festzurren und zu Tode schleifen? Das ausgezeichnete Buch von Ann-Helén Laestadius ist unter dem Titel *Das Leuchten der Rentiere* auch ins Deutsche übersetzt.

»Rassismus kennen wir hier zu Genüge. Was hat mein Vater sich nicht alles anhören müssen, gerade hier in der Nähe der großen Minen in Kiruna und Jällivare. Aber seitdem wir vor dem Obersten Gericht gewonnen haben, kommt der Hass richtig hoch.«

Lars-Ola Jannok spricht vom sogenannten Girjas-Urteil, das 2020 den Mitgliedern der Rentier-Kooperative Girjas das Recht zusprach, über die Jagd- und Fischrechte in ihrem Gebiet selbst zu bestimmen. Ein Jahrhundert-Urteil, darin sind sich alle Seiten einig. Nicht begeistert waren die Jagdverbände, sahen sie doch ihre Felle davonschwimmen. Seitdem bestimmt die Kooperative, wann die Schonzeit endet und wann die Jagd beginnt – und das passt einigen nicht.

Ein Elch im Vorgarten

An jener Stelle, wo es zur ersten Begegnung zwischen der Staatsmacht und den neuen Mitbürgern kam, steht das Schwedische Fjäll- und Sami-Museum Ájtte.

Eine sehr schwedische Museumstradition, die sich bestens mit der samischen Lebensweise trifft, besteht darin, dass man im Museum auch etwas Praktisches lernen kann. Im Vorgarten sind Gestelle aus Eisen aufgestellt, die Ähnlichkeit mit dem Torso eines Rentiers erkennen lassen. Schulklassen können an ihnen das Lassowerfen üben.

Ein paar Meter daneben steckt an diesem Tag ein leibhaftiger drei Meter großer Elch seelenruhig seinen Kopf in den Schnee und knabbert an den ersten Zweigen. Die Leute vom Museum sind vor die Tür geeilt und betrachten den Besucher angeregt. Es kommt nicht alle Tage vor, dass ein Elch im Vorgarten steht.

»Pass auf. Geh nicht zu dicht dran. Ein Tourist aus Deutschland musste neulich mit einer Platzwunde an der Stirn ins Krankenhaus.«

Was er denn gemacht hat?

»Er hat versucht, den Elch am Hals zu streicheln.«

Der praktische Zweck dieses Museumsbesuchs ist es allerdings, die richtige Technik für den gelungenen Lassowurf zu lernen. Heißt es nicht, man soll dem Affen Zucker geben und das Kind in sich spielen lassen?

Victoria zeigt mir, wie eine Sami-Frau ein Lasso wirft.

Sie kennt beide Welten und hat gelernt, die eigene

Welt auch mit den Augen der anderen zu sehen, nach einigen Jahren Studium der Staatswissenschaft und ersten Jobs in Stockholm. Als junge Witwe zog sie dann zurück nach Sápmi. Ihrem ersten Mann Mats war die Liebe zu Snowscootern zum Verhängnis geworden. Eines Nachts ging er mit dem Motorschlitten unter, in jenen Frühlingstagen, in denen das Eis nicht mehr überall trägt.

Nun lebt sie mit zwei Kindern – die Tochter ist schon ausgeflogen – und ihrem neuen Lebensgefährten Micke wieder hier, in ihrem alten Elternhaus, zumindest im Winter. Im Sommer ziehen sie dann allesamt in die Sami-Siedlung am Fuße des Akka.

Normalerweise kommt die Stunde der Lassos, wenn es gilt, die einzelnen Tiere einzufangen, etwa bei der Kalbsmarkierung oder der Herbstschlachtung.

Nun stehen wir aber nicht im Gehege, sondern im Vorgarten eines Museums. Die Szene hat etwas Künstliches. Die Rene sind aus rostfreiem Schwedenstahl und ragen zur Hälfte aus dem Schnee.

Aber es lässt sich gut an den Attrappen üben. Sie rennen nicht gleich weg.

»Die Hand musst du mit der Handfläche nach oben halten. Dann machst du ein paar Schlingen in Armlänge und prüfst, ob der Abstand stimmt. Die Schlinge muss sich um die Hinterbeine wickeln – und wenn sie dort sitzt, ziehst du blitzschnell an.«

Das Lasso fliegt, das Tier aus Stahl bleibt brav stehen. Trotzdem denkt das Seil keineswegs daran, sich um die Hinterbeine zu legen.

Wir üben und üben. Endlich klappt es leidlich.

Inzwischen ist auch die Luft wieder rein. Der Elch hat sein Frühstück im Museumsgarten beendet und überschreitet im eigenen Tempo und völlig ungerührt die Landstraße Nr. 97, ganz Majestät des Waldes, ein bisschen Kamel, ein bisschen schlendrig wie Goofy aus Hollywood, und dann biegt er in ein Wohnviertel ein. Er benimmt sich, als wäre er der Bewohner – und wir nur die geduldeten Gäste. Wer will es ihm verdenken, in dieser Ecke der Welt, in der die Rentiere und Elche die Mehrheit halten, von den Mücken einmal abgesehen.

Wer schützt uns vor unseren Freunden?

Mittler sind sehr wichtig. Die Neugier ist groß, und nicht alle Samen haben Lust, ständig Rede und Antwort zu stehen. Nicht alle Fragen sind freundlich gemeint.

Samen wecken starke Gefühle. Es besteht der uralte Konflikt zwischen sesshaften Menschen und Nomaden und ihren Nachkommen. Unter den Sesshaften haben die frei herumziehenden Völker viele Neider, aber auch Sympathisanten. Womöglich haben die Nomaden mit ihren Herden das bessere Leben?, fragen sich einige. Wer träumt nicht schon gerne über die Hecke? Der Traum vom anderen Leben kommt ja eigenartigerweise auch ohne eigene Anschauung aus, wie das Beispiel des Erfolgsschriftstellers Karl May zeigt, der sein Leben im Wesentlichen in Sachsen (und teilweise hinter Gittern) verbrachte, was seiner

Fantasie vom Wilden Westen, wo er niemals war, aber keinen Abbruch tat.

Doch auch in Kenntnis der realen Lebensbedingungen kann man fragen, was die bessere Wahl ist.

Als der Bergtourismus vor gut einhundertdreißig Jahren in Fahrt kam und Hütten ins Fjäll gebaut wurden, gab es die ersten regelmäßigen Begegnungen zwischen Schweden und Samen.

Es ist anzunehmen, dass man sich erst einmal fremd war.

Wie sonst wäre es zu erklären, dass der STF (Schwedischer Tourismusverband) seine Mitglieder zu beruhigen versuchte: Es sei nicht nötig, die »Ureinwohner« mit Tabak zu besänftigen. Sie würden einen auch so nicht verspeisen. Der STF war bei seiner Gründung 1880 eine ziemlich elitäre Einrichtung von Studenten aus der Universitätsstadt Uppsala, die damals in Rock und Anzug die Bergwelt erleben wollten. Das »normale Volk« hatte noch keinen Urlaub. Doch der STF schuf ein Netz von Herbergen, Hütten und vor allem Wanderwegen – unter anderem den auch in Deutschland bekannten »Kungsleden«. Standard und die Preise waren und sind durchaus volksnah.

Auf einmal wimmelte es von Ethnologen und selbst ernannten Experten, die nicht müde wurden, das Wesen der »exotischen Fremden« zu deuten. Der STF stellte – halb im Scherz – die Regeln auf. Nur wer mindestens vier Wochen unter Samen gelebt habe, dürfe sich über sie äußern. Eigentlich schade, dass diese gute Idee verloren ging.

Ab 1900 begann der Staat, den Samen ihre Kinder zu nehmen und sie in Internatsschulen zu stecken, aber nicht gemeinsam mit schwedischen Kindern. Die »Herren« hatten
sehr genaue Vorstellungen davon, wie die geringschätzig
»Lappen« genannte Urbevölkerung leben sollte.

»Unsere Leute sollten nicht in Betten schlafen, sie sollten
nicht auf Bettwäsche schlafen«, sagt Victoria. »Um 1900 begann die ›Lapp skal vara lapp‹-Politik. Ein ›richtiger Lappe‹
sollte nicht in einem Haus wohnen. Und auch nicht mit
Messer und Gabel von ›richtigen Tellern‹ essen. Man baute
besondere Schulen für die Nomaden. Die Kinder sollten
auf dem Boden schlafen. Um nicht verweichlicht zu werden. So war Schweden.«

Victoria erzählt das mit leichtem Spott. Und wird dann
sehr ernst: »Als meine Großmutter, geboren 1927, auf eine
Schule speziell für Sami-Kinder ging, mussten sie alle in
Zelten wohnen, zu dicht beieinander, wie sich herausstellte,
denn Infektionen verbreiteten sich rasend schnell.« Dazu
kam, dass die neuen Schulmeister selbst keine Sami waren
und der Speisezettel schwedisch.

»Das Essen war anders als gewohnt – sie vertrugen es
nicht.«

Victorias Großmutter erzählte von einem kleinen Jungen, der Bettnässer war und mit den anderen in Reihe liegen musste. Damals hatte man noch keine Waschmaschinen, und man lag eng beieinander.

»Für den Jungen war das schrecklich. Das hat meine
Großmutter nie vergessen«, sagt Victoria.

Das war offizielle schwedische Politik. Vereinfacht gesagt, waren demnach »Lappen« etwas »Besonderes«, etwas, das man als »Rasse« für sich behalten sollte. Gleichzeitig sollte ihnen aber doch so viel »Bildung« vermittelt werden, dass sie einigermaßen den »Anschluss« behielten.

»Guck mal dieses Kartenspiel an«, sagt Victoria. Jede Karte ein Gesicht. »Damals sind Forscher gekommen, in den Dreißigerjahren des letzten Jahrhunderts, und haben unsere Leute fotografiert – übrigens nicht gegen deren Willen. Viele fanden es schön, porträtiert zu werden, ein richtiges Bild von sich zu haben. Die Originale lagen im Rassebiologischen Institut in Uppsala, das bis zum Jahr 1958 bestand.« Die Originale werden heute in der Bibliothek des Nachfolginstituts für medizinische Genetik verwahrt – zugänglich für Forscher.

Nach den Fotografen kamen die Forscher mit der Schublehre und dem Zentimeterband. Der Film *Sameblod* aus dem Jahre 2016 – auf Deutsch *Das Mädchen aus dem Norden* betitelt – zeigt eine solche Vermessung, bei der sich die dreizehnjährige Hauptdarstellerin, eine junge Samin, vor den Ärzten und der gesamten Klasse nackt ausziehen musste. Zurück blieb das Gefühl der Scham und – glaubt man der Protagonistin – eine große Portion Selbsthass.

Von der Bewunderung bis zur Ausgrenzung bis hin zur Sterilisation waren es nur kleine Schritte. Eine ganze Schule von Wissenschaftlern bemühte sich, Menschen nach »Rassen« zu unterscheiden und ihnen bestimmte Charaktereigenschaften zuzuordnen.

Die Forscher wollten die Merkmale festlegen, nach

denen jemand als »reinrassiger Same« anzusehen war. Bestimmte Menschen sollten – von Amts wegen – keine Kinder mehr bekommen. Ein äußerst dunkles Kapitel in der Geschichte des alles bestimmenden Staates. Von 1935 bis 1976 wurden in Schweden sechzigtausend Zwangssterilisationen angeordnet und durchgeführt, an Menschen, die irgendwie aus der Norm fielen. Darunter waren Roma, aber auch Obdachlose und Alkoholiker – und eben viele Samen.

Der Lappe soll ein Lappe bleiben

Nicht alle, die die »Lapp-ska-vara-Lapp-Politik« vertraten, hatten üble Absichten. Es gab Bewunderer – die die einzigartige Kultur des europäischen Urvolkes vor der Zerstörung durch die Zivilisation schützen wollten. Man wollte sie nicht zu Schweden wie alle anderen machen – davon gab es schon genug. Doch wozu das führte – getrennte Entwicklung –, bedeutete für die Samen, dass sich vor allem andere jetzt darüber den Kopf zerbrachen, wie sie leben sollten. Ein Leben in der Blase, im Reservat, ob sie das nun wollten oder nicht.

Kiruna forever

Die zweite Jahreszeit, der Frühlingswinter, unterscheidet sich vom eigentlichen Winter dadurch, dass man tagsüber keine Stirnleuchte mehr braucht.

Als wir um die Mittagszeit in Kiruna aus dem Zug klettern, ist es taghell. Erstaunlicherweise liegt der neue Bahnhof in der Pampa, einige Kilometer vom Stadtzentrum entfernt – vom alten wie vom nagelneuen. Das kann kein Zufall sein. Dafür grenzt er an den Haupteingang des staatlichen Bergbaukonzerns LKAB. Kein Zweifel, wer hier den Ton angibt. LKAB kann es sich leisten, die Berge und die Bahnhöfe zu versetzen – und den Menschen mit dazu.

Der Herr von der Mietwagenfirma erwartet uns schon. Er steht mit einer blauen Pudelmütze auf dem Kopf auf einem Schneehaufen und winkt. Wo die Bahnhöfe so ungünstig liegen, bekommt man seinen Mietwagen ans Gleis gebracht. Den Wagen sehen wir erst, als Mikke uns um zwei Schneewehen herumgeführt hat. Mikke versichert uns treuherzig, dass er Schnee eigentlich nichts abgewinnen kann, jedenfalls nicht neun Monate im Jahr. Nach Kiruna kommt man nicht unbedingt zum Vergnügen.

Auch die vier Herren in Stahl sehen nicht aus wie Urlauber, wie sie eine Eisenbahnschwelle von fünf Meter Länge auf den Schultern schleppen. Das war noch vor Erfindung des Hebekrans. Das Denkmal am Bahnhof von Kiruna erinnert an die Rallare, die Erbauer der Bahnstrecke. Das war um 1900 – und eine der ersten staunenden Passagiere war Selma Lagerlöf.

Kiruna war die erste Stadt der Welt, die komplett am Reißbrett geplant wurde. Schweden mögen bescheiden für sich selbst sein, aber in ihren Ansprüchen an das große Ganze greifen sie nach den Sternen. Kiruna sollte die Mustersiedlung an sich sein, was mit schwedischem Unterstatement so viel heißt wie: die beste der Welt. An alles war gedacht, auch an die Topografie.

Und tatsächlich kann man im alten Kiruna spazieren gehen, ohne weggeweht zu werden. Die Straßen schmiegen sich die Hänge hoch und runter, machen Kurven, und es zieht nicht so wie in anderen schwedischen Vorstädten – wo alle Straßen mit dem Lineal gezogen sind.

Es war für die Neulinge immer eine Prüfung, hier war man nie ganz freiwillig. Die Ingenieure in den Gruben, so liest man in den Berichten der Pioniere um 1912, hörten ständig Klagen ihrer mitgezogenen Ehefrauen: Der Winter sei zu lang – und kaum sei es mal erträglich warm, kämen die Mücken.

Kiruna musste mehr bieten, um überhaupt zu locken. Es war das Versprechen auf ein besseres Leben.

Für die Grubenarbeiter waren das bezahlter Urlaub, Straßenlampen, Schulen für die Kinder. Hier wurde das Mehrfamilien-Wohnhaus aus massivem Holz geboren. Damals praktisch – und heute historisch so wertvoll, dass die schönsten Exemplare komplett auf gigantische Anhänger geliftet und vom alten ins neue Kiruna geschleppt werden. Das kostet Monate, kostet Unsummen, aber für den Bergbaukonzern LKAB scheint Geld anscheinend keine besonders große Rolle zu spielen. Für den Umzug sind Milliarden eingeplant.

Jeden Sonntag, nachts um halb zwei, wird gesprengt – dann sind am wenigsten Menschen unten in der Grube. Manchmal gibt es auch kleinere Erdbeben, als ob der Untergrund sich beschwerte, dass man in seinen Eingeweiden wühlt. Es bebt, bis die Scheiben springen. Die Stadt lebt mit gepackten Koffern – und das Wasser aus der Leitung schmeckt nach Chlor, nicht so frisch und klar wie aus dem Bergsee.

Nein – mit den goldenen Bergen und silbernen Seen, wie Victoria ihr Land gern sieht und besingt, hat diese Stadt nicht viel zu tun. Kiruna ist keine Schönheit. Aber anders als die Bergbaustadt Bochum ist sie auch nicht ständig auf Koks, wie der deutsche Poet Herbert Grönemeyer einst textete, will sagen: schwarz vor Kohlenstaub.

Eisenerz ist vergleichsweise sauber, jedenfalls heute, wo die meisten Fahrzeuge unter der Erde elektrisch fahren. Die Luft ist klar, der Schnee ist weiß, die Wäsche kann an der Leine trocknen.

Das kalte Kiruna ist keine Holzhausidylle am Polarkreis, obwohl es einige schöne Viertel hat und einen Skilift mitten in der Stadt. Dass Schweden den Sprung in die Moderne schaffte und Armut und Massenauswanderung nur noch eine blasse Erinnerung sind, hat es allerdings den Gruben des Nordens zu verdanken. Wer weiß denn noch, dass Mitte des 19. Jahrhunderts ein Drittel der Bevölkerung nach Amerika auswanderte? Wer hat von der großen Hungersnot gehört – es ist kaum 150 Jahre her, noch vor dem Bau der Eisenbahn, da schneite es im Juli, die Ernte verdarb, und die Regierung zögerte lange, den Notleidenden zu Hilfe zu kommen. Ein Musterland der Sozialdemokratie wurde Schweden erst später, und der Schwedenstahl aus Kiruna hatte daran einen entscheidenden Anteil.

Die Schätze aus den Gruben haben Schweden von einem der ärmsten Länder Europas zu einem der reichsten Staaten der Welt gemacht. Das war, man kann es sich denken, alles andere als ein Spaziergang.

Keine Atempause

Die Mustersiedlung ist auch groß im Abreißen, wenn die Bodenkruste zu dünn wird. Wenn unten gesprengt wird, kriegen oben die Häuser Risse im Fundament und drohen zu versinken. Bis 2040 wird das Zentrum deshalb um vier Kilometer nach Osten verlegt – ins Nirgendwo.

Weder das alte Rathaus noch die preisgekrönten Mietskasernen von Ralph Erskine werden verschont. Erskine war ein Genie des sozialen Wohnungsbaus: legendär seine Balkone, die aussehen wie die Zechenkörbe, in denen die Kumpel in die Tiefe fuhren.

Aber die Kirche von 1912 wird den Umzug überleben, Stück für Stück oder als Ganzes, ein Bau zwischen nordischer Stabkirche und Sami-Kote, an der es so gut wie keine christlichen Symbole gibt und die regelmäßig zum schönsten Bauwerk Schwedens gewählt wird.

Es gibt viele Lapplands, und sie haben nicht allzu viel miteinander zu tun. Kiruna ist die industrielle Metropole, einst die Avantgarde der Arbeiterbewegung, der Goldesel Schwedens – und erstaunlich vital. Gerade erst hat man neue Erzvorkommen gemeldet, die bis 2060 reichen, dazu Europas größte Funde an seltenen Erden – und die Erzgewinnung soll eines fernen Tages klimaneutral mit Wasserstoff betrieben werden.

Kiruna hat in Lappland Spuren hinterlassen, in jeder Hinsicht – man kann es sogar vom Mond aus sehen.

Vier Stimmen aus Kiruna

Kiruna kann man nur im vielstimmigen Chor beschreiben. Es kommen zu Wort:

- Elin (Bergarbeiterin) und ihr Vater Henry
- Åsa (Schriftstellerin und Anwältin wie ihre Heldin Rebecka Martinsson)
- Dan (Fallschirmjäger und Stadtführer)

Elin und Henry Kiviniemis Familie kam vor siebzig Jahren aus Nordfinnland nach Kiruna. Die Gruben suchten Leute. Elin arbeitet seit 2007 unter Tage, inzwischen ist sie Prozessleiterin und plant im Kontrollraum in 1365 Metern Tiefe die Produktion. Sie muss entscheiden, wo gesprengt wird und wo beladen werden darf. Schwester Emma und Vater Henry arbeiten auch in der Grube, so wie davor schon der Großvater.

Åsa Larssons Familie aus Bauern, Lehrern und Erweckungspredigern kam aus Tornedal, der Grenzregion zu Finnland. Einer der Großväter war Sami und hatte eigene Rentiere. Sie könnte das fortführen, hätte sogar Wahlrecht im samischen Parlament. Aber Åsa ist ein Kind des Melting Pot, des Schmelztiegels Kiruna aus Samen, Schweden und Finnen, worauf sie sehr stolz ist.

Åsa lebt nicht mehr in Kiruna, sondern in Mittelschweden, in Mariefred am Mälarsee, der Idylle schlechthin. Berühmt wurde sie für ihre Bücher rund um die Staatsanwältin Rebecka Martinsson aus Kiruna. Wie ihre Heldin hat Åsa Larsson Jura studiert und eine Weile als Rechtsanwältin gearbeitet.

Dan Lindholm stammt aus Kalix in Norrland. Als junger Mann war er bei der Elitetruppe der Fallschirmjäger und machte seine Winterausbildung in Kiruna. Sein Großvater mütterlicherseits war Pferdehändler, der Vatervater (so nennt man auf Schwedisch den Großvater väterlicherseits) ein freikirchlicher Prediger – und er sieht sich selbst irgendwo dazwischen.

Heute lebt er als pensionierter Militär und Stadthistoriker mit seiner Frau im alten Kiruna und wartet auf den Umzug.

Elin und ihr Vater Henry nehmen im Folkets Hus in den großen Sesseln Platz, mit dem Snus, dem schwedischen Kautabak unter der Oberlippe, der dann im Lauf des Gespräches in einer kleinen Schachtel verschwindet.

Es gäbe wohl kaum einen anderen Ort für ein Treffen mit Elin, der so unverfänglich ist, so klassenlos wie das Haus des Volkes. Schweden sieht an solchen Orten aus wie der Sozialismus, wenn er denn funktioniert hätte. Großzügige Räume, gut geheizt, drei Sitzgruppen mit genügend Abstand, ordentlich gepolstert, Fensterscheiben mit Blick auf den zentralen Platz, das Touristenbüro im Hintergrund und an den Wänden Fotos vom Skigebiet Luossavaara und ein Stadtplan mit der derzeitigen Grube in 1365 Metern Tiefe. Die Frage, wer hier nach einem Treffen die Zeche übernimmt, erübrigt sich. Man kann bleiben, solange man will, und darf seinen eigenen Kaffee mitbringen.

Elin ist feminin und athletisch. Anfang vierzig, kurze blonde Haare mit Pony, Lippenstift, lila Pudelmütze mit Rautenmuster, der Kapuzenpulli Ton in Ton, Bergschuhe an den Füßen, denn draußen liegt das Eis in Schichten. Eine Stunde hat sie sich genommen, heute an ihrem freien Tag.

Sie wirkt handfest, redet ohne Umschweife, lacht gerne. Sie gehört zu den Menschen, die man woanders noch die »kleinen Leute« nennt, die in Schweden aber schon lange aus den Knien gekommen sind.

Sie und ihr Vater Henry sind gekommen, um aus ihrem Leben zu erzählen. Henry ist gut sechzig, bald in Rente. Sein Rücken ist hin, er hat zu schwer getragen in den vierzig Jahren unter Tage.

»Ich war dumm, hab mir zu viel zugemutet.«

Er ist ein bisschen kleiner als seine Tochter, mit einem freundlichen Gesicht, Brille und einem T-Shirt unter dem Anorak, auf dem steht: »The great Norrland«.

Elins sechsjährige Tochter wird an der Tür verabschiedet und geht mit Oma einkaufen. Vater und Tochter bedauern, dass Elins Großvater vor ein paar Jahren verstorben ist. Der wusste noch mehr von der Industriegeschichte und dem großen Versprechen, das im Namen Kiruna lag.

Elin und Henry sind für unser Gespräch vermittelt von LKAB, dem staatlichen Minenkonzern (die Buchstaben stehen für Luossavaara-Kiirunavaara Aktiebolag. Kiruna ist Sitz der größten Eisenerzmine Europas, gegründet im Jahr 1890.)

Das heißt aber nicht, dass die beiden das Lied der Firma singen. Sie wissen genau, was sie leisten und was sie können.

Papa Henry hat Oberarme (dick, wie Oberschenkel), die noch verraten, dass er zentnerschwere Brocken aus dem Erz brechen musste. Die Luft war schlecht, so sehr sich die Ventilatoren auch abmühten. Damals fuhren die Traktoren noch mit Diesel.

Seine Tochter begann vor zwanzig Jahren, unter Tage in einer Gruppe zu arbeiten, die mit langen Stangen die Decke der Schächte abtastete, eine Art Vortrupp, der den Weg frei machen sollte für die eigentlichen Bergarbeiter.

»Ständig nach oben starren, der Nacken steif und dann der Staub, da kam nicht viel Freude auf«, sagt sie.

Das war nicht der Traum vom Leben als Eisprinzessin, den sie mit sechs hegte. Heute steuert sie den Prozess (»ich bin ein ziemlicher Kontrollfreak«) im klimatisierten Raum tief unten in der Erde. Jeden Tag verlässt genug Erz die Grube, dass man sechs Eiffeltürme daraus bauen könnte.

Zu Schichtbeginn kurbelt Elin ihr privates Auto in vielen Schleifen runter auf 1365 Meter Tiefe. Ampeln gibt es nicht – Vorfahrt haben die großen Lastwagen: je größer, desto Vorfahrt. Unten angekommen zieht sie den Helm auf und die Daunenjacke aus. Es sind konstant vierzehn Grad plus auf der Talsohle. Weiter unten Richtung Mittelerde wird es noch wärmer.

Es gibt die Legende, dass Schweden und der Wohlfahrtsstaat eigentlich ein und dasselbe sind.

Wenn man Henry, dem alten Arbeiter, zuhört, wird allerdings klar, dass Schweden selbst in den Siebzigerjahren kein Arbeiterparadies war. Das staatliche Minenunternehmen LKAB nutzte die Kumpel in ihren besten Jahren gehörig aus und versetzte sie später dann auf schlechter bezahlte Jobs. Man könnte auch sagen: LKAB benahm sich wie ein ganz gewöhnliches kapitalistisches Unternehmen.

Papa Henry war ein Teenager, als die Kumpel die Nase voll hatten. Das war 1970. In einer neuen Grube in Svappavaara sollten die Akkordlöhne gedrückt werden. Dem spontanen Streik dort schlossen sich bald auch die anderen Grubenarbeiter an. Es ging um Brot, aber noch mehr um anständige Behandlung, nahbare Chefs, erfüllbare Normen. Weil der Streik nicht von den Gewerkschaften ausgerufen war, bekamen die Kumpel kein Geld aus der Streikkasse.

Es war der längste Streik seit 1945. Aus ganz Schweden kamen Spenden für die Kumpel, aus vielen Kirchengemeinden die gesamte Kollekte des Advents. Am Ende gab der staatliche Minenkonzern nach.

Wenn Henry davon erzählt und Elin ihn von der Seite beobachtet, dann sieht man in ihrer beider Augen ein besonderes Leuchten, das Menschen ins Gesicht geschrieben ist, die ein bisschen Geschichte mitgeschrieben haben. »To make a difference«, wie es auf Englisch so treffend heißt. Kiruna, das war mal eine Verheißung.

Åsa Larsson – der gute Geist von Kiruna

Ihr Geist ist im Folkets Hus von Kiruna zu spüren, auch wenn sie schon lange weggezogen ist.

Krimis gibt es mittlerweile über alles und jeden in Schweden, aber Åsa Larssons Bücher über Kiruna, Lappland, über Sápmi, ragen weit über das Genre hinaus. Das Besondere ist, dass sie unerbittliche Insiderin ist, aber trotzdem beliebt. Regelmäßig ist sie Schirmherrin des örtlichen Literaturfestivals.

»Na ja, sie lieben an mir, dass ich sie nicht so darstelle, als ob sie alle bescheuert sind, ihnen der Snus unter der Oberlippe sitzt und der Tabaksaft aus dem Mundwinkel rinnt.«

Klare Worte.

Auf Schwedisch nennt man das »Ord och inga visor«. Klare Kante, kein Geträller – frei übersetzt.

Åsa Larsson sitzt am Küchentisch – eine zierliche Person mit roten Haaren, großen, forschenden Augen hinter den Brillengläsern und zwei Königspudeln auf den Füßen. Beide tragen samische Namen. Die Küche ist warm, aber ein bisschen fußkalt. Im Laufe des Gesprächs legt sich Vater Pudel auf meine Füße. Der Sohn bleibt bei Åsa.

Der Küchentisch ist der Ort, an dem in Schweden gelebt, gearbeitet und, ja, auch gegessen wird. Åsa Larsson bewohnt ein sehr schwedisches Haus, ganz aus Holz, gelb gestrichen mit weißen Fensterläden, in einer Straße mit Kopfsteinpflaster und achtzig Meter entfernt vom besten Bäcker Schwedens für Zimtschnecken.

Åsa schreibt gerne über Hunde. Manchmal erscheint es fast, als ob ihr die Hunde dichter am Herzen lägen als die Zweibeiner. Dennoch freut Åsa Larsson sich, dass sie über ihre Landsleute schreiben darf – pointiert, zornig, liebevoll – und sich trotzdem noch sehen lassen kann.

Anders als einst August Strindberg, der, bevor er sich den Untiefen der Ehe zuwandte, die Bewohner der Inselwelt vor Stockholm karikierte – und dort zeitlebens unerwünscht war.

Lappland – das ist für Åsa der Ort, wo die Menschen zusammenrücken müssen. Wo es kalt und karg ist. Wo man sich früher im Sommer Gras in die Schuhe legte und im Winter dichtes Heu, damit die Zehen dranblieben.

Die Ödnis kann man ertragen, wenn man zusammenhält.

»Einer allein kann sich nicht wärmen«, sagt Åsa Larsson. Niemand hat das Land mit so viel Sympathie und Präzision beschrieben, seit Selma Lagerlöf ihren zahmen Ganter mit dem kleinen Däumling auf die wunderbare Reise schickte.

Stadt auf gepackten Koffern

Unterwegs mit dem Stadtführer in einem VW-Bus. Wir sind die einzigen Kunden. Der Frühling ist noch nicht ausgebrochen, und die Pandemie stoppt den Besucherstrom.

Dan Lundström hat uns am Telefon einen leichten Lunch unterwegs versprochen: Brötchen mit Rentierfleisch und einen Becher Kaffee. Er ist ein drahtiger Mann mit Nickelbrille, Ende sechzig, war mal Vorsitzender der Mieterverbände von Kiruna und ist erprobt in Umzügen und den Problemen, die daraus entstehen können.

Kiruna hat gerade mal wieder die Koffer gepackt, wie schon oft in der Vergangenheit. Dieses Mal muss sogar ein ganzes Viertel der Stadt umziehen. Der Grund unter dem alten Stadtzentrum ist instabil geworden, der Erzabbau zieht der Stadt buchstäblich den Boden unter den Füßen weg. Das neue Stadtzentrum ist ein Kompromiss und liegt meilenweit im Nirgendwo, dort, wo die Mücken wohnen. Bis zur Bahnstation sind es, wie gesagt, einige Kilometer. Da wächst nicht alles zusammen.

»Das Tauziehen zwischen der Stadt Kiruna und dem Minenkonzern geht schon seit einhundert Jahren«, sagt Dan, der dann die ganze Geschichte um den Bahnhof erzählt.

LKAB hat auf eigene Kosten einhundert neue Waggons angeschafft, die Gleise erneuert und den Bahnhof bezahlt. Die Stadt war mit dem Standort direkt neben dem Bergwerk nicht einverstanden und wollte den neuen Bahnhof im neuen Zentrum, also etwa fünf Kilometer weiter östlich.

Auf der einen Seite steht ein mächtiger Konzern, von dem alle abhängig sind, und auf der anderen Seite stehen alle kritischen Geister einer Stadt, die sich von den Firmenbossen nichts vorschreiben lassen wollen.

Der Konzern setzte sich durch.

Die Mine war nicht immer profitabel, aber es gab auch Zeiten, in denen sie kaum wussten, wohin mit dem Geld, und sich andere Kommunen von Kiruna etwas geliehen haben.

»1970 hatten wir noch 31 000 Einwohner, heute sind es nur noch 18 000. Auch wenn viel Geld hierherfließt und es viele Arbeitsplätze gibt: Die Stadt schrumpft. Dem Minenkonzern scheint das ziemlich egal zu sein, sie kaufen alte Viertel auf, und sie bieten Geld für die Wohnung.«

Und dann sagt Dan einen Satz, der uns aufhorchen lässt.

»Eigentlich sollte Neu-Kiruna am See und in der Senke des Berges Luossavaara entstehen.«

Dan Lindholm zeigt uns den Platz. Es gab utopische Entwürfe mit einem ganzjährigen Skilift im oberen Teil und einem Dschungel im unteren. Aber das sei mit Rücksicht auf die heiligen Stätten der Urbevölkerung und die Wanderwege ihrer Rentiere nicht weiterverfolgt worden.

Und dann steht Lindholm, der alte Stadthistoriker von Kiruna, im Erdgeschoss des neuen Rathauses, das der dänische Stararchitekt Henning Larsen gezeichnet hat, und zeigt auf die Figurengruppe im Eingang, an der keiner vorbeikommt. Er weist auf die Kultgegenstände und sagt: »Das haben die Christen oder ihre Prediger zerschlagen, die Trommel und die Heiligtümer. Und die schwedische Staatskirche hat Jahrhunderte gebraucht, bis sie – 2022 – um Entschuldigung bat. Die Entschuldigung kam dann in den wichtigsten Dialekten der Urbevölkerung, auf Nordsamisch, Südsamisch und in den Dialekten von Umea, Pitea und Lulea.

Nur drei Dutzend der alten Trommeln haben den christlichen Furor im 16. und 17. Jahrhundert überlebt. Sie waren lange gut versteckt, verschollen oder verstaubten in den Depots, im Nordiska Museet in Stockholm und im Museum Europäischer Kulturen in Berlin-Dahlem. Ihre Rückgabe steht bevor.«

Die heiklen Fragen

Es gibt Fragen, bei denen auch Elin und ihr Vater erst einmal recht einsilbig sind. Wie funktioniert der Mix zwischen Schweden und Finnen und Samen? Und was halten sie von der Entscheidung des Obersten Schwedischen Gerichts, den Samen der Kooperative Girjas die Jagd- und Fischrechte zurückzugeben, dem sogenannten Girjas-Urteil?

Langes Schweigen, wer sagt den ersten Satz?

»Es knirscht, es riecht nach Ärger«, sagt Henry mit Nachdruck.

Elin ergänzt: »Wir Einheimischen sollten weiter jagen und fischen dürfen, so wie wir das immer getan haben.«

Redet sie mit ihren Arbeitskollegen darüber – darunter gibt es doch sicher auch Samen?

»Wir vermeiden das Thema. Wir wollen da lieber nicht dran rühren.«

Elin findet, dass ausländische Jäger zurückstecken müssten, wenn es denn nicht für alle reicht. Das Thema ist so aufgeladen, dass es schwer ist, dazu offizielle Stimmen, etwa von den Jagdvereinen in Norrbotten, zu bekommen. Einer nach dem anderen sagt uns Gesprächstermine wieder ab. Die Gründe reichen von Kopfschmerzen bis zu akuter Zahn-OP.

Gibt es denn jetzt weniger Fisch- und Jagdlizenzen für die Nicht-Samen?

Über Henrys Gesicht zieht sich ein breites Grinsen: »Ich fische seit Jahrzehnten. Wenn ich nicht gerade in der Grube war, stand ich am Tornefluss und angelte. Ein Leben lang ohne Angelkarte.«

Åsa Larsson hat einen Traum

»Es gab mal eine Zeit der Koexistenz, als die Siedler von den Samen lernten und umgekehrt«, sagt Åsa.

Und nicht die Polarisierung wie heute. Samen gegen Minenarbeiter, Urbevölkerung gegen Touristen, Grubenbarone gegen Umweltschützer.

Etwas von dieser Wärme soll bleiben – aus der Zeit, als die nomadische Urbevölkerung ihre Pferde bei den sesshaften Siedlern, den sogenannten Neubauern, ließ, wenn sie im Sommer die Rentiere ins Hochgebirge führte. Oder gar ihre Kinder dort unterbrachte, damit sie in die Schule gehen konnten. Die Neubauern wiederum gaben ihre Rentiere den Nomaden mit.

Åsa gehört selbst zu einer Minderheit, der man vor siebzig Jahren noch die eigene Sprache austrieb. Das schärft den Blick und die Liebe zur Sprache. Humor erwächst ja bekanntlich aus dem Leiden. Menschen wie Åsa haben Mutterwitz und Ironie.

Zu ihrem Heimatort führte keine Straße, als sie geboren wurde. Wenn einer von A nach B wollte, nahm er den Weg über den Fluss, den Torneälven, der in Norwegen entspringt, durch Schweden fließt und in Finnland endet. Die Straße wurde erst später gebaut.

Als Åsas Eltern klein waren, sprachen sie kein Schwedisch, sondern Meänkieli, den Dialekt des Tornedals. Das passte dem schwedischen Staat, der in seiner »Fürsorge« sehr streng sein kann, nicht. Als Åsas Eltern sieben Jahre alt waren, kamen sie in die Heimvolksschule, vom Herbst bis zum frühen Sommer. Die war zwei schwedische Meilen, also zwanzig Kilometer, entfernt. Nach Hause durften sie nur in den Sommer- und in den Kartoffelferien. In der Schule lernten sie eine neue Sprache: Schwedisch. Ihre eigene sollten sie vergessen.

»Ich habe mich immer gefragt, warum ich im Herbst so niedergeschlagen bin. Von meiner Mutter habe ich das. Herbst – das war für sie die Zeit, wo sie wieder ins Internat musste.« Und sie fährt fort: »In Kiruna lebten Schweden und Samen dann Seite an Seite.« Der Schmelztiegel funktionierte offensichtlich ganz gut. Und alle lernten die mindestens einhundert Wörter für Schnee, ob sie nun Samen oder Schweden waren.

Und wenn der Grubenarbeiter nicht in der Schicht war, ging er angeln.

Man wird wohl auch Geologe, wenn man hier lebt.

Und nur weil man seine Tage unter Tage verbringt, heißt das nicht, dass man die Natur nicht schätzt und bewahren will.

Tochter und Papa zählen an den Fingern die neuen Fundstellen rund um Kiruna auf:

»In Kiruna gibt es Erz bis 2060. Aber auch Grafit und Kupfer – das ist dann gleich ein anderes Kaliber, sehr giftig. Und seltene Erden, angeblich die größten Funde außerhalb Chinas.«

Elin sagt: »Es reicht mit den Eingriffen. Den Rest sollte man in Ruhe lassen.«

Da sind die Neusiedler und die Samen, die Arbeiter und die Hirten dann doch nicht so weit auseinander.

Das Norrland-Paradox

Acht von zehn Schweden sind in ihrem Leben bisher nicht über Uppsala hinausgekommen – und das liegt etwas nördlich von Stockholm. In den Nachbarländern Finnland und Norwegen dürfte die Reisefreudigkeit ähnlich gering sein. Aber eine Meinung zu Lappland haben alle.

Für die einen ist es »die kalte Ecke« schlechthin. Die freundliche Variante ist, dass dort die Freiheit wohnt, die im Hamsterrad der Städte verloren gegangen sei. Die neidische Sichtweise ist, dass Lappland am Tropf hängt.

Die Wirklichkeit sieht etwas anders aus.

Die Gemeinden in Norrland sind arm. Wenn man mit Einheimischen spricht, staunt man nicht schlecht, an was allem es fehlt. In Kirunas Krankenhaus gibt es keine Geburtsabteilung mehr. Wer hier ein Kind bekommt, muss 120 Kilometer in die nächste Stadt nach Gällivare fahren. Im langen Winter mit Schneeverwehungen und Glatteis kann das durchaus ein Wagnis sein.

Die Wertschöpfung ist dagegen enorm. So kann der große Arbeitgeber am Ort, der Minenkonzern LKAB, Milliarden in den Umbau der Stadt stecken. Wer zahlt, schafft auch an. Und doch sind die Gemeinden bettelarm.

Schweden kennt – anders als etwa Deutschland – keine Gewerbesteuern. Wenn die Zentrale eines Unternehmens in Stockholm sitzt, und das ist bei den meisten Bergbau- und Energieunternehmen der Fall, geht der Erlös in die allgemeine Steuerkasse. Kaum jemand hat das so schön aufgespießt wie Åsa Larsson. Sie lässt im Roman *Wer die Sünde liebt* drei Juristinnen aus Stockholm deren Ex-Kollegin Rebecka Martinsson in Kiruna besuchen. Die drei sind finanziell aus dem Gröbsten raus, die eine verwaltet Vermögen – das der eigenen Familie –, und sie sind nach Lappland übers Wochenende zum Skilaufen gekommen. Bei dieser Gelegenheit wollen sie nachschauen, wie Lappland das Steuergeld aus dem Süden verheizt.

Rebecka will sich das nicht bieten lassen. Sie zeichnet ein komplett anderes Bild. Demnach herrscht Vollbeschäftigung, die Grube füllt die schwedische Staatskasse.

»*Der gesamte Gewinn und die Gewerbesteuer
gehen an den Staat, und der Staat, das ist Stockholm. Wir freuen uns natürlich, dass es hier Arbeit
gibt. Aber es ist schon bitter, dass für uns nur ein
Almosen übrigbleibt und der fette Stempel Sozial-
hilfeempfänger auf dem Hintern.*«[4]

Wenn man die Landkarte Schwedens wie ein Siedlerspiel
betrachten würde, wird klar: Fast alle wichtigen Schätze
liegen weit weg von Stockholm. Es gehört zu Macht und
Kraft der Metropolen, das Wasser auf ihre Mühlen zu len-
ken. Das begann um 1800 mit dem Erz und dem Flößen der
Baustämme aus den ewigen Wäldern. Die eigentliche Kunst
besteht darin, ganz selbstverständlich immer den Rahm
abzuschöpfen – und das ohne den kleinsten Anflug eines
schlechten Gewissens.

Die besondere Tücke wieder besteht darin, die Malocher
im Norden dann als besonders habgierig aussehen zu lassen. Da steht einiges auf dem Kopf.

Schweden ist riesig. Von Lappland bis Schonen sind es
mehr als zweitausend Kilometer. Unverdrossen meldet Sve-
riges Radio stündlich das Wetter fürs ganze Land, ob das
nun Sinn macht oder nicht.

Das kann sich dann so anhören: »Malmö 18 Grad,
schwacher Wind. Norrbottens Fjäll, leichter Schneefall.«

Ob die Malmöer sich wirklich dafür interessieren, wie
das Wetter im Hochland ist?

Vielleicht ist es die stille Freude über ein Riesenreich, wo
es am gleichen Tag Sommer und Winter ist?

Behandle deine Huskys gleich – dann kommst du in das Himmelsreich

Kitty kommt aus Ungarn und kann vier Worte Schwedisch. Aber mit Hunden kennt sie sich aus. Und mit vier Worten Schwedisch kommt man ziemlich weit in den Wäldern um Jukkasjärvi.

Jukkasjärvi ist die Bel Etage von Kiruna, am wilden Fluss gelegen, zehn Kilometer von den Erzgruben entfernt.

Elin, die Prozesstechnikerin aus der Mine, wohnt hier, ihr Vater wirft seine Angel in den Fluss, weit weg vom Grummeln der Erde und dem Rattern der Erzbahn.

In Jukkasjärvi kann man sich den angenehmen Seiten des Lebens widmen, etwa, mit einem Gespann von Huskys mit hängenden Zungen durch den Winterwald zu jagen.

Jukkasjärvi hat kein eigenes Zentrum, sondern zieht sich ein paar Kilometer am Ufer des Torneflusses entlang, der sommers ungebremst durch Tundra und Taiga fließt – und im Winter das klarste und blaueste Eis ganz Nordschwedens liefert. Lange hielt sich der Glaube, dass hinter dem Tornefluss das Ende der Welt ist.

Wenn man lange genug in den Fluss schaut, bekommt man Visionen. Einer dieser Visionäre – Yngve Bergqvist – kam vor dreißig Jahren auf den genialen Gedanken, das Eis des Flusses als Baustoff für Häuser zu nutzen, die mit den Jahreszeiten kommen und gehen. So entstand hier das erste Hotel komplett aus Eis – und später auch ein Nachbau von Shakespeares Globe Theatre. Wie man da *Hamlet* in der drei Stunden dauernden Vollversion open air auf

Samisch und auf Rentierfellen überlebt, das ist in *Wer die Kälte liebt* beschrieben.

Doch zurück zu Kitty.

Wie eine Feldherrin steht sie auf den Kufen, die Knie fest zusammen. Noch hält der Wurfanker. Kitty ist eine schlanke Frau von Mitte zwanzig mit langen blonden Haaren, die unter dem Helm hervorlugen. Sie steckt in dem gleichen unförmigen Overall, in den auch die Gäste gesteckt werden, aber sie trägt ihn an der Taille geschnürt. Die Schuhe sind mit Bedacht zwei Nummern zu groß. Ein kleines Beil, es heißt tatsächlich »Damenbeil«, hängt links am Gürtel und ein Messer rechts.

Ob hier wohl Bären unterwegs sind?, das gehört zu den Fragen, die man angesichts von Kittys Bewaffnung vielleicht stellen möchte, dann aber doch verschluckt. Vielleicht, weil man die Antwort nicht wirklich hören will.

Um uns herum ist Winterwald, kleine zähe Fichten, meterhoher Schnee.

Von den Tieren des Waldes weiß man, dass sie gerne die Wanderwege oder Fahrspuren der Motorschlitten benutzen, weil sie im tiefen Schnee genauso stecken bleiben wie wir Menschen. Die Begegnung mit Rentieren, Elchen, Luchsen, vereinzelten Wölfen und Vielfraßen – und eben Bären – ist möglich. Doch jetzt sind zumindest die Bären im Winterschlaf.

Wir steigen auf und suchen Halt, die Hunde sind kaum zu bremsen.

Von der Kabine in den Schlitten

Wenn man das extra bestellt, kommen die Guides mit den Schlitten zum Flughafen von Kiruna vorgefahren. Kitty erzählt das beiläufig, als ob es die normalste Sache von der Welt wäre, vom Jet auf den Schlitten umzusteigen. Am Flughafen steht fußläufig vom Terminal ein kompaktes Holzhaus, wo die Gespanne warten, während die Turbinen der startenden und landenden Jets ein paar Hundert Meter weiter den Schnee aufwirbeln.

Nun sind Jets zwanzigmal schneller als Hunde, aber der Kick beim Start ist ähnlich. Der Adrenalinspiegel steigt bis in die Fingerspitzen, jede Müdigkeit ist weggeweht, vergessen sind Hunger, Durst und Kälte. Beim Flieger sind es die Holzblöcke, die entfernt werden. Wir sind nicht so eilig unterwegs, aber auch uns nimmt der Start den Atem. Mit großem Gejaule warten die zwölf Hunde mit blauen Augen, hängenden Zungen, schwarzen Nasen und Fell in allen Schattierungen auf den Moment, in dem Kitty die Leine löst und den Wurfanker aus dem Schnee gräbt.

Erst auf eine scharfe Linkskurve, dann auf schulterbreiter Spur in den Wald, wo die Bäume dicht stehen und die Zweige fast die Köpfe streifen.

Kurze Pause an einer Hütte im Wald, die Hunde wälzen sich im Schnee, wir hüpfen von einem Bein auf das andere und trinken Tee im Stehen. Kitty erklärt, warum wir die Beine beieinanderhalten müssen.

»Es gibt schon mal Ärger, wenn man durch den Wald saust. Die Beschleunigung ist immens, wie ihr gemerkt habt. Holterdiepolter geht es los, auch mal in Schräglage.

Wer da seine Beine nicht auf die Kufen stellt, sondern sie spreizt, kann leicht an einem Ast verhaken und sich den Fuß brechen.«

Nordische Wurzeln sind im Zweifel härter als menschliche Knöchel – das leuchtet ein.

Nach der Pause wollen die Hunde nicht ganz so wie Kitty: Die beiden Tiere in Position drei und vier hinter der Leithündin springen über die Leinen und verheddern sich. Der Schlitten neigt sich leicht. Kitty springt ab und muss zwischen die kläffenden Hunde, den einen über den anderen heben, dabei die anderen zehn in Schach halten, bis alle wieder losrennen können. So ein Schlittenhund wiegt gut und gerne zwanzig Kilo; wenn er bellt, noch ein bisschen mehr.

Bitte nicht helfen – es ist schon schwierig genug

Schlittenhunde im Knäuel, das kann böse enden. Nun sind Kittys Huskys vergleichsweise wohlerzogen. Sie fressen einen nicht gleich auf, wenn man in das Kuddelmuddel aus Schnauzen, Füßen und Ohren greift. Denn es ist ja ganz klar, was passiert ist: Beim Anfahren hat sich der Knoten gelöst, der alle zwölf Langleinen des Gespanns verbindet. Es läge nahe, wenn man sich mit Knoten auskennt, nach den losen Enden zu greifen. Doch das lässt man lieber, bedeutet uns Kitty. Sie ist Chef des Rudels, und niemand sonst.

Alles das geht mir im Kopf herum, während Kitty die Hunde befriedet. Sie macht das sehr umsichtig, ohne Peitsche, eher mit der Stimme. Von ihrer erhöhten Position auf den Kufen aus prüft sie, ob noch alle Passagiere vor ihr auf dem Schlitten sitzen. Sie hat jeden Tag Gäste wie uns.

Streng genommen sind die Huskys hier nicht heimisch – und wenn die Urbevölkerung Lapplands Hunde hatte, dann eher Hirtenhunde, um ihre Herden zusammenzuhalten.

Schlittenhunde sind hier ein Luxus und bieten vielleicht gerade deshalb das perfekte Vergnügen.

Rund um Jukkasjärvi und andere Touristenorte gibt es viele Guides aus aller Welt. Menschen wie Jan aus der Slowakei oder Melanie aus Minnesota, die hier als Saisonarbeitende ihrer Liebe zu Hunden frönen. Kitty wohnt sogar direkt neben dem Zwinger, so dicht wie möglich an ihrer Gang. Wenn die Huskys nicht bellen, dann singen sie oder jaulen.

Die Hunde, einmal losgelassen, wollen rennen.

Wenn die Hunde zu schnell werden, weil es bergab geht oder wir an eine Gabelung kommen, ist es Zeit für Kittys vier Kommandos, die in einem gutturalen Schwedisch mit leichtem ungarischen Einschlag daherkommen. Die zwölf Huskys sind damit groß geworden.

Die Kommandos sind: »vänster« (links), »höger« (rechts), »sakta« (langsam) und zur Belohnung »duktig« (tüchtig).

Auf Englisch dann erzählt Kitty von ihrer Jugend in Ungarn und der Huskyzucht ihrer Eltern in einem kleinen Dorf einhundert Kilometer hinter Budapest. In Ungarn sind Huskys eher ungewöhnlich. Mit einem bellenden Dutzend macht man sich kaum Freunde bei den Nachbarn.

Abwechslung boten die Landes- und Weltmeisterschaften für Huskys. Aber als ihre Hunde ständig oben auf dem Siegertreppchen Platz nahmen, wurde es der Familie zu langweilig. Die Regale im Wohnzimmer hatten einfach keinen Platz für noch mehr Trophäen.

Nun halten sich die Eltern noch ein paar Hunde, und die Tochter lebt mit Huskys hier oben in Lappland, wo es von allem noch Platz genug gibt.

Das erzählt Kitty in der nächsten kleinen Pause. Ihre Geschichten sind kurz, und manchmal muss sie zweimal ansetzen. Denn das Hundegespann fordert ihre ganze Aufmerksamkeit: Es ist ein Kindergarten im Quadrat.

Für die Hunde brauch ich kein Schwedisch

Bei so viel Konzentration auf die Tiere entstehen möglicherweise Lücken in der menschlichen Kommunikation.

»Why bother about Swedish?«, sagt Kitty ohne den Anflug eines Bedauerns. Dass Kitty kein Schwedisch gelernt hat, juckt sie nicht: »Hier brauch ich es nicht, die Hunde verstehen meine Kommandos, und die Gäste kommen aus der ganzen Welt, und alle sprechen Englisch.«

Und warum trägt Kitty nun ein Damenbeil am Gürtel links und ein Messer rechts?

Das Messer diene dazu, die Leine zu kappen, falls die Hunde einmal durchdrehen sollten und keinerlei Kommandos mehr folgen. Das Beilchen nutze sie, um die Hundespeise – tiefgefrorenes Hackfleisch in Zehn-Kilo-Blöcken – portionsgerecht klein zu hacken.

Im Rucksack steckt zudem eine Vorratspackung von achtundvierzig Schühchen, kleine blaue Nylon-Überschuhe für die Huskys, im Jargon der Musher heißen sie Booties. Die Hunde sollen nicht mehr barfuß laufen müssen, wenn der Untergrund zu eisig und kantig wird.

Erst müssen die Pfoten trocken gerieben werden. Dann werden die Booties mit bloßen Händen übergestreift und festgeschnürt. Und das alles gebückt über den Hunden stehend. Wenn Kitty bei einem einzigen Hund die Schühchen falsch anlegt, wird er sich die Pfoten wund reiben und später dann irgendwann dem ganzen Tross zur Last fallen.

Wie man den Winter rettet

Jan kann auch kein Schwedisch. Aber er hat dafür den Winter gerettet. Jan ist ein schlaksiger junger Familienvater, zuvorkommend, aber nicht überschwänglich, mit langem blondem Zopf, den er im Gummiband trägt, und einem Kind in der Kita und weiterem Nachwuchs in Erwartung, weshalb es nicht verwundert, dass er sich, ganz privat, um den weiten Weg zur Geburtsklinik 120 Kilometer entfernt sorgt. Seine schwangere Frau sitzt im Office der Huskyfarm neben Taisto und verteilt die Aufträge.

Jan passt gut in die untere Arktis, er gehört zu den Männern, die einen Außenbordmotor auch ohne Betriebsanleitung reparieren können. Was er sich allerdings noch nicht angewöhnt hat, ist, in der Art nordschwedischer Männer eine Antwort durch das geräuschvolle Einziehen von Luft zu ersetzen.

Aber das kann ja noch kommen.

Jan taut auf, wenn man ihn mit »Ahoi« begrüßt, slowakisch für »hallo«. Er kam einst von der Hohen Tatra nach Lappland und ist dann hängen geblieben, seine Frau hat in der Slowakei eine Berghütte geleitet, das ist jetzt fünfzehn Jahre her.

Die Leute von Lappland Wilderness Travel haben uns eingeladen, nach der Hundeschlittentour im Wald zu übernachten und in den Himmel zu gucken. Jan schmeißt in unserer Cabin mit dem breiten Doppelbett den eisernen Bullerofen an und bringt die Raumtemperatur in zwanzig Minuten von minus zwanzig auf plus zwanzig Grad.

Dann legt er die Leiter an, klettert aufs Dach mit seiner halbmeterdicken Schneehaube und legt die großen Fenster frei, damit wir aus dem Bett direkt in den Himmel gucken können. Und bei einigem Glück in der Nacht auch die Sonnenstürme im All sehen, die Aurora borealis, kurz: das Polarlicht.

Aber der Himmel ist und bleibt bedeckt, und bei bedecktem Himmel sieht man kein Polarlicht.

Vor ein paar Jahren kam der erste warme Winter, und alles änderte sich. Der Wald blieb grün wie im Herbst, der See war spiegelblank – es fiel partout kein Schnee.

Rentiere können damit zur Not leben. Schlittenhunde können damit aber keineswegs umgehen. Sie rutschen einfach aus und kommen nicht vom Fleck, können keine Schlitten ziehen. Das war eine mittlere Katastrophe für die Tourismusunternehmer rund um Jukkasjärvi. Bis der Guide Jan eine Idee hatte.

Jan spannte einen dieser kleinen Allradtrecker – mit dem vor allem die Männer in Lappland auch auf den allerkürzesten Wegen unterwegs sind – vor drei Nagelbretter und lenkte ihn tagelang immer wieder über die Seen rund um Jukkasjärvi. Die Nagelbretter bestanden aus handelsüblichen Europaletten, in die Jan und seine Kollegen eine Unzahl von Stahlnägeln getrieben hatten.

So mühsam es klingt, mit Nagelbrettern auf Seen zu kratzen, so anstrengend war es auch. Aber es lohnte sich doppelt. Auf der losen Eisschneeschicht fassten die Huskys wieder Tritt. Und manche Touristen bemerkten wohl gar keinen Unterschied.

»Sie wissen ja nicht, wie hoch hier sonst der Schnee liegt«, lacht Jan.

Den restlichen Schnee sammelten sie ein und legten ihn in schmalen Schneebahnen durch den Wald. Sie schafften den Hunden eine etwa einen Zentimeter dicke Schneedecke.

»Es war eine Heidenarbeit, den Winter zu ersetzen.« Aber die Saison war gerettet. Eine weiße Schleife schlängelte sich durch die grüne Natur – und die Huskys rannten wie immer. Wer wollte, konnte sich über so viel Energie und Einfallsreichtum freuen – oder sich aber grämen über den grünen Winter.

Für Jans Methode gibt es noch keinen festen Ausdruck. Und im Winter darauf schneite es wochenlang.

So ein Ausflug in den kalten Winterwald kann ein sehr angenehmer Urlaub vom Ich sein, weil es zuerst und zuletzt um die Hunde und deren Wohlergehen geht.

Aber es gibt Situationen, da drängt sich das menschliche Ego doch wieder massiv in den Vordergrund. Es gibt Reibereien und unzufriedene Gäste. Und viel Unsicherheit, ob man zum Beispiel mit Frostbeulen noch in die Sauna darf (die Antwort ist ein eindeutiges »Nein«). Die Guides machen ihre Witze über ahnungslose Besucher, die mitten auf einem See fragen: »Sind wir schon im Wald?« Oder andersrum, wenn rechts und links Bäume stehen: »Sind wir noch auf dem See?« Da liegt eine patzige Antwort schnell auf der Zunge. Besonders lang können Passagen über zugige Seen sein. Dort ist es real und gefühlt noch viel kälter als im Wald. Dann stoßen auch die an Grenzen, zu deren Berufskodex es gehört, nicht zu jammern.

»Es ist gar nicht so leicht«, sagt Kitty und grinst, »den Gästen zu sagen, dass ihre Füße bald wieder auftauen, wenn du selber Eisklumpen hast.«

Die Sami früherer Zeiten pflegten, wie gesagt, Heu in ihre weiten Fellschuhe zu stopfen. Bekanntlich wärmt ja gerade die Schicht zwischen Schuh und Fuß. Es käme auf einen Versuch an, diese alte Tradition wiederzubeleben.

Von kalten Füßen ist in den Erzählungen der Sami jedoch nicht groß die Rede. Was sich aber vor allem geändert hat, ist das spezielle Aroma einer Hundetour durch den Wald in diesen eiligen Zeiten.

Es lohnt an dieser Stelle ein Griff in den Bücherschrank.

Christiane Ritter hat als mutmaßlich erste westliche Frau in der Arktis überwintert und darüber ein ganz vorzügliches Buch geschrieben. Der Titel *Eine Frau erlebt die Polarnacht* erschien zuerst 1938 und wird immer wieder neu aufgelegt. Ritter entwickelt darin auch einen besonderen Blick für die großen und kleinen Bedürfnisse der Hunde. Das ist nun fast einhundert Jahre her, und damals blieb das ganze Hundegespann stehen, wenn ein Hund sein Geschäft erledigte. Bei sechzehn Hunden im ritterschen Gespann konnte das ziemlich viel Zeit kosten. Ganz zu schweigen von dem Leinenwirrwarr, das entsteht, wenn die Hunde im vollen Lauf stoppen müssen, weil einer von ihnen sich breitbeinig hinstellt.

In den einhundert Jahren, seit Christiane Ritter mit dem Schlittenhundgespann über den Wijde Fjord im Norden Spitzbergens zog, hat sich einiges geändert. Moderne Schlittenhunde werden darauf trainiert, auf Klopausen zu verzichten.

»Ein Hund muss im Laufen sein Geschäft verrichten. Er darf nicht anhalten, weil das aufhält und er dann mitgeschleift wird – mit allen denkbaren Folgen«, sagt Kitty.

Man muss das mögen, denn die Hunde sind keine Vegetarier, und das merkt man und riecht es auch. Aber das Reisen geht jedenfalls schneller als zu Zeiten von Christiane Ritter.

In Lappland dürften etwa 10 000 Schlittenhunde jede Saison kommerziell unterwegs sein. Es könnten auch doppelt so viele sein. Huskytouren sind ein gutes Geschäft von Inari in Finnland bis Alta in Norwegen, und wenn es irgendwo in Europa noch einen richtigen Winter mit einer gewissen Garantie auf Schnee und Kälte gibt, dann hier. In den Katalogen ist dann viel von den freundlichen Hunden die Rede und wie gerne diese sich knuddeln ließen.

Das eigentliche Abenteuer jedoch ist es, selbst den Schlitten zu steuern, also Kittys Position einzunehmen, der »Musher« zu sein.

Am Abend – man sieht erst nur die Stirnlampen – kommen zwei Hundegespanne durch den Wald gefahren und halten in unserer kleinen Hüttensiedlung.

Es gehört unter Mushern wohl zum guten Ton, anderen nicht gleich als Erstes unter die Nase zu reiben, wie erschöpft und durchgefroren man ist. Zu den eisernen Regeln gehört auch, dass die Musher ihre Hunde abspannen und füttern, bevor sie sich selbst eine Pause gönnen.

Roisin lässt die Hunde von der Leine, die sich ausgiebig im Schnee wälzen, und gibt gerne weiter, was sie selbst gerade gelernt hat.

»Am wohlsten fühlen sie sich bei fünfzehn Grad Außentemperatur. Wohlgemerkt fünfzehn Grad minus.«

Nun können Huskys die Temperatur nicht über das Fell abgeben. Dafür ist es wohl zu dicht. Sie schwitzen durch die Pfoten, durch die Zunge und durch die Nase. Während die Hunde wohlig jaulen, wuchtet Roisin dann einen dieser tiefgefrorenen Zehn-Kilo-Brocken Hundefutter vom Schlitten und zerlegt ihn in pfundschwere Brocken. Auftauen ist nicht nötig, die Hunde haben einen starken Biss, und ringsum ist nun zu hören, wie Zahn auf Eis trifft.

Erst dann sind auch die Hunde zum Knuddeln bereit.

Roisin krault die Leithündin, ein schönes Tier mit leuchtend blauen Augen, noch ein bisschen länger als die anderen.

Dann zieht Roisin den Rest vom Fleischblock am Strick in den Eingangsbereich unserer Küche, direkt hinter die erste Tür. »Wir wollen ja keine wilden Tiere anlocken«, sagt sie und lacht.

Und wann immer wir an dem Abend zum »Utedass«, zum Plumpsklo, gehen, steigen wir über den Fleischberg.

Roisin kommt aus Irland. Sie lernt Musherin und hat heute zum ersten Mal ein Gespann durch den Winterwald geleitet.

Im Alltag ist sie »Mädchen für alles in einer englischen Baufirma, die in Nordschweden den Wald niedermacht, um Speicher für Google und Facebook zu bauen«, wie sie uns unsentimental mitteilt.

Dazu muss man wissen, dass an den großen Strömen Schwedens die Server der Datenriesen stehen, die Unmengen an Strom verbrauchen. Angelockt werden sie mit niedrigen Strompreisen und fast geschenktem Bauland.

Aber damit ist eine wie Roisin noch nicht ausgelastet. Abends lernt sie Medizin und Französisch – eine junge Frau voll Witz und Neugier. Sie möchte reisen, reisen und noch einmal reisen. Südamerika, Sibirien, die ganze Welt.

Eine ausgebildete Musherin ist eine Mischung aus Hunde-
mama und Personalchefin. Sie stellt die Teams von bis zu
zwölf Tieren zusammen und macht sich Gedanken, wer
zu wem passen könnte. Unerfahrene Hunde in die Mitte,
große nicht neben kleine. Zuerst kommen die Leithunde,
das sind die, die die Kommandos »links« und »rechts« verstehen. Dann kommen die anderen paarweise. Der Musher muss entscheiden, wer vorne und wer hinten läuft
und wer die ruhigen Posten bekommt. Die in der Mitte
haben nicht so viel zu schleppen. Touristengespanne laufen zwölf Kilometer, die Rennschlitten etwa fünfzig Kilometer am Tag.

Erstaunlich viele Menschen trauen sich diesen Job zu.
Der Traum ist es, sich dann auf Wochentouren quer durch
Sápmi zu beweisen.

Draußen hört man die Huskys gelegentlich jaulen. Das Einzige, was ein Hundeführer nie erlebt, auch nicht in den ent-
legenen Regionen des Nordens, ist Stille. Aber dafür sind
die Musher auch nie allein.

Der große Treck zum Nordlicht

Es ist immer noch Frühlingswinter, und es gibt nicht allzu
viel Tageslicht, vielleicht fünf Stunden am Tag. Manchen
Menschen ist das fast schon zu viel Helligkeit. Kommt ganz
darauf an, was man sucht.

Wenig in der Welt vermag Menschen so in den Bann
zu schlagen wie das Himmelsgewitter in Grün und Blau.

Scharen von Menschen zieht es in der dunklen Jahreszeit in den Norden. Der Sage nach fördert eine gemeinsame Nacht unter dem Polarlicht sogar die Fruchtbarkeit.

Der alte Sessellift rattert durch die Nacht. Ein Oldtimer von 1960, der jedes Mal eine halbe Minute innehält, wenn Passagiere ein- oder aussteigen. Dann baumeln die Passagiere in zehn Metern Höhe unter dem Polarhimmel und fragen sich, warum sie denn um Himmels willen die warme Stube verlassen haben.

Vor uns im nächsten Doppelsessel singt Natasha aus St. Petersburg ein lang gezogenes russisches Klagelied gegen die Höhenangst. Natasha steckt bis zur Nase in einem langen Pelzmantel und ist mit ihrem schwedischen Mann unterwegs. Jeden Abend ziehen ein paar Dutzend Menschen durch die Nacht auf dem Weg zum Hausberg von Abisko. Sie sind schwer vermummt – im Grunde aber harmlos; alle wollen nur das Nordlicht sehen. Kritisch ist bei diesem Aufzug vor allem die Nasenspitze, die wird häufig vergessen.

Schweden neigen zur indirekten Form, rein sprachlich. Statt »Du solltest« heißt es oft: »Ich könnte mir vorstellen, dass es vielleicht besser für dich wäre, wenn du …« Aber wenn es darauf ankommt, geht die Sprache keine Umwege.

»Nicht duschen oder in die Sauna gehen und keine wasserhaltigen Feuchtigkeitscremes.« So der Aushang an der Bodenstation. »Das kann zu Erfrierungen und zu geplatzten Adern führen.«

Wir starten bei sechshundert Metern, bei etwa achthundert Metern passieren wir die Baumgrenze. Es wird ein bisschen frisch. Die Lifte schwingen.

Die Reise zum Nordlicht hat etwas von einer Kegeltour. Drei beschwipste Damen um die dreißig aus Mittelschweden suchen einen Freiwilligen, der sich die Handschuhe auszieht, um sie mit ihrem Handy zu fotografieren. Die Reise hierher war nicht billig, der Ausflug nachts um elf Uhr auf den Berg kostet so viel wie ein sehr gutes Abendessen. Da muss das Beweisfoto taugen.

Der Mann der Russin, Peter heißt er, lässt sich nicht lange bitten. Er schaut durch den Sucher und sagt: »Mach ich, aber nur, dass ihr das wisst: Es ist komplett dunkel, ich sehe euch gar nicht.«

Wir sind auf den Hausberg von Abisko, in etwa eintausend Meter Höhe. Abisko ist ein Fünfzigseelendorf, das in der Saison enorm wächst, zum Touristikzentrum mit großer Fjällstation an der Europastraße zwischen dem schwedischen Kiruna und dem norwegischen Narvik.

Was uns hier erwartet ist das wohl spektakulärste Himmelsspektakel der Welt. So als ob das All zur Theaterpremiere lüde und sich ordentlich ins Zeug legte. Es gibt aber keine Garantie und keine Rückerstattung bei bedecktem Himmel. Es kann den ganzen Abend lang flackern oder auch nur kurz, in allen erdenklichen Farben. Auch wir freuen uns auf eine Nacht voll Demut und Begeisterung, ein so intensives Gefühl, dass man fast weinen möchte vor Glück.

Nicht dass es die Strahlen irgendwie beeinflussen würde, dass wir ihnen nun 600 Meter näher sind. Die Sonne ist 150 Millionen Kilometer entfernt. Aber der Hausberg ist der trockenste Ort weit und breit – daher spricht man vom »blauen Loch« von Abisko. Nirgendwo sonst regnet es weniger, nirgendwo sonst ist der Himmel so klar. Kaum Wolken, wenig Regen und nichts von dem, was man heutzutage optische Umweltverschmutzung nennt; früher auch elektrisches Licht genannt.

Unter uns liegen die Herberge von Abisko und die Forschungsstation, um uns herum der Nationalpark. Dahinter erahnen wir den Grenzsee nach Norwegen, den Torneträsk, blauschwarz funkelnd – Traum aller Landschaftsmaler von Lappland. Rechts von uns muss die Lapplandpforte liegen, die beiden Berge, die den Eingang in die Bergwelt bewachen – ein beliebtes Motiv.

Abisko war einmal eine Künstlerkolonie unter der Schutzherrschaft des Malerprinzen Eugen und mit später weltberühmten Namen wie Anders Zorn und Carl Larsson.

Damals, um 1900, war der Ort am See ein Magnet für die freien Geister Schwedens. Die meisten sind heute unbekannt, einige waren bettelarm und mussten beim Dorfkrämer in Abisko anschreiben lassen. Wenn der Schuldenberg zu hoch war, zahlten sie mit Naturalien. Das waren dann Lebensmittel gegen Skizzen und kleine Porträts. Manchmal häuften sich die Kunstwerke und gerieten in den Umlauf in neuer und für die Künstler überraschender Form: als Einwickelpapier.

Diese Geschichte stammt von Wirtin Jessica, der Dame mit dem Basset-Hund, die es von Göteborg nach hier oben verschlagen hat und die Schwedens größte und sicherlich schönste Herberge leitet. Sie hat die tiefe Bräune derer, die hier Monate verbringen – von Tagestouren im reflektierenden Schnee.

Jessica hat die Gäste in die kalte Nacht geschickt, damit sie endlich das Nordlicht zu sehen bekommen. Die Chancen stehen heute um vierundzwanzig Uhr bei mehr als zwanzig Prozent, und das ist ein sehr guter Wert. Jessica würde dafür sogar nachts um drei aufstehen, versichert sie uns. Die Daten kommen unisono aus drei Quellen, von Apps, die sie auf ihrem Smartphone installiert hat.

Wir lassen uns auf die Skipiste fallen in unseren wattierten Anzügen und schauen in den Himmel, warten auf Grün, Gelb und Rot. Meine Frau Jutta vertreibt sich die Zeit in Erwartung der berühmten Himmelsgewitter mit der Frage, was wohl unser Freund Rob sehen würde, mit seiner ausgeprägten Rotgrünblindheit. Aber zunächst heißt es warten. Wenn man nicht dreißig Minuten Pause macht zwischen elektrischem Lichteinfluss und der totalen Dunkelheit, sieht man kein Polarlicht – das hat uns Jessica eingeschärft. Es gibt einen Trick: wenn man die Stirnlampe auf rotes Licht stellt. Das stört nicht.

Die Szene am Hang hat etwas Surreales. Unsere internationale Polarlicht-Pilgergruppe leuchtet wie die Glühwürmchen: vierzig Schweden, ein Japaner, zwei Deutsche, drei Franzosen und eben Natasha aus St. Petersburg glimmen in der Dunkelheit.

Vor etwa zehn Jahren war genau dieser Hang fest in der Hand von Gästen von ganz weit her. Was müssen das für Zeiten gewesen sein, als an so einem Abend die ganze Piste bei der Bergstation von Abisko voll war mit enthusiastischen Japanern in ihren Schlafsäcken. Wobei Enthusiasmus eine höfliche Untertreibung ist.

»Wie die Japaner sich freuen können, wie sie komplett aus der Rolle fielen, alles losließen. Das war schon unglaublich.«

Das sagt einer, der dabei war, als der große Treck begann. Putte Eby, der Pionier, tat alles, um ihn am Laufen zu halten. Der Tourismusmanager ist in Schweden eine ziemlich bekannte Figur, einer, der auf der Glatze Locken drehen kann. Ein Zweimetermann, der gerne lacht und doppelt so schnell reden kann wie die meisten seiner männlichen Mitschweden. Er ist mittlerweile ins untere Lappland, nach Östersund, gezogen und mit dem Ausbau eines Pilgerweges beschäftigt. Aber für das Thema »Wie die Japaner das Polarlicht für sich entdeckten« hat er am Telefon immer Zeit.

»Einigen jungen Gästen aus dem Fernen Osten konnte es gar nicht schnell genug gehen, in die wärmenden Polarschlafsäcke zu kommen. Es gibt eine Ausführung im Doppel, einer mit dem Reißverschluss links, der andere rechts«, gluckst Putte.

Eigentlich ist Putte kein Mensch für Zoten und schlechte

Witze. Aber irgendwas muss ihn beim Anblick der Menschen auf dem Schräghang neben der Liftstation berührt haben. Vielleicht der Kitzel, mitzuerleben, wie ansonsten brave Menschen völlig aus dem Ruder laufen. Im Norden nutzte man früher dazu Ströme von Alkohol.

»Es ist so eine Freude, mitzuerleben, wenn Japaner das Polarlicht genießen, dieses doch sonst so zurückgenommene Volk, in dem alle darauf achten, ja ihr Gesicht nicht zu verlieren. Man hätte eigentlich fast Eintritt nehmen müssen.«

Die Völkerwanderung nach Abisko begann mit einem einsamen Wanderer, der eines Abends bei Putte an die Tür klopfte.

Später Besuch

Eines Tages im November 2003 ging Herbergsvater Putte mit David, dem jüngsten seiner drei Kinder, durch die kalten und leeren Zimmerfluchten der Herberge. Da klopfte es an der Tür.

»Wer mag das sein?«, fragte er sich. Um diese Jahreszeit stand die Herberge von Abisko mit ihren einhundertelf Betten meistens leer.

Putte ist ein Zweimetermann und ein begnadeter Erzähler, und dies ist die Geschichte seines Lebens. Vielleicht wird man so, wenn man wie er mit drei großen Schwestern in einem Pfarrhaus mitten in Stockholm aufwächst. Sein Vorname Putte ist ungewöhnlich für einen erwachsenen

Mann, vor allem einen dieser Länge. Aber als Kind nannten ihn alle Putte, das ist eine mögliche Verniedlichung von Per, und als alle bei diesem Namen blieben, ließ er Putte in seinen Pass eintragen.

Putte war nach Abisko geschickt worden mit dem unmissverständlichen Auftrag, neue Zielgruppen zu finden – oder zu erfinden. Nicht so leicht in einer Gegend, in der sich sechs Wochen lang die polare Dunkelheit übers Land legt.

Putte sollte nun jenseits der Hauptsaison Reisende anlocken. Die Wandersaison war gelaufen, und die Skisaison noch in weiter Ferne. Sechs Monate Leerstand – drei im frühen Winter und drei im späten Frühjahr –, praktisch ohne Gäste, das ist Nordschwedens bittere Realität. Und Putte war angetreten, diese Realität zu verändern.

Vor Putte stand ein Mann aus Japan, völlig durchfroren, und brachte nur einen Satz hervor, den er wie ein Mantra wiederholte.

»I want to see Aulola.«

Vielleicht sagte er auch korrekt »Aurora«, so heißt das nördliche Polarlicht.

Putte bat den einsamen Wanderer zum Aufwärmen in die Küche, kochte ihm einen Tee und fragte den Besucher, der sehr wenige Brocken Englisch sprach: »Why are you here now? Everything is closed.«

Der späte Gast zählte seine Stationen auf. »Flug Tokyo-Helsinki, Bahn Helsinki-Rovaniemi, Bus nach Kiruna, Zug nach Abisko.« Und dann kam – immer wieder – der eine Wunsch.

»I want to see Aulola.«

Das klingt ein bisschen wie im Märchen, aber es gilt Puttes Wort, dass es stimmt. Das war der erste Aurora-Pilger.

Der erste Pilger

So erfuhr man in Abisko, dass es im fernen Japan Leute gab, die wussten, dass das Fünfzigseelendorf am Torneträsk, am äußersten Nordwestzipfel Schwedens gelegen, einer der besten Plätze der Welt ist, um das Polarlicht zu sehen.

Was aus dem Japaner wurde, der in jener kalten Nacht in die Herberge eingelassen ward, ist nicht bekannt. Seine Spur verlor sich. Aber sicher ist, dass den Leuten in Abisko ein Licht aufging. An die Vermarktung der dunklen Zeit hatte man sich noch nicht herangetraut.

»Wir in Schweden haben uns früher nicht viel aus dem Polarlicht gemacht«, sagt Jessica. Doch ihre Einstellung sollte sich ändern. Jessica ist ihm so weit verfallen, dass sie sich dafür den Wecker stellt.

Und sie ist ihrem Vorgänger-Herbergsvater Putte dankbar, dass er schon Initiative zeigte, als noch keiner so richtig ans Nordlicht glaubte.

Putte reiste mehrfach auf Messen nach Tokyo.

So langsam begriff er, was das Interesse ausgelöst hatte. Ein paar Wochen bevor der einsame Wanderer an seiner Tür klopfte, Mitte September 2003, hatte das japanische Fernsehen NHK live von den Polen berichtet.

Für den Nordpol musste Abisko herhalten, wiewohl noch gut zweitausend Kilometer südlich vom Pol gelegen.

Siebzehn Millionen Japaner sahen zu, wie während der Sendung das Polarlicht leuchtete, und waren – man kann es verstehen – ganz aus dem Häuschen.

Eine Karte wurde eingeblendet mit drei Worten: Schweden, Nordpol, Abisko. Kurz nach der Sendung brach der Server zusammen, als die ersten hunderttausend Zuschauer im Internet nachschauen wollten, wo denn dieses Abisko liegt.

Nun hat der Erfolg mehrere Väter. Da gibt es Peter Rosen, den Hausfotografen, und andere Geburtshelfer wie etwa den Amerikaner Ched Bakely, der als Küchenhilfe in Abisko angeheuert hatte, laut Jessica »ein Verkaufstalent auf amerikanische Art« und leidenschaftlicher Polarlicht-Gucker. Ched stellte eine Zeitlupenaufnahme ins Internet – und die hatte offenbar weltweit Wellen geschlagen, vor allem auch in Japan – und ohne, dass den Leuten in Abisko klar war, welchen Schatz sie da hüteten.

Bauboom

Ab 2007 ging es dann richtig los. Abisko fand viele Nachahmer im polaren Oval. Ob in Rovaniemi in Finnland, in Alta in der Finnmark (die verwirrenderweise in Norwegen liegt) oder in Island. Die ganze Region lebt davon, dass im Winterhalbjahr genau in dieser Ecke das Polarlicht scheint.

Wie viele Tausende sich damals aus Asien auf den Weg in Europas untere Arktis gemacht haben, hat nie jemand gezählt. Aber in Kirunas kleinem Flughafen erinnert man sich an die Woche, als vier Chartermaschinen in kurzen Abständen aus Tokyo landeten. Der Flughafen wurde für die Reisewelle kurzzeitig umgebaut, die beiden getrennten Bereiche Ankunft und Abflug an solchen Tagen kurzerhand zusammengelegt.

Nun gibt es kaum etwas Schöneres als das Himmelstheater in der dunklen Nacht. Es sei jeder und jedem gegönnt. Aber selten löst ein Phänomen gleich eine Völkerwanderung mit Bauboom aus.

Ein neuer Baustil entstand. Früher hätte niemand in der Arktis im Traum daran gedacht, Fenster ausgerechnet in den Himmel zu bauen. Wozu sollte das gut sein, wo doch der Schnee alles abdeckt? Warum baut man zwanzig Iglus mit einer Kuppel aus Glas mitten auf den Polarkreis, dort, wo der Weihnachtsmann wohnt und sein Briefkasten steht? Warum fegt in Jukkasjärvi Jan aus der Slowakei die großen Dachfenster in den Mountain Cabins frei?

Die Stunde der Wahrheit

Putte war oft auf Reisemessen in Japan – immer mit den Fragen auf den Lippen:

Warum seid ihr so verrückt nach dem Polarlicht?

Was wünscht ihr euch?

Warum fahrt ihr um die halbe Welt für einen Abend voller Himmelsleuchten?

Und manchmal dachte Putte Eby an seinen Vater, den evangelischen Pastor, der bestimmt hätte wissen wollen, ob das wohl eine Wallfahrt sei. Kümmert sich der Himmel auf einmal um die Wünsche einzelner Menschen?

In Schweden, das ja nicht als Mutterland der Gefühlsausbrüche gilt, hatte man einfach zur Kenntnis genommen, wenn es am Himmel zuckte. Bis ein japanischer Tourmanager Putte gestand: »Weißt du, da haben wir unsere kindliche Seite, das ist so ein tief verwurzelter Mythos, dass das Nordlicht Glück bringt und Fruchtbarkeit.«

Wie jeder Mythos bleibt auch dieser ein Rätsel.

Früher reisten Japaner nicht zum Vergnügen an den Polarkreis. Bis vor zweihundert Jahren war die Insel eine Insel für sich, ohne Ein- und Ausreise. Japaner leben bekanntlich nicht an den Polen, sondern zwischen dem 25. und dem 40. Grad südlicher Breite. Dort gibt es so gut wie nie Polarlicht. Das letzte messbare und aufgezeichnete Phänomen war ein roter Himmel vor 1400 Jahren.

Hinab voll Glück

Es ist lange nach Mitternacht, der Himmel hat die Sondervorstellung beendet, geblieben ist ein sahneweißer Streifen, und auf dem schweben wir zu Tale. Die Russin Natasha singt wieder, aber diesmal klingt es nach Freude.

Vergessen sind die kalten Fingerspitzen vom Versuch, die Blende einzustellen.

Dabei waren wir kurz vorm Aufgeben. Zwar funkelten die Sterne und der große Wagen leuchtete, als die Wolken sich verzogen. Schön anzusehen, aber zu vertraut, um Gänsehaut zu bekommen. Hätten wir nur damals schon gewusst, wie die Sami die Sterne sehen. In deren Mythologie beherrscht ein riesenhafter Elch den Himmel, gejagt von drei Jägern. Da gibt es zudem den Riesen, der auch jagt, aber so einfältig ist, dass die kleinen Menschen – die Samen – den Sieg davontragen. Eine wichtige Rolle spielt auch eine uralte weise Frau. Sie überzeugt die Jäger, dass es besser ist, den kapitalen Elch in Ruhe ziehen zu lassen und sich lieber an die Rentiere zu halten.

So wie die Samen ihren Alltag – also Elch und Rentier – im Himmel sehen, erblickten die Inuit Eisbären und Wale am Firmament. Doch all das wussten wir damals nicht, und da man nur sieht, was man weiß, wurde der Hals starr und die Nacht lang.

Doch dann tauchten die ersten Polarlichter aus Richtung Norden auf.

Ein grüner Bogen – erst schwach, dann immer deutlicher – machte den Anfang, dann zuckten die Blitze.

Plötzlich reden alle durcheinander. Wildfremde Menschen zeigen einander das Firmament, können sich nicht sattsehen an dem grünen Strahlengewitter vor pechschwarzem Himmel. Wer nördlich ein Funkeln bemerkt, ruft in die Runde: »Zwölf Uhr!« Wandert das Polarlicht in den Osten, so ruft man »Drei Uhr!«, bei Westen »Neun Uhr!«.

Und so drehten sich unsere Köpfe nach Ansage. Eine Stunde vergeht dann im Nu. Ein deutscher Lappland-Solowanderer erzählte mir einmal, dass er oft stundenlang in der Kälte neben seinem Zelt ausharrt, die Kamera auf dem Stativ, die Blende weit geöffnet und die Belichtung auf unendlich, immer auf der Suche nach dem perfekten Norrsken – und darüber sich selbst vergisst. Und wie kalt es eigentlich ist.

Es ist einer der Momente, wo man sich gleichzeitig klein und erhaben fühlt. Klein, weil Menschen keinerlei Einfluss auf das gigantische Theater haben. Erhaben, weil man daran teilhaben darf.

Wen es wirklich gepackt hat, der reckt den Hals so weit, dass ein Taschendieb leichtes Spiel hätte, die Manteltaschen auszuräumen. Aber oben auf dem Hausberg von Abisko laufen in dieser Nacht keine Taschendiebe herum.

PS: Nachts um zwei lockt dann doch der Nachtschlaf. Pärchenweise geht es hinab mit dem Lift.

Ohne den betagten Schlepplift von 1960, der bei jedem Zustieg kurz stoppt, wären wir den Sternen nicht so nah gekommen.

Doch jede Begeisterung muss irgendwann dem Alltag weichen. Schwedische Beamte sind auch unterm Nordlicht immer noch Schweden, und so musste genauestens geklärt werden, wie man bei 21 Grad minus auf einer zwei Kilometer langen Strecke aussteigen kann, wenn der Oldtimer stockt.

Schwedische Behörden können sehr gut Euphorie dämpfen, wenn es um Sicherheitsfragen geht. Das Eishotel in Jukkasjärvi musste etwa vorweisen, dass man im Brandfall über eine funktionierende Sprinkleranlage verfügt.

Was Sie schon immer
über das Polarlicht wissen wollten

Man könnte das Polarlicht für einen Abglanz ferner Sterne halten, aber so einfach ist es nicht. Für die Lichter verantwortlich sind Sonnenwinde, die auf Sauerstoffatome in unserer Atmosphäre treffen. Hätten wir diesen Schutzmantel aus Gasen nicht um uns, würde es kein menschliches Leben auf der Erde geben.

Je nach Höhe kann diese Begegnung zwischen Sonne und Erdmantel unterschiedliche Färbungen aufweisen.

Grundfarbe ist Grün vor Nachtschwarz. Es gibt alle Farben des Spektrums. Wenn man es einfach sagen will: Es ist eine Art himmlisches Fußballspiel. Entstehen die Lichter weiter von den Polen entfernt und damit in größerer Höhe, leuchten sie eher rot.

Elektrische Teilchen stoßen im Raum zusammen, und wenn sie in die Atmosphäre eintreten, dann leuchten sie.

Wo es sich zeigt

Das Polarlicht ist in Skandinavien besser bekannt unter dem Begriff Norrsken (Nordlicht). Es zeigt sich in den dunklen Monaten des Jahres in einem Oval rund um den nördlichen Polarkreis. Der lateinische Name ist Aurora borealis. So ein Oval einmal rund um den Globus gibt es auch am südlichen Polarkreis. Der lateinische Name ist Aurora australis. Dort gibt es aber außer vereinzelten Südpol-Reisenden kaum Menschen. Man kann jedoch annehmen, dass dort Pinguine zuschauen, wenn es am Himmel ein solches Theater gibt.

Richtige Kleidung

Auch dafür gibt es Ratgeber: Da Polarlichter in den kälteren Monaten des Jahres normalerweise nachts sichtbar sind, verbringen die Beobachter oft lange Stunden in kalter Dunkelheit. Wer einmal in den Bann des Polarlichtes gerät, findet in den kalten Nächten schwer ein Ende. Vor allem Fotografen können in eine gewisse Selbstvergessenheit hinabsinken, die man gemeinhin »Glück« nennt, während sie die Magazine füllen. Die Ratgeber empfehlen, die bewährte Schichtentechnik, bestehend aus verschiedenen Lagen Kleidung übereinander mit viel Wolle. Gerne in Übergrößen, das hält warm: *bella figura* ist nicht angebracht, zumal alle ohnehin in den Himmel starren.

Es hilft, in den Handschuhen Klavier zu spielen.

Inspirierend ist der Gedanke, dass es fast unmöglich ist, sich *zu* warm anzuziehen.

Wo es sich nicht zeigt

Bei bedecktem Himmel ist das Polarlicht hinter den Wolken verborgen.

Wenn der Sonnensturm richtig tobt, dann kann man das Polarlicht so weit südlich wie in Hamburg sehen. Ein Dutzend Apps geben Auskunft über die Wahrscheinlichkeit.

Am Nordpol direkt zeigt es sich nicht – und mit Sicherheit nicht am Äquator.

Gefahr für die Wale

Sonnenstürme sind gebündelte Energie.

Möglicherweise haben sie Auswirkungen auf die Wege der Wale von der Kinderstube in Südamerika bis in die Arktis. Einige Forscher glauben, dass heftige Sonnenstürme das Orientierungssystem der Wale stören. So biegen sie auf ihrem Weg vom Winterlager vor Südamerika in die Arktis rechts in Höhe der Nordsee vom Weg ab, statt Richtung Norden zu schwimmen, und verenden dort, weil die Nordsee zu flach ist. Endgültig bewiesen ist es nicht – doch es gibt diesen statistischen Zusammenhang. Immer wenn Wale vom Weg abkamen und an unseren Küsten strandeten (und meistens starben), gab es gleichzeitige heftige Sonnenstürme.

Fluch oder Segen

Die Urbevölkerung des Nordens sah im Nordlicht eher eine Bedrohung. Es brachte Unglück, mit dem Finger draufzuzeigen oder bei Nordlicht zu pfeifen. Es gibt auch harmlosere und freundlichere Deutungen, etwa dass das Licht große Fischschwärme ankündigte. Aber die Urbevölkerung wäre nicht auf die Idee gekommen, das Naturphänomen anzubeten.

Kann man es nur im Liegen sehen?

Die Nacht gehört den Polarlichtern. Es nimmt keine Rücksicht auf Schlafenszeiten. So verfolgen Nordlichtfreunde das Naturphänomen gern aus der Horizontalen und stellen sich einen Wecker.

Vorsicht Irrlichter

Es soll Menschen geben, die vor lauter Verlangen, ein echtes Nordlicht zu sehen, auf den falschen Zauber reinfallen.

Wer etwa in der Nähe des Sees Laugarvatn in Mittelisland in der Ferne von einem magischen, wenn auch stabilen grünen Lichterschein angezogen wird, sollte vielleicht lieber ins warme Bett zurück. Am See strahlen die Gewächshäuser des Städtchens Fludir, in denen so harmlose Dinge wie Paprika gezogen und nachts ins Licht getaucht werden, damit sie wachsen.

Abzuraten ist auch von einfachen Gleichungen. Die Devise »Je weiter nördlich, desto mehr Sonnentanz« gilt nicht. Im nördlichsten Dorf Europas etwa, der Inuitsiedlung Qaanaaq auf 78 Grad Nord, flackert gar nichts. Auf Spitzbergen – etwa auf gleicher Höhe – ist das Nordlicht aber schon häufiger gesehen worden.

Frühling:
Lappland auf zwei Brettern

Was bitte ist Pimpeln / Auf zwei Brettern um den Keb-
nekaise / Schwankende Türme / Wenn ein Bach zum
Tsunami wird / Wer darf was im Nationalpark / Der
Helikopter ist nur gemietet / Schnee wärmt / Anaris-
Unglück – 1978 / Essen – Essen – Essen / Die Johansons
und ihre ewige Schokolade / Einer allein kann sich nicht
wärmen / Endlich mal keine Farben / Abgas im Paradies /
Wenn der Berg immer wieder ruft / Scheitern als Chance /
Freudentränen unterm Gipfel / Dünnes Eis – wenn es in
Lappland zu warm wird / Warum Menschen Schnee
lieben / Vollpension am Polarkreis / Der große Knall im
Stall / Langer Atem / Wir sind nicht alle gleich / Ein eigener
Sami-Staat / Sunna gegen den Rest / Wer war noch mal
Bruno Liljefors? / Schwedens wahrer Vater / Wie man
Zwietracht sät / Patronen im Lagerfeuer

FRÜHLING – GIJRRA – JAHRESZEIT DER RÜCKKEHR

»Wir verstehen uns als Kinder der Sonne«, sagt Victoria. Die Sonne erweckt alles zum Leben. Mitte April scheint die Sonne von früh um sechs bis abends um neun, so als ob sie das Versäumte in Riesenschritten nachholen wollte. Noch einen Monat, dann geht sie hier oben am Polarkreis gar nicht mehr unter. Die Nächte werden kurz, die Grundstimmung ist ein bisschen aufgekratzt.

Achtzehn Grad plus – Frühling am Polarkreis

»Wer gern schläft, sollte Lappland in Sommer meiden«, sagt Max trocken. »Stirnlampen braucht ihr nicht.«

Wir alle sitzen auf viel zu viel Gepäck im Stuhlkreis in der Herberge von Abisko und nehmen gerne sachdienliche Hinweise entgegen. Was braucht man wirklich, wenn man es eine Woche lang (selbst) schleppen muss. Über diese Frage könnte man mühelos promovieren.

Was wir noch nicht ahnen, wir sechs in der Wandergruppe: Wer viel dalässt, für den hat Max eine besondere Überraschung parat.

Max ist zwar der Jüngste in der Runde, aber er hat die meiste Erfahrung. Eine Woche lang wollen wir ins Hochgebirge, auf Skiern mit allem Gepäck und Proviant. Max wird uns führen, auch durch den dicksten Schneesturm. Er ist einer der tüchtigen jungen Bergführer vom STF, der schwedischen Touristenvereinigung, die in Wahrheit etwas ganz anderes ist als ein Reisebüro.

In dieser Übergangszeit ist das Eis tückisch.

Da, wo noch im Februar meterhohe Eiskristalle das Ufer bildeten, sitzen, gelehnt an eine große Saunahütte am See, zwei Niederländer mittleren Alters – und trauen sich nicht aufs Eis. Sie tragen Sonnenbrillen und trinken Kaffee schwarz aus großen Porzellanbechern. Die Amseln singen, es ist etwa 18 Grad plus, und die Sonne strahlt – keine Wolke ist ihr im Weg.

Auf dem Torneträsk donnern die Scooter über das Eis, dass es aus den Pfützen nur so spritzt. Manche Motorschlitten ziehen Hütten im Schlepp. Diese Hütten – ganz unbescheiden Archen genannt – nutzen die Menschen in Norrland für ihre kleinen Fluchten, fürs Pimpeln. Dafür kommen die Grubenarbeiter aus Kiruna an die Seen der Umgebung.

Was bitte ist Pimpeln?

Pimpeln ist nichts anderes als Angeln über einem Eisloch, wie es auch andernorts Tradition ist. Das speziell Norrländische am Eisangeln besteht darin, die Wege kurz zu halten. Erst zieht ein Motorschlitten die Angelhütte auf Kufen auf den Bergsee. An geeigneter Stelle wird das Häuschen abgestellt, gerne auch in Nähe zu anderen Pimplern, aber nicht zu nahe, sodass eine kleine Wagenburg entsteht.

Dann wird der Bohrer angesetzt und ein Loch ins Eis gebohrt, durch eine aufklappbare Öffnung im Boden.

Drinnen im kleinen Haus bollert ein Öfchen. Geschützt von den Winden kann man dann die Leine schwenken.

Das wird lange Zeit nicht langweilig. Auch weil der Fisch orangefarben ist und sich vor dem blaueisigen Wasser gut absetzt. Beim Pimpeln schweigt man und sieht dem Röding zu, wie er den Haken umkreist. Pimpeln ist ein Glücksspiel. Wenn sich ein Bohrloch irgendwann als wenig ergiebig erweist, geht es ein paar Meter weiter zum nächsten. Dann kommt der Bohrer zum Einsatz, und unter enormer Lärmentwicklung entsteht das nächste Loch. Die Eisfischer warten, bis sich die Fische wieder beruhigt haben – und pimpeln.

Ein grauhaariger Mann im T-Shirt und mit aufgekrempelter Hose kommt von weit her übers Eis gestapft. Auf der Schulter hat er einen gigantischen Bohrer, etwa einen Meter lang, und über der anderen einen Kescher mit orangegoldenen Fischen der Sorte Röding, ebenjener Forellenart, die im kalten Wasser der Bergseen am besten gedeiht.

Die beiden Niederländer fassen sich ein Herz und trauen sich, den Angler anzusprechen. Seit Monaten sind sie jetzt schon unterwegs – eigentlich sollte es nach Marokko gehen, dann kam das Virus, und überall gingen die Schlagbäume runter, nur in Schweden nicht. So landeten sie hier. Das hat sie einiges über angemessene Kommunikation gelehrt. Sie wissen, dass man nach Landessitte jederzeit jeden nach der Dicke des Eises fragen darf, auch ganz wildfremde Menschen. Das ist eine lebenswichtige Frage, und jeder muss sie nach bestem Wissen beantworten.

»Keine Angst«, sagt der Grauhaarige, »da könnte auch ein Lastwagen noch drüberfahren.« Er habe gerade ein Eisloch mit der Hand aufgebohrt – und dabei siebzig Zentimeter Eisdecke gemessen.

Und doch ist das Eis ein paar Wochen später von einem auf den anderen Tag verschwunden, abgesunken auf den Grund.

Auf zwei Brettern um den Kebnekaise

Die ersten Weiden gucken aus dem Schnee, und die Preiselbeeren – auf Schwedisch »lingon« – vom letzten Jahr färben ihn blaurot, wenn man sie versehentlich unter die Bretter bekommt.

»Das ist unser Sorbet«, sagt Max und bückt sich und isst ein paar »Lingon on Ice« direkt aus der Handfläche.

»Bisher sind alle meine diesjährigen Gruppen in den Schneesturm geraten«, hatte Max seelenruhig beim Abschied aus Abisko in die Runde gesagt. »Wir gehen ins Hochgebirge. Da wächst nix. Ab tausend Meter gucken vielleicht ein paar Weiden und Zwergbirken aus dem Schnee. Da bleibt manchmal nur der Windsack, wenn der Sturm auf freier Strecke kommt.«

Der Windsack ist ein überdimensionierter Packbeutel mit umlaufendem Reißverschluss aus winddichter Faser, in den sich zur Not drei Erwachsene setzen können. In Deutschland besser bekannt als Biwak (niederländisch für Beiwache) – zum Kampieren im Freien.

Spätestens jetzt wird allen klar, dass wir im Reich der Kälte gelandet sind.

Und dann packt Max mir noch den Klappspaten auf, und Anders bekommt auch einen, Karin kriegt den Windsack zugesteckt, Manuela einen kleinen Berg Schokolade, Barbara zwei Kilo Nudeln – und sich selbst stopft der groß gewachsene Bergführer noch Zelt, Satellitentelefon, drei Kilo Rentierfleisch, Öl und Risotto und anderen Proviant für sieben Tage in die Pulka. So nennt man die Schlitten, die so groß sind, dass man darin auch einen verletzten Menschen nach Hause bringen könnte.

Unterwegs gibt es keinen Strom, keine Krankenstation, kein Internet, nur ein paar einfache Berghütten mit Etagenbetten, Kamin, Dosenbier, Tütensuppe und einem Nottelefon, in Abständen von fünfzehn bis zwanzig Kilometern.

Ein großer Teil der Strecke führt durch den Abisko-Nationalpark, in dem nur Samen wohnen dürfen.

»Wir lassen uns unsere Touren von der Regionalverwaltung genehmigen, und die Sami haben das Recht, Einspruch zu erheben. Wenn die finden, der Weg sollte anders gehen, dann ändern wir das«, sagt Max.

Schwankende Türme

Wir müssen ein seltsames Bild abgeben. Oben turmhohe schwere Rucksäcke und unten schmale Bretter.

Die anderen Teilnehmer sind alte Hasen. Sie alle haben irgendwann am Wasalauf teilgenommen, sind also neunzig Kilometer auf Langlaufskiern durch den Wald geeilt. Der fast achtzigjährige Anders, ein Ingenieur aus Västerås, und die gut siebzigjährige finnlandschwedische Ärztin Barbara, die das R so schön rollt – sie stehen beherzt in der Spur.

Manchmal klagen sie abends am Feuer leise über ihre

alten Knochen, und am Morgen recken sie sich und trösten einander mit der Weisheit, dass die völlige Abwesenheit aller Schmerzen wohl bedeuten würde, dass man schon gestorben ist.

Langlauf ist in Schweden ein Leistungssport, aber einer, in dem man alt werden kann, weil er die Gelenke schont und es anders als beim Tennis, Handball oder Squash keine abrupten Stopps gibt. Dafür gibt es andere Tücken beim Langlauf mit Gepäck.

Der Schwerpunkt ist so weit nach oben und hinten gewandert, dass wir schnell die Balance verlieren. Wie die Maikäfer liegen wir dann da – der Sturz sanft, weil gedämpft durch die Rucksäcke – und strampeln mit den Beinen in der Luft. An den Füßen stecken Turskidor, das sind etwas breitere Langlaufskier mit Stahlkanten. Für die Steigungen gibt es Felle aus Mohairwolle, die verhindern sollen, dass man wie Sisyphos am Berg immer wieder zurückgeworfen wird.

Hier oben endet und beginnt der Kungsleden, der weltberühmte Königsweg, der über ein paar Hundert Kilometer Lappland-Süd und Lappland-Nord verbindet, fernab aller Straßen. Nach welchem König er wohl benannt ist?

»Nach gar keinem. Er heißt so, weil er der König aller Wege ist«, sagt Max und strahlt ein bisschen stolz und eckig.

Zu Max passt so ein Satz. Seine Kollegen nennen ihn »die Maschine«.

Was er da zieht, ist nicht der Holzschlitten der Kindertage, sondern eine Plastikwanne – so ähnlich gebaut wie ein Kajak, etwa zwei Meter lang.

»Sie nennen mich unter den Bergführern hier die Maschine, weil ich bergauf und bergab das Tempo halte. Aber ihr könnt gerne den Schlitten mit dem Skistock vorwärtsstoßen und mir helfen, wenn es steil ist«, sagt er grinsend.

Das Ding wiegt am Anfang der Reise etwa achtzig Kilo. Max und ich schleppen ihn zu zweit über die E 10 Kiruna–Narvik, und einem von uns beiden werden die Arme lang.

Auf der anderen Seite der Schnellstraße beginnen 110 Kilometer Winterweg Abisko–Nikkaluokta, erst ein Stück Kungsleden, dann biegen wir ab nach Osten – quer durch die weiße Bergwelt von Schwedisch-Lappland.

Max ist einer aus der jungen Generation der Alpinisten, die beweisen, dass man in Lappland auch als Vegetarier überleben kann. Er lässt das Grundnahrungsmittel der Sami, die Rentiere, in allen Variationen lieber in Frieden. Morgens sieht man ihn turmhohe Portionen Hafergrütze (schwedisch: »gröt«) schaufeln. Die Zutaten für selbst gemachte Falafel reisen im Pulka mit, sogar drei Liter Öl für die Fritteuse.

Wenn ein Bach zum Tsunami wird

Wir sind die letzte Gruppe in diesem Frühjahr. Ende April ist das Fjäll für Wanderer geschlossen, die Hütten machen zu, zum Schutz der Rentiere (die dann kalben) und um Wanderer vor Dummheiten zu bewahren. Es gibt gute Gründe, das Fjäll zu meiden, und das sind die enormen Wassermassen, die in dieser Zeit den Weg über die

Flüsse hinunter zur Ostsee suchen. Eine gewaltige Schnee-schmelze verwandelt selbst Bäche in reißende Ströme und nimmt die Brücken mit. Hier oben auf dem Berggürtel zwischen Schweden und Norwegen, dem Fjäll, entsteht jedes Jahr die große Welle, die die Stauseen füllt, die Turbinen bewegt und das Wasser der Ostsee erneuert.

Max berichtet von einem schweren Unglück – just an dem Bach, auf Samisch »jokk«, den wir gerade auf dem Weg zum Abiskojaure queren.

Ein Scooterfahrer überquerte 2020 den Bach stromaufwärts auf einem schmalen Streifen Schnee-Eis.

Was er nicht ahnte, dass er auf dem sichtbaren Teil eines Dammes fuhr, der in der Frühjahrssonne schon mächtig fragil geworden war. Der Scooter mit seinen dreihundert Kilo Gewicht schoss gerade noch auf die andere Seite, aber hinter ihm fiel der Damm in sich zusammen.

Während Max das erzählt, sehen wir im Geiste, wie sich ein kleiner Tsunami erhebt und eine Bugwelle vor sich herschiebt, anfangs einen halben Meter hoch – nicht zu vergleichen mit den riesigen Flutwellen in Asien, aber doch kraftvoll genug, zwei Kilometer abwärts, genau an unserer Furt, zwei Wanderer mitzureißen, die gerade den Fluss überqueren wollten. Einer wurde so schwer verletzt, dass er starb – ein vierzehnjähriger Junge.

Nach so einer Geschichte hat man es plötzlich eilig bei der Passage.

Wer darf was im Nationalpark?

Wer Stunde um Stunde erst den linken und dann den rechten Ski durch den Schnee Lapplands schiebt, kommt ins Grübeln und irgendwann zu den wirklich wichtigen Fragen des Lebens. Im Sommer wäre das beispielsweise: »Machen Mücken Sinn?« Jetzt im Frühjahr kann man viel Zeit mit der Frage verbringen, wie man eine Blase behandelt. Max schwört auf Heftpflaster, im Bergsteigerjargon Tape, und eine Kombination aus zwei Wollsocken, eine dünne und eine dicke. Außerdem drängt er darauf, dass wir uns sofort melden, wenn es reibt, noch bevor sich eine Blase bildet. Dann wird der Fuß an Ort und Stelle erst entstrumpft und dann umwickelt. Die anderen warten geduldig und sehen zu, wie es ist, auf einem Bein im Schnee zu stehen und an den Zehen zu frieren.

Es ist wie bei den Schlittenhunden: Wenn einer lahmt, hält das alle auf. Aber das Tape schützt wirklich – nicht vor den Blasen, denn die bilden sich groß wie Fünf-Kronen-Stücke auch unter dem Schutz, aber vor dem Schmerz, der durch ständige Reibung entsteht. Heftpflaster ist ein Wundermittel: Es hat schon ganze Autos zusammengehalten. Beim Anblick unserer bandagierten Füße muss ich an den Leukoplastbomber denken, ein Auto der ersten Nachkriegszeit, ein Lloyd 300 der Bremer Marke Borgward. Stoßdämpfer gab es zum Aufpreis von siebzig Mark. Das Chassis war aus Holz, und der Stoff sah aus wie das Heftpflaster, das wir uns vorsorglich um die Füße wickeln.

Blasen sind wichtig, aber als Thema irgendwann erschöpft und nicht wirklich strittig.

Aber die Frage »Wer darf was im Nationalpark?« bewegt alle, besonders, als die schmale, elegante Langlaufloipe plötzlich von einem breiten Band aus Scooterspuren gekreuzt wird.

Karin aus Göteborg ist sehr selbstständig – im Denken und als Unternehmerin. Ein beliebtes Klischee über Schweden ist, dass die Menschen hier den Konsens schätzen und Formulierungen wählen, mit denen alle leben können. Manches bleibt dadurch unklar, vieles wird durch die Blume gesagt, keiner will anecken. Karin, das wird schnell deutlich, fällt da aus dem Rahmen. Sie stellt die Fragen, die anderen auf der Zunge liegen, die aber niemand ausspricht.

Jede Gruppe sollte eine Karin dabeihaben, dann bleibt es lebendig.

Unsere Karin ist Anfang fünfzig, grün im Herzen, aber nach schwedischer Farbenlehre eine Blaue, also eher den Konservativen zugeneigt und dabei der Natur sehr zugetan.

Sie hat die Kondition der echten Langläufer, und wer sie als Lokomotive auf der Spur wählt, verliert schnell die Puste. Gerade ist sie wieder einmal vom Wasalauf zurück. In ihrer Familie ist sie die Schnellste über neunzig Kilometer, was nicht alle Männer gleichermaßen freut. Wenn sie ihren Zopf löst, kommt ein brauner Haarschopf zum Vorschein. Sie spricht in dem etwas weicheren Tonfall der Westküste, aber ihre Fragen haben es in sich.

Wir passieren eine kleine Wohnsiedlung am Abiskojaure, dem See hinter Abisko. Ein paar Sommerhütten, ein Haus aus Stroh und Lehm, das aussieht wie bei den Hobbits. Eine Sommarviste – eine Sommersiedlung der samischen Rentierhirten. Samen haben zwei Privilegien: Nur sie dürfen Rentiere halten, und nur sie dürfen in Naturschutzgebieten ihre kleinen Siedlungen bewohnen.

Unter uns liegt der Akkajaure, und wenn man wollte, könnte man ein Loch ins Eis bohren, über dem Bohrloch dann einen Windschutz errichten und in aller Ruhe warten, bis die orangeroten Rödinge anbeißen.

Die Siedlung ist gerade unbewohnt.

»Sind denn Sami hier im Winter?«, fragt Karin.

Max antwortet: »Ja, aber nur selten.«

Karin legt den Kopf schräg, es kommt die zweite Frage: »Dürfen die hier fischen?«

Wenn es um Privilegien geht, rührt das an Schwedens Selbstverständnis als Gemeinschaft der Gleichen.

Wo das Gleichheitsprinzip so hochgehalten wird, ist der Neid nicht weit. Der weltbekannte Philosoph Bertrand Russel geht sogar so weit zu sagen, dass der Neid die Triebfeder ist für gerechte Verhältnisse und Demokratie. Das Phänomen hat einen festen Platz in der Landessprache: svensk avundsjuka = schwedischer Neid, und hat etwa zu der erstaunlichen Praxis geführt, dass jeder die Besitzverhältnisse seines Nachbarn beim Steueramt erfahren kann.

»Wieso ist es selbstverständlich«, so fragt Karin, »dass hier mitten im Nationalpark exklusive Angel- und Aufenthaltsrechte für eine kleine Gruppe von Menschen gelten und man das als aufgeklärter Wanderer eigentlich nicht infrage stellen darf?«

»Nun ja«, sagt Max und schweigt kurz. »Die Sami sind die Ersten, die Urbevölkerung. Sie waren hier, bevor schwedische Könige dies zum Teil des Reiches erklärten. Da ist es nur recht und billig, dass ihnen auch die Fisch- und Jagdrechte zustehen.«

So ist es seit 2020 entschieden – erstritten vor Schwedens Oberstem Gerichtshof von der Sami-Gemeinschaft Girjas, deren Gebiet wir unterwegs passieren.

Während sich die übrigen Wanderer im Nationalpark Abisko zu Fuß durchs Gelände bewegen (müssen), kreuzen Sami hier auch manchmal mit dem motorisierten Allrad auf oder sogar mit dem Helikopter von Fiskflyg, der hier für kleines Geld allerlei Botendienste und Krankentransporte für sie übernimmt.

»Stört das nicht die Rentiere?«, fragt Karin. »Und wer zahlt die Flüge?« Und dann setzt sie hinzu: »Die müssen ja viel Geld verdienen?« Eine Frage, die wohl zwei von drei Menschen im Norden unter den Nägeln brennt, wenn sie modernen Rentierhirten in guter Funktionskleidung aus Goretex mit ihrem Maschinenpark begegnen: vom Allrad bis zu Scooter, Jungs und Mädchen ab zehn mit kleinen Motocross-Maschinen fürs Gelände.

Rentierhirten müssen allerdings auch bei minus dreißig Grad raus in Eis und Schnee, um widerspenstige Viecher mit spitzen Geweihen zu bändigen. Die teure Technik haben sie nicht zum Vergnügen. Und die Kinder werden von klein auf eingespannt, wenn es darum geht, versprengte Rene einzusammeln. Dafür braucht es heutzutage Motorräder.

Der Helikopter ist nur gemietet

Dann muss Max erklären, dass auch im schwedischen Fjäll das schwedische Recht auf gleiche Lebensverhältnisse gilt. Und die Bewohner der Sommerdörfer – in der Regel jeweils Mitglieder derselben Sami-Kooperative – deshalb für kleines Geld auch manchmal in den Hubschrauber klettern, um sich ins Tal bringen zu lassen. Warum sollten sie schlechter gestellt sein als Großstädter, die ganz selbstverständlich kostenlos Straßen, Schulen und Krankenhäuser nutzen.

»Ich bin dieses Jahr schon ein halbes Dutzend Mal geflogen«, sagte mir einst der achtzigjährige Hendrik, ein Onkel von Victoria, und wirkte sehr zufrieden, dass es Schweden ihm, dem Samen und schwedischen Steuerzahler, ermöglicht, im Sommer traditionell in seiner abgelegenen Hütte zu leben, ohne deswegen auf seinen Arzt und Apotheker verzichten zu müssen.

So halten das auch die rund 10 000 Stammbewohner der Schären, den 30 000 Inseln vor Stockholm, wenn sie wöchentlich zum Einkaufen fliegen oder dreimal die Woche in die Schule auf die Nachbarinsel. Diesen staatlichen Service gibt es für etwa fünfzehn Euro pro Nase – aber nur, wenn keine Boote fahren, etwa bei schlechtem Wetter und Eisgang.

Die Schärenbewohner sind in aller Regel keine Sami.

Karin nickt und schweigt.

Die Zeit des Spatens kommt oberhalb der Baumgrenze. Noch scheint die Sonne, ein Schneehuhn hüpft in einiger Entfernung vorbei. Es ist Mittag und Zeit für eine Pause.

Max stochert mit einer langen Stange durch die Schnee-decke – und flucht leise. Einzelne Granitbuckel ragen schon aus der Piste. »Das wird knapp,« sagt er. »Der Schnee reicht nicht.«

Wahrscheinlich denkt er an das Unglück von Anaris 1978. Ein echtes schwedisches Trauma. Damals quälten sich neun Skiwanderer fast ungeschützt drei lange Tage durch einen Sturm. Sie hatten alles dabei, wussten aber nicht genau, wie man es benutzt.

Max sucht nach einer Stelle, wo der Schnee mindestens zwei Meter tief ist, damit wir ausreichend Platz haben, um uns vor dem Sturm wegzuducken.

Unten im Tal liegt Schnee noch in Massen, aber oben im Hochtal hat ihn der Wind mit fortgeweht. Bäume – es sei nur mal eben daran erinnert – gibt es hier nicht.

»Gerade dieses Tal ist eine verdammte Winddüse. Hier steht nichts, was den Wind aufhalten könnte«, sagt Max und schaufelt wie eine Maschine, sodass die Schneebrocken nur so durch die Gegend fliegen.

Die letzte Gruppe drohte in einem Orkan zu landen. Da ist Max mitten in der Nacht aufgestanden, um drei. Den Rest erzählt er im Telegrammstil – so eilig ist es wohl auch zugegangen:

Morgens um halb fünf Abmarsch aus der Hütte. Der

Wetterbericht kündigt schweren Sturm ab Mittag an. Kleine Pause mit Morgengrütze unterwegs. Drei Stunden später am Ziel in der Fjällhütte. Abends kam dann der Orkan. Dreißig Meter pro Sekunde, 108 Kilometer pro Stunde. Die Hütte wackelt.

»Wer da vor die Hütte geht, hebt ab. Kurz ab. Wird in die Luft gehoben und wieder abgesetzt. Wenn der Wind noch stärker wird in Richtung Orkan, dann wird man auch seitlich versetzt. Dann kann man sagen, dass man fliegt.«

Die Schutzhütten der Rentierhirten stehen nicht einfach so auf dem Gestein, beschwert durch das eigene Gewicht. Sie sind mit Stahlseiten verankert und hängen an Ösen, die im Felsen verdübelt sind. Sonst würden sie einfach davonsegeln.

Anaris-Unglück – 1978

Manche Bergsteiger erinnern sich noch an das Unglück, als ob es gestern gewesen wäre. Es ereignete sich weiter südlich in Jämtlandsfjäll.

Sechs junge Wanderer mit wenig Erfahrung am Berg waren auf einer dreitägigen Hüttentour. Das Wetter war klar und sonnig, die Temperatur lag bei minus sechzehn Grad. Doch im Westen wartete ein Tiefdruckgebiet. Die Gruppe war von der Lunndörr-Hütte auf dem Weg zur vierzehn Kilometer entfernten Anaris-Hütte. Dann brach ein dreitägiger Schneesturm los.

Drei weitere Wanderer stießen zu ihnen. Das Radiotelefon versagte, erst war die Frequenz gestört. Dann lief die Batterie in der Kälte leer.

Acht Menschen erfroren, nur einer, der sich außerhalb des Biwaks aufgehalten hatte, überlebte schwer verletzt. Auch sie hatten sich eine Grube gegraben, aber da, wo sie die Spaten versenkten, war die Decke nur einen halben Meter tief. Eingepackt in Schnee, hätte auch diese Gruppe eine gute Überlebenschance gehabt. Schnee isoliert – und es ist die Luftschicht zwischen Schneedecke und Kleidung, die wärmt, so eigenartig das auch erst einmal klingt. Aber inmitten des Orkans war wohl jeder Meter zu weit. Das Bestürzende an diesem Unglück war, dass direkt daneben eine vier Meter tiefe Senke war und es für alle Teilnehmer genügend Schutzkleidung gab, eingepackt in den Rucksäcken.

»Sie waren nicht in die Schlafsäcke gekrochen. Das Essen war nicht angerührt, die Thermoskanne nicht geöffnet«, sagte der Bergretter John Erik Oloffson, dem das Bild der Unglücksstelle auch Jahrzehnte danach nicht aus dem Kopf will.

In solchen Momenten des Temperatursturzes sinkt auch die Körperwärme rapide ab. Hypothermie nennt man den Zustand, der eintritt, wenn die Körpertemperatur unter fünfunddreißig Grad fällt. Das beeinträchtigt sowohl die Körperfunktionen als auch das klare Denken.

Heute weiß man, dass der Körper seine Restenergie auf zentrale Regionen konzentriert.

»Plötzlich kann es dann wieder warm werden – oder sich so anfühlen«, sagt der Retter, der zu spät kam. »Wenn man so auskühlt, spürt man die Kälte nicht mehr, sondern erlebt sich selbst als warm und legt sogar Kleider ab.«

Als Konsequenz wurde ein Diplom für Bergführer geschaffen – Max hat die Prüfung bestanden. Außerdem gibt es regelmäßige Wetterberichte speziell für die Bergregionen mit Unwetterwarnungen.

Essen – Essen – Essen

Gut geschützt in der Grube, den Windsack als Unterlage, lässt sich die Mittagspause ertragen. Die Butterbrote sind nicht gefroren, die Zähne nicht in Gefahr. Die Vorräte an Süßigkeiten sind überreichlich. Wir essen auch anders als zu Hause, bauen Depots auf, weit über unseren Appetit hinaus. Auch das muss man lernen.

Am nächsten Morgen – Max verschwindet schon fast wieder hinter einem Topf Haferbrei mit Lingon – will mir das Frühstück nicht recht schmecken. Ein Tässchen Tee, ein Zwieback, das soll reichen.

Diese Zurückhaltung sollte sich später rächen.

Im Westen von Norwegen her ziehen Wolken auf, die Sicht wird schlecht, und der Untergrund ist eisig, ich falle etwas zurück.

Plötzlich ist jeder Schritt eine Belastung. Ich verliere erst die Balance, dann die Wasserflasche, die Sitzunterlage flattert ein paar Meter fort, vier Stürze kommen dicht aufeinander, die kleinste Unebenheit wirft mich um, am Ende komme ich nicht mehr hoch. Karin sieht gerade noch meine rote Mütze hinter einer Anhöhe verschwinden, sie winkt Max, und die beiden drehen um und eilen zu Hilfe.

Der Rucksack kommt in die Pulka. Traubenzucker aus Karins Notration tut ein Übriges. Keiner macht daraus ein Drama, es werden keine Ratschläge erteilt. In der nächsten Hütte gibt es eine warme Suppe – und am folgenden Morgen hocke ich neben Max vor einem – im Vergleich zu seinem etwas kleineren, aber doch beachtlichen – Berg von Brei und stopfe.

Max begrüßt morgens früh um sieben jeden Einzelnen mit den Worten »bra jobbat«, »gut gemacht«. Das klingt ganz anders als leiser Spott aus der Kategorie »falsches Lob«: »Wie schön, dass du auch schon aus den Federn bist.«

Ein leerer Magen ist nicht die einzige Gefahr. In der nächsten Hütte liegt ein Bericht aus mit einer deutlichen Warnung an alle Anfänger. Wenn man mitten in der Erschöpfung auf einmal euphorische Gefühle verspüre, sei große Vorsicht angesagt. Zwei junge Frauen namens Karen und Victoria – unterwegs auf ihrer ersten Skitour – kamen erst in der Schutzhütte zur Besinnung.

> *»Die letzten Stunden zehren an den Nerven. Der Körper ist die monotone Bewegung nicht gewohnt und beginnt, sich zu beklagen. Die Arme schmerzen, der Hintern zwickt und die Beine sind schwer wie Blei. Zwei Kilometer vor dem Etappenziel befindet sich die Schutzhütte Gamla Sylen. Für*

Victoria und mich ist der kleine Raum der Retter
in der Not. Wir entledigen uns der Rucksäcke und
machen uns auf den schmalen Holzbänken lang.
Wir schmausen Nüsse und albern herum. Kleinste
Dinge bringen uns zum Lachen, als würden wir
langsam verrückt. Doch als es sich draußen wieder
zuzieht, kommen wir zur Besinnung und begeben
uns auf den Endspurt zur Herberge.«[5]

Die Johansons und ihre ewige Schokolade

Vor den Herbergen warten die Hüttenwirte am Ende eines
Wandertages mit einem Krug Lingonsaft und weisen
dann die vier wichtigsten Wege an: zum Wasserloch, zum
Plumpsklo, zum Holzschuppen und zum Gruppenschlaf-
raum. Es gibt keinen Strom und kein Netz. Wenn man
23 Kilometer im langsamen Fußgängertempo von Lang-
läufern hinter sich hat, ist man so gut im Trott, dass der
letzte Kilometer zum Wasserloch in Halbautomatik funktioniert. Man findet auch nichts mehr dabei, den Wasser-
kanister an der Leine hinter sich herzuziehen. Das ist al-
lemal leichter als tragen, und das glatte Plastik rutscht auf
dem getrampelten Schnee fast mühelos. Nur bergan ist es
eine Plackerei.

In den Hütten herrscht nach solchen Tagen stiller Berg-
frieden. Es ist wie auf einer Pilgerreise: Keiner hat die Energie für Streit. Kein lautes Wort, keine schallend vorgetrage-
nen Heldentaten, das Feuer knistert im Ofen.

Nur manchmal erhebt sich eine Stimme, wie zwischen

den Eheleuten aus Schonen, die in vielen Ehejahren eigentlich eine wortlose Routine entwickelt haben.

»Wir sind die Johansons«, sagt sie.

Karin und Urban sind beide groß gewachsen und semmelblond und arbeiten als Wissenschaftler in Lund. Sie erzählt beim Abwaschen, dass sie nach der letzten Proviantverteilung jetzt neunzehn Kilo auf dem Rücken hat. Alles sei wund und taub. Sie habe in der letzten Hütte zwei Halbpfund-Tafeln Schokolade rausgelegt – für die nächsten Gäste.

Ihr Ehemann – in Hörweite – hält inne beim Abtrocknen und sagt: »Oh, die hab ich wieder eingepackt.«

Das Ende vom Lied ist, dass sie ein weiteres Mal auf dem Gabentisch landen.

Vielleicht reisen die Tafeln noch immer von Hütte zu Hütte.

Einer allein kann sich nicht wärmen

Es gibt wohl keinen Fernwanderer, der sich nicht unterwegs manchmal in die nächste Hütte träumt. Bei Gegenwind kann Wandern in Eis und Schnee hart sein. Es bläst von vorne, von hinten, man sieht nichts, und der Schnee ist hart wie ein Brett. Die Durchschnittsgeschwindigkeit fällt dann immer mehr, schon bei normalen Bedingungen liegt sie bei unter drei Kilometern in der Stunde. Eine Strecke von rund zwanzig Kilometern, die sich auf der Karte nicht gewaltig ausnimmt, kann sich strecken und mit Pausen gut acht Stunden dauern.

Der Komfort auf der Wanderung ist dabei begrenzt. Wenn

neben der Schutzhütte unterwegs auch mal ein Plumpsklo steht, ist das schon fast Luxus. Es kann aber vorkommen, dass die Brille so zugeschneit ist, dass man sie erst einmal freischaufeln muss. Doch es geht noch viel einfacher.

Es ist so viel Gegend und so wenig los, dass wir ihn schon von Weitem sehen, den jungen Litauer. Der Mann heißt Gediminas, nach dem Großfürsten und Gründer von Vilnius, sein Bart ist lang und voller kleiner Schneeklumpen. Ein Bild wie aus dem Film *Into the Wild,* wie er da mit der Pulka im Schlepp vom Tjäktja-Pass gezogen kommt. Er hat alles dabei, versichert er uns. Schlafsack, Zelt, Schaufel, Essen, Benzinkocher.

Nein, und frieren tut er nicht, und zur Not gebe es ja die Schutzhütten.

Endlich mal keine Farben

Die fantastische Ödnis zieht besondere Menschen an. Sie kommen ganz gut ohne andere aus – jedenfalls für eine Weile. Wovor sie Angst haben, sind sieben Tage Schneefall, weil sie dann vielleicht irgendwann nicht mehr aus dem Zelt hinauskommen. Und manchmal reden sie dann doch ganz gerne.

Einer, der gerne durch Lappland streift, ist der Hamburger Kristian, dunkle Haare, Mitte dreißig, kein Einzelgänger, Familienmensch, aber mit Hang zur Weite. Durchtrainiert, freundlich und etwas scheu.

Kristian ist mit seinem Schlitten unterwegs durch den Padjelanta. »Badjelánnda« in der Sprache der Lule-Samen bedeutet »das höhere Land«. Mit seinen 1984 Quadratkilometern ist er der größte Nationalpark Schwedens. Eine weite, baumlose Fläche mit zwei großen Seen.

Kristians Erzählungen sind erstaunlich. Zum einen, weil er keinesfalls den Eindruck vermittelt, er wäre auf einer Hochrisikotour unterwegs. Man muss dazu wissen, dass es hier kein Internet und kein Telefonnetz gibt, von Straßen oder regelmäßigen Patrouillen zu schweigen. Im Notfall muss man versuchen, auf einen Gipfel zu klettern, und hoffen, dass man dort Empfang hat.

Das Angenehme an Kristians Erzählweise ist das Unaufgeregte.

»Ich gehe zwölf Tage mit dem Schlitten. Er wiegt etwa fünfzig Kilo – was gut zu schaffen ist. Nicht ganz leicht ist es, mit ihm in der Bahn zu reisen.«

Das muss man sich so vorstellen, dass er sich mitsamt seiner Pulka halb quer, halb hochkant ins Abteil quetscht, weil auf dem Gang dafür kein Platz ist.

Kristian braucht kein Drama, ihm geht es mehr um den weiten Horizont und die tiefe Konzentration, zu der er hier findet.

»In dieser Landschaft komme ich zur Ruhe. Mir gefällt besonders, dass es hier im Winter so wenig Farben gibt.«

Sein Essen hat er dabei. Es dauere Monate, so eine Reise vorzubereiten, und Wochen, bis er das Gemüse im Backofen getrocknet habe. Kristian ist wie unser Bergführer Max Vegetarier.

Was macht er an den langen Abenden im Zelt?

»Die sind kurz. Es dauert, Faustregel, zwei Stunden, um sich einzurichten, und zweieinhalb, bevor man morgens loskommt.«

Kristian ist dieses Mal nicht allein unterwegs. Seinen Gefährten hat er über eine Annonce gefunden. Jeder hat sein eigenes Zelt und seine Pulka. Über sich selbst sagt er:

»Mit mir kann man sich nicht streiten. Ich bin ein Stoiker.«

Knappe Fragen, kurze Antworten.

»Wie suchst du dir deinen Schlafplatz?«

»Nicht gerade in einer Schneewehe.«

Gibt es Situationen, die selbst einen stoischen Menschen ärgern?

Kristian muss nicht lange nachdenken.

»Wenn ich morgens nach dem Aufwachen aus dem warmen Daunenschlafsack schlüpfe und das Kondenswasser am Zelthimmel plötzlich auf mich schneit.«

Aber wer die Kälte liebt, der kommt immer wieder.

Abgas im Paradies

Sechs Tage lange hatten wir die Welt für uns, nun endet der Nationalpark, und wir müssen uns den Pfad wieder mit den Motorschlitten teilen. Man hört sie und riecht sie, vorher und nachher.

In Schweden gibt es etwa 300 000 Scooter. Ihre gesammelte CO_2-Bilanz ist gewaltig. Die Vergleichsgröße ist der Flugverkehr in Schweden. Während die eine Kurve – die der Inlandsflüge – eher nach unten geht, geht die andere Kurve – die der Scooter – nach oben.

Um es einmal sehr diplomatisch auszudrücken: Die Scooter sind eigentlich eine Pest. Die Fahrer brettern durch die Landschaft und kümmern sich wenig um Krach und Abgase. Ihre Arbeit erschöpft sich darin, am beheizten Gashebel zu drehen und heil an den Bäumen vorbeizukommen. Sie versuchen, Schräglagen zu vermeiden, schon um die eigenen Haxen nicht zu brechen (denn mit dem Fuß lässt sich ein dreihundert Kilogramm schwerer Schlitten nicht halten). Wenn sich Wanderer und Scooterfahrer im Fjäll begegnen, wird trotzdem fleißig gewinkt. Es ist wie auf hoher See. Wer weiß, wen man irgendwann mal um Hilfe bitten muss. Wenn die Scooter dann aus dem Blickfeld sind, schnüffeln die Langläufer den Abgasen hinterher.

Auch wir schnüffeln mit einer Mischung aus Neid und Abwehr dem Gebrumm hinterher.

Nun kennen die meisten Menschen im Fjäll beide Rollen. Das Sein bestimmt auch hier das Bewusstsein. Fairerweise muss man wohl zugeben, dass das Sausen durch den Schnee und über Seen großen Spaß macht und dass sich die Moral mit dem Verkehrsmittel wandelt.

Unsere Wirtsleute auf der letzten Station im kleinen samischen Dorf Nikkaluokta gehören zu der großen Familie Sarri. Wir passieren einen kleinen See, den man im Sommer auch mit einem Ausflugsdampfer befahren kann – um vier Kilometer zu Fuß abzukürzen. Dann durchqueren wir ein Gehege, das im Herbst dazu dienen wird, Tausende von

Renen aus der Sameby Girjas und zwei anderen Kooperativen zu sammeln.

Als dann eine hölzerne Stabkirche mit freiem Blick auf den Keb zu sehen ist, haben wir es fast geschafft.

Die Familie betreibt eine Herberge mit Restaurant, Sauna und Hütten. Die Sarris stammen ursprünglich aus Norwegen und zogen vor rund einhundert Jahren nach Schweden, nach einem Winter, in dem die Hälfte ihrer Herde verhungerte.

Sie arbeiten eng mit der Kebnekaise Fjällstation zusammen, und das nicht erst seit gestern. In den letzten einhundert Jahren haben so gut wie alle jungen Leute aus dem Sameby mindestens eine Saison auf dem Kebnekaise gearbeitet.

Großvater Nils Sarri war einer der ersten Herbergsväter dort oben. Der Ortsname Nikkaluokta steht für »Nils Bucht«. Die Sarris gelten als Inbegriff der geglückten Koexistenz zwischen Schweden und Sami, betreiben einen Fahrservice, die kleine Fähre, einen Laden für samisches Handwerk (Duodij) und ein Restaurant.

Zum Abschluss der Reise – bevor der Bus uns holt und nach Kiruna bringt – gibt es Halloumi und für die Fleischesser Rentiergeschnetzeltes mit Lingon und Kartoffelbrei.

Zeit für eine Frage an die, die es am besten wissen müssen. Anna Sarri, eine Dame von Mitte fünfzig, ist die Chefin. Von Anna Sarri weiß man, wie sehr sie den Tourismus schätzt, weil er ihr die Gruben vom Halse hält. Ohne zahlende Gäste könnte der Boden von der Landwirtschaft oder von anderen Industrien ausgebeutet werden.

Sie wird immer wieder gefragt, was das größere Problem

sei: Die Touristen, die zum Kebnekaise wollen, oder die Einheimischen mit ihren Scootern.

»Das ist eine gute Frage«, sagt sie und lässt die beiden jungen Mädchen an der Kasse antworten. Es sind ihre Tochter und ihre Nichte, beide um die sechzehn. Sie stellen den Kaffeepot auf die Wärmeplatte, schauen sich an und sagen dann unisono: »Das größte Problem im Sameby sind nicht die auswärtigen Besucher – es sind die Schneescooter der Leute hier.«

Max, der das Frage- und Antwortspiel mitbekommt, nickt. »Früher gab es einen Scooter für die ganze Familie, heute geht der Trend zum Scooter für jedes Familienmitglied.«

Pro und kontra Scooter geht durch alle Schichten und Familien.

Es muss schwerfallen, selbst kleinste Wege zu Fuß zu gehen, wenn das mobile Gefährt direkt vor der Hütte steht. Das gilt nicht nur für Sami. Der Scooter – und sein Sommer-Zwilling das Allrad oder auch der Squad – sind die Klammer des Nordens, jedenfalls der Männer. Es scheint das gemeinsame Merkmal zu sein, über alle sonstigen Differenzen und kulturellen Unterschiede hinweg, ob Einwanderer aus Finnland, Nachfahre der Eisenbahner, Grubenarbeiter, Rentierhirte, Informatiker – zurück zur Natur, aber bitte nicht zu Fuß.

Die Wahrheit ist allerdings, dass auch wir unsere Rucksäcke auf der letzten Etappe einem Scooter mit Anhänger anvertrauen.

Max erfasst blitzschnell die Situation. »Jetzt könnte ja mal einer von euch mir die Pulka abnehmen.«

Wenn der Berg immer wieder ruft

Es gibt eine Ecke Schwedens, da halten die Gipfel den Vergleich mit den europäischen Alpen aus. Sie sind spitz, gewaltig, sturmumtost. Keine runden Buckel, keine Waldabfahrten, keine Hochebenen.

Was sie von den Alpen unterscheidet, ist, dass es kaum Bergbahnen und Lifte gibt.

Der Kebnekaise hat eine Doppelspitze, verbunden durch einen Grat. Der Nordgipfel ist massiv aus Stein, der Südgipfel ist aus Eis.

Auf Samisch heißt er Giebnegáisi oder Giebmegáisi.

Schwedens höchster Berg hat sogar einen eigenen Kosenamen: Keb.

Weiter kann man als Berg nicht kommen.

Samische Namen wie Keb, Kajka oder Abisko klingen seltsam vertraut. Das liegt am beherzten Zugriff eines schwedischen Outdoorkonzerns auf die Landkarte, der mit den Namen der Samen seine Produkte adelt. Das Verfahren kennt man von einem noch bekannteren schwedischen Möbelhaus, das Ortsnamen wie Klippan und Bolmen nutzt.

Das Möbelhaus vergibt die Namen für seine Produkte nach einem bestimmten System.

Bolmen – eine Kleinstadt am See – ist die Klobürste im Sortiment, Klippan ein Sofa. Die Stadt Bolmen warb neulich mit dem Slogan: »Kommen Sie zu uns, und erleben Sie das Original.«

Ob die Konzerne wohl Lizenzgebühren an die Sami zahlen?

Der Keb ist fest im Seelenhaushalt der Schweden verankert. Wie viele Jungen und Mädchen nehmen sich wohl vor, ihn einmal im Leben zu erklimmen?

Auf- und Abstieg dauern etwa acht bis zwölf Stunden. Von unserem Trail Abisko–Nikkaluokta aus kann man den Kebnekaise gut sehen. Seine Doppelspitze verschwindet nicht in den Wolken. Angeblich kriegt man auch eine Schulklasse mühelos auf den Gipfel. Das muss aber eine besondere Klasse sein. Denn oft genug sperrt sich der Berg.

Manuela, die Schweizerin aus unserer Langlaufgruppe, ist eine erfahrene Bergsteigerin. Sie kann die Augen gar nicht vom Keb lassen, während wir uns langsam auf den Brettern durch die Ebene schieben. Hier am Fuße des Kebnekaise hat es schon mächtig getaut, häufig gleiten die Tourski über Gras und einzelne Steinspitzen. Irgendwann beginnt sie zu erzählen von ihren ersten drei Versuchen, Schwedens höchsten Berg zu erklimmen.

»Beim ersten Versuch waren wir müde in den Beinen, und es schneite. Also ließen wir den Gipfel sausen. Beim zweiten Anlauf, ein Jahr später, begann ich den Anstieg über den westlichen Weg, den *västra leden*. Auf dem Vierranvárri, 1711 Meter über Meereshöhe, war es jedoch so neblig, dass ich kaum die Hand vor Augen sah. Ich drehte um.«

Und im Jahr darauf wollte sie mit einem Kumpel auf den Südgipfel klettern. Sie übernachteten auf dem Duolbagorni, um sich an die Höhe zu gewöhnen.

»In der Nacht hatte das Wetter umgeschlagen, und es windete so stark, dass wir kaum ein Auge zugemacht haben. Die Wettervorhersage zeigte noch mehr Wind und kältere Temperaturen, also stiegen wir wieder ab.«

Aber es wird noch einen vierten Versuch geben – und einen fünften, falls es wieder so windet, schneit oder der Nebel fällt. Manuela gehört zu den Menschen, die wiederkommen.

Und mitnehmen, was sie mitbrachten.

Nicht alle sind so wie Manuela. Erstaunlich, was alles in der Natur zurückbleibt. Besonders viele internationale Bergsteiger kamen in den Jahren der Pandemie 2021/2022. Überall waren die Grenzen dicht, nur in Schweden nicht. Die Helfer vom STF sammelten am Saisonende über einhundert Zelte am Kebnekaise ein.

Scheitern als Chance

Die Geschichten des Scheiterns sind oft packender als die Triumphe. Eine Million Menschen waren schon oben, eine weitere wäre es gern. Gerade weil es kein Kinderspiel ist.

Da gibt es die Geschichte von dem Mann von siebzig Jahren, der auf einer Wanderung kurz unter dem Gipfel des Keb in einer Nothütte mit anderen Zuflucht suchte. Und der plötzlich, man saß dicht an dicht, und der Wind heulte an der Hütte vorbei, in Tränen ausbrach und gar nicht mehr aufhören wollte zu weinen. Die anderen Wanderer wandten sich ihm besorgt zu, versuchten zu trösten.

Was sie dann zu hören bekamen, war, gelinde gesagt, eine gewisse Überraschung.

»Ich bin so glücklich«, schluchzte der Mann. Sein ganzes Leben habe er davon geträumt, auf den Keb zu steigen. Und nun habe er sich getraut. Was mache es schon aus, dass er ihn nicht ganz erreichen würde. Er habe sich überwunden. Das zählte. Für ihn.

Gunhild Rosqvist kennt solche Erzählungen und tausend andere rund um Schwedens höchsten Berg. Sie hat große Teile ihres Berufslebens dort oben verbracht und den Berg vermessen. Sie hat alljährlich Maß genommen, wie viel von ihrem Arbeitsplatz noch übrig ist.

»Stell dir vor, wie das ist, wenn man Terrain betritt, das durch die Schmelze des Gletschers erst frei geworden ist«, sagt sie und streicht sich eine Strähne blondes Haar aus der Stirn. Die grünen Augen funkeln. Das »Du« in der Anrede hat in Schweden übrigens wenig zu bedeuten. Bis auf den König werden alle geduzt. Man sagt auch nicht Professor und »Du«: »Alle nennen mich Ninis«, erklärt sie.

»Stell dir vor, dass der letzte Mensch hier vor zehntausend Jahren gestanden hat. So lange hat dieses Stück Erde kein Sonnenlicht gesehen.«

Professor Gunhild Rosqvist hat sich auch um Wanderer gekümmert und den einen oder anderen aufgepäppelt, mental oder mit Knäckebrot. Als Leiterin der Forschungsstation Tarfala unterhalb des Gipfels fühlte sie sich auch für die Sicherheit und das Wohlergehen der Bergsteiger verantwortlich.

Oft verbrachte sie Monate am Berg, und da alles hochgeschleppt werden muss, war das Essensangebot recht übersichtlich.

In der Zeit, so erzählt sie, habe sie dort oben etwa zehntausend Scheiben Knäckebrot gegessen und sonntags immer Pfannkuchen, in Erinnerung an ihren ersten Chef, einen Amerikaner, der dies als Tradition einführte. Als wir uns treffen, ist sie gerade im Abschied begriffen, die Pensionierung rückt näher. Die Nachfolgerin ist installiert, und sie musste die Schlüssel bereits abgeben, kann sich aber kaum von ihren Bergen trennen.

Wenn sie von ihrem Gipfel herunterkommt, um in der Fjällstation einen Kaffee zu trinken, dann bringt sie mehr als nur einen Hauch von Schnee und Eis mit. Bekannt wurde sie mit dem Satz »Hilfe, mein Arbeitsplatz schmilzt«.

Sie passt gut zu den jungen Wanderern in der Fjällstation, alle so schlank und drahtig wie sie, wenn auch halb so alt. Hier braucht keiner eine Diät.

Man kann sich Ninis auch elegant mit Handtasche vorstellen, aber hier trägt sie, wie alle, einen Rucksack. Den Hund Akka, der gerne kleinen Rentieren hinterherjagt, hat sie im Tal gelassen.

Ninis hatte einst als studentische Putzhilfe angefangen auf der Forschungsstation, der gleichen Station, deren Leitung sie ein paar Jahre später übernahm. Damals sammelte sie noch jeden Morgen Gletscherwasser für den Chef, den amerikanischen Glaziologen. Heute wertet man die Daten der Rentiere aus, die, mit einem GPS-Halsband ausgestattet, weiden. So kann man die Wanderwege genau aufzeigen.

Die Sami aus dem nächsten Dorf Nikkaluokta, die Familie Sarri, kennt sie vom gemeinsamen Kaffeetrinken in der Fjällstation. Sie ahnten schon länger, dass sich etwas grundlegend verändert hat.

Dünnes Eis – wenn es in Lappland zu warm wird

Die Sonne brennt jetzt im Frühjahr, und überall tropft es von den Dächern. Nichts Ungewöhnliches also, der ganz normale Gang der Dinge. So wie immer. Aber es ist nicht mehr wie immer.

Ein Ereignis wird Ninis nie vergessen. 2018 kam der Tag, an dem der Kebnekaise seinen Titel verlor. Oder genauer gesagt: Der Südgipfel aus Eis musste seinen Titel als höchster Berg an den Nordgipfel aus Stein abgeben.

Nun verlieren Gletscher im Sommer immer an Höhe (weil sie schmelzen) und legen im Winter wieder zu. Der andere Gipfel, der mit der Steinkuppe, ist dagegen stabil. 2018 aber überragte er erstmals sommers wie winters seinen Bruder aus Eis.

Mit dem wärmeren Klima verschwinden überall Gletscher, so wird es in Afrika in den nächsten zwanzig Jahren keine Gletscher mehr geben.

»Mit dem Kebnekaise bekam der Klimawandel ein Gesicht«, sagt Ninis. »Und er wurde zum Sprachrohr für alle Gletscher der Welt.«

Nun ist der Nordtoppen mit 2097 Meter Höhe Schwedens höchster Berg und nicht mehr der Sydtoppen, der geschrumpft ist.

Am Ende dieser Entwicklung steht möglicherweise, was immer man davon halten mag, ein grüner Winter – auch in Lappland. Ninis Rosqvist hat schon mal laut überlegt, was das für die Rentiere bedeuten würde.

Sie weiß um die zwiespältigen Gefühle ihrer samischen Freunde gegenüber dem klassischen klirrekalten Winter, wie er sich in dem Ausdruck von der »Weißen Hölle« artikuliert. Winter, das ist die Zeit, in der ihre Herden Probleme bekommen.

»Könnte es nicht sein, dass die Rentiere auf lange Sicht bessere Überlebenschancen hätten, wenn es nur grüne Winter gäbe – ohne Eis und Schnee?«, fragt Ninis Rosqvist.

Ninis' vielleicht wichtigste Erkenntnis ihrer langen Jahre als Forscherin ist, dass es lohnt, auf das Langzeitgedächtnis der Menschen zu bauen, die hier leben.

Denn die Urbevölkerung hat das feinste Gespür für Veränderungen und ein unglaublich differenziertes Vokabular für Schnee, weit mehr als die Klassiker Pulverschnee, Hagel, Graupel und Matsch.

Sie merken als Erste, dass die Natur verrücktspielt und es auch in Lappland immer wärmer wird. Sie bemerken sofort, wenn das Frühjahrshochwasser, das eigentlich jetzt fällig wäre, im November kommt und die Brücken mitreist, wenn das Eis dünner wird und manche in Shorts Schnee schippen, weil das Thermometer wieder einmal Achterbahn fährt.

Warum Menschen Schnee lieben

Oben am Hang in ihrer Forschungsstation hatte Ninis Zeit, sich Gedanken zu machen. Etwa über die Frage, warum so viele Menschen Schnee sehr vermissen würden.

»Kinder lernen, dass Schnee Berge und Hügel bezwingbar macht. Im Regen wird man nur nass. Gegen Schnee kann man sich schützen. Schnee verzaubert.« Nach einer Pause fügt sie hinzu: »Es gibt natürlich auch Leute, die Schnee nicht mögen.«

Aber die meisten verbinden mit Schnee, dass Abstände schrumpfen und leichter zu überwinden sind, vor allem auf einem Schlitten abwärts.

Das kommt zwei Bedürfnissen entgegen: dem nach Adrenalin und dem nach der menschlichen Bequemlichkeit.

Puoltsa: Vollpension am Polarkreis

Mitten in Lappland steht ein großes Gestüt am Rand der ewigen Wälder. Hier – in Puoltsa – wohnen Kerstin und Matti mit ihren Pferden. Am Stall weht die Fahne der Samen in den bekannten Farben Blau wie das Wasser, Gelb wie die Sonne, Rot wie das Feuer und Grün wie der Wald. Zwischen Gestüt und Wald weiden die Pferde. Dahinter fließt der Kalix, einer der wenigen wilden Flüsse Schwedens. »Unreguliert« heißt das in der Sprache der Ingenieure von Vattenfall, dem staatlichen Energieriesen, der seit 1910 sieben große Flüsse in Ketten von Stauseen verwandelt hat. Matti und Kerstin schätzen am Kalix, dass er so rein ist; man kann das Wasser einfach aus der hohlen Hand trinken.

Waren das nicht Elche, die da in aller Seelenruhe an der Krippe standen?

Eigentlich wollten wir auf dem Gestüt Ofelas (»Pfadfinder«) im Mondschein auf dem Pferderücken durch den Urwald zuckeln, in der Hoffnung auf ein bisschen Polarlicht. Ofelas liegt zwischen der Bergbaustadt Kiruna und dem idyllischen Sami-Dorf Nikkaluokta direkt am Fluss Kalix.

Und nun stehen die Biester direkt vor unserer Nase und fressen den Pferden das Heu weg.

»Diebe«, sagt Matti Berg, und trotz seiner ernsten Miene klingt er eher amüsiert.

Matti und Kerstin züchten seit fünfundzwanzig Jahren Islandpferde und gehen mit Besuchern auf Tour durch Lappland. Oder Sápmi – wie sie das selbst nennen. Matti und Kerstin sind Samen, und dies ist ihr Land, für das sie sich auch verantwortlich fühlen.

Jeden Morgen, so erfahren wir, kommen zwei Dutzend Elche aus dem Wald und stellen sich an die Tröge. Wenn man sich ihnen zu schnell nähert, nehmen sie ihre langen Beine in die Hand und setzen in Riesensprüngen über das Gatter.

An die Hauptmieter – stämmige Islandpferde – haben sie sich schnell gewöhnt.

Die Pferde, etwas kleiner im Wuchs als Kontinentalpferde, aber sehr zäh und mit einem fünften Gang, dem Tölt, ausgestattet, haben den Elchen sogar den Vortritt am

Heuhaufen gelassen. Es gibt offenbar feste Zeiten für die Mahlzeiten.

Sie sind ja auch weitläufig verwandt, da wird man sich schon einig werden. Elche und Pferde kann man durchaus verwechseln, wenn man nicht so genau hinschaut. Nun gut: Pferde haben kein Geweih, und den Höcker hat der Elch vom Kamel. Aber das Hinterteil, das hat er vom Pferd. Und den Gang von Goofy von Walt Disney.

»Sie haben eine ähnliche Körpersprache«, erklärt Kerstin, die Chefin des Pferdehofs. »Der Winter vor einem Jahr war sehr hart, mit bis zu sechs Metern Schnee. Da kamen die Elche zu uns in ihrer Not.« Sie gelangten nicht mehr an ihr Futter und hatten zu viel Wasser im Bauch.

Kein Gedanke daran, sie wegzujagen, obwohl sie einiges verdrücken.

Am nächsten Morgen sind sie wieder da.

Der Winter geht hier bis in den Mai. Mal ist es zwanzig Grad minus, dann wieder Tauwetter. Das unbeständige Wetter – eine sichtbare Folge der Klimaveränderung – lässt die Schneedecke gefrieren. Der Wechsel zwischen Frost- und Tauwetter führt dazu, dass das wieder gefrierende Schmelzwasser den Schnee mit einer Eiskruste überzieht, welche weder Elche noch Rentiere durchbrechen können, die deshalb nicht an Futter gelangen.

Die Tiere des Waldes kämpfen sich durch den Winter. Aber offenbar haben sie auch nichts gegen Vollpension.

Eigentlich sind wir gekommen, weil eine Dame aus Übersee im Netz so geschwärmt hatte von Ofelas, den Pferden, dem Nordlicht und von »lots of moose«, der großen

Menge an Elchen. Das war noch, bevor die Elche zu Hausgästen wurden.

Wie schön muss es sein, auf einem geduldigen Islandpferd durch den Urwald zu schaukeln, gut gewärmt vom Pferdleib, und dabei die Strahlen des Polarlichts durch die Äste fallen zu sehen. Während die Pferde durch die Finsternis ziehen, kann man die Augen von Elchen auf sich spüren, so verspricht es auch die Gastgeberin Kerstin Nilsson.

Echte Elche in der Natur – das kann ich nach fast zwanzig Jahren im Norden sagen – sind kein alltäglicher Anblick. Elche verstehen es meisterhaft, sich zu verstecken, und können sich trotz ihrer beachtlichen Größe schnell dünnmachen. Es gibt etwa dreihunderttausend von ihnen allein in den schwedischen Wäldern. Dass man sie so selten zu sehen bekommt, spricht für ihre enorme taktische Intelligenz.

So erklärt sich, weshalb noch immer so viele Elch-Warnschilder gestohlen werden. Irgendwas vom Elch wollen manche Touristen wohl mit nach Hause nehmen, wenn sie schon Tausende Kilometer durch die endlosen Wälder gekurvt sind.

Der große Knall im Stall

Auf einer samischen Pferdefarm werden die Gäste zum Mitmachen angeregt. Es geht um das ganzheitliche Reiterlebnis.

Kerstin Nilsson hat zusammen mit der Schriftstellerin

Åsa Larsson das schwedische Regelgymnasium in Kiruna besucht – und es wie ihre Freundin Åsa wach und wortstark verlassen. Es gehört zu den Paradoxien der neuen Zeit, dass ausgerechnet die schwedische staatliche Schule eine ganze Generation gut ausgebildeter Menschen hervorgebracht hat, die jetzt eigene, sehr samische Wege gehen. Die Zeiten der Nomadenschule mit ihren vier Klassen und der künstlichen Begrenzung des Lehrstoffes war das Problem der Generationen vor ihnen. Aber die heutigen tragen noch an der Demütigung der Eltern.

Kerstin Nilsson zeigt, wie die Pferde zu bürsten sind und wie man einen Sattel auflegt und festzurrt und die Tiere aus der Halle führt.

Dann ertönt eine kleine Explosion.

Kerstin Nilsson sieht mich mitfühlend an und fischt aus der Hosentasche eine Tablette. Allergiker unter sich: Wie muss sie erst leiden? Mein Pferd, ein älterer Hengst namens Segur, brummt leise, während ich ihm die Haare ausbürste und meine Nase schon wieder kitzelt. Von den Niesanfällen lässt sich Segur allerdings nicht beeindrucken.

Draußen reitet Kerstin mit uns stundenlang große Schleifen durch den Winterwald, und wenn nicht gerade einer der Reiter gegen Pferdehaare allergisch wäre, wäre das eine feine Sache. Die Pferde wissen den Weg, und plötzlich tauchen vier Elche vor uns auf dem Pfad auf – schemenhaft zu erkennen. Das ist der Moment, in dem Pferdechefin Kerstin den Arm hebt, damit alle anhalten und still sind. Das mit der Ruhe klappt auch ganz gut, von den Niesattacken einmal abgesehen.

Gegen neun Uhr abends im Winterwald klärt sich der Himmel, und nördlich zeigt sich eine große gelbe Glocke.

Aus dem ehrlichen Wunsch, auch etwas Positives zum Ausflug beizusteuern, weise ich auf das großartige Himmelsphänomen hin.

Kerstin Nilsson dämpft die Begeisterung: »Das ist kein Nordlicht – sorry –, das sind die Lichter von Kiruna.«

Langer Atem

Matti Berg ist kurz im Stall erschienen, um seiner Frau Guten Tag zu sagen und nach seinem Pferd zu sehen.

»Lieber würde er wohl auch reiten«, sagt Kerstin, »aber sein Tag ist voll Politik, seit er das Jahrhunderturteil durchgefochten hat.«

Das hat Matti Berg in Schweden bekannt gemacht. Für viele Samen und die zahlreichen Freunde der Samen unter den Schweden ist er ein Held. Er ist Anfang sechzig, trägt einen grauen Pferdeschwanz und einen Oberlippenschnauzbart. Und einen kleinen goldenen Ohrring. Man kennt ihn aus den Nachrichten, wie er erhobenen Hauptes die Treppen zum Obersten Gericht hinaufsteigt, umgeben von einer ganzen Verhandlungsdelegation – alle in Nationalfarben.

Natürlich trug er den Kolt, den traditionellen Rock mit hochgestelltem Kragen in Dunkelblau, mit Borten in Rot und Gelb. Dass das die Nationaltracht der Samen ist, wissen mittlerweile auch jene Schweden, die noch nie in Lappland waren.

Ofelas liegt am Rande von Girjas. Girjas ist ein Sameby, und Matti Berg war eine Zeit lang ihr gewählter Chef.

Bei Sameby denkt man vielleicht an ein »Samendorf«. Tatsächlich ist es aber ein geografischer Begriff, in diesem Fall für das karge Land, das sich ein paar Hundert Kilometer zwischen Kiruna und dem Hochland an der Grenze zu Norwegen erstreckt. Girjas ist eines von einundfünfzig sogenannten Samebys, die zusammengenommen einen beachtlichen Teil der Landfläche Schwedens ausmachen.

Seit 1605 – als Schweden die samischen Hirten zu Steuerbürgern machte und die Staatskirche ihnen die Kirchenpflicht auferlegte – nahm sich die Obrigkeit das Recht, Jagd- und Fischkarten auszugeben und vor allem auch die Schonzeiten festzulegen.

In den Siebzigerjahren wurden die Wälder Schwedens im Prinzip für alle Jäger geöffnet. Das entsprach dem schwedischen Egalitätsprinzip. Die Sami – man kann es verstehen – reagierten entrüstet. Sie sahen ihre alten Rechte am Land mit Füßen getreten. Und eines Tages gingen sie vor Gericht. Nach vierhundert Jahren fremder Verwaltung war es ihrer Meinung nach höchste Zeit, wieder die Kontrolle zu übernehmen.

Auch der Staat hatte ein Interesse, die Landfrage zu klären. Denn wie sagte die Vertreterin des Staats in dem Mammutprozess: »Die alten Regeln passen heute nicht mehr, in Zeiten der Windkraft, der Gruben und des Tourismus. Es ist gut, dass das Gericht darüber mal grundsätzlich urteilt.«

Kerstin hat ihren Mann zehn Jahre lang immer wieder in

den Nachtzug nach Stockholm steigen sehen, um im 1 400 Kilometer entfernten Stockholm die Sache seiner Sameby durchzufechten, bis das Oberste Gericht ihnen schließlich recht gab. Girjas Sameby hat jetzt wieder die Fisch- und Jagdrechte, die anderen fünfzig samischen Genossenschaften werden mit der Zeit folgen. Das war ein historischer Paukenschlag, denn bisher zogen die Samen vor Gericht fast immer den Kürzeren, wenn es um Rechte an Grund und Boden geht.

Wir sind nicht alle gleich

Nach dem Ritt werfen sich die Pferde zum Abkühlen rücklings in den Schnee und wälzen sich ausgiebig.

Kerstin lädt ein zum Abendessen in ein klassisches Zelt, einer Kåta, aus der Zeit, als die Samen noch mit ihren Tieren unterwegs waren.

Auf dem Boden liegen Birkenzweige. Früher mussten Besucher am Eingang warten, bis sie aufgefordert wurden einzutreten. In der Mitte ist die Feuerstelle, der Rauch zieht durch eine offene Stelle im Zelthimmel ab, dort, wo die Stäbe zusammenlaufen. Der große Entdecker Carl von Linné hatte wohl auf seiner monatelangen Lapplandreise 1731 ein bisschen viel Rauch abbekommen und empfahl den Samen dringend Ofenrohre, der besseren Luft wegen. Er blieb aber bis heute ungehört.

Kerstin kennt das Problem und sagt: »Setzt euch schnell, sonst steht ihr im Rauch.«

Sie hat mit einem kleinen Beil die Rinde von den Birkenscheiten geschlagen. Die Rinde brennt auch noch, wenn sie nass ist, und sie ist so voll Öl, dass es eine Weile vorhält.

»Wer sagt denn, dass wir alle gleich sind?«, sagt Kerstin resolut und rückt die gusseisernen verbeulten Pfannen dichter an den Herd.

Gleichheit ist ein hohes Gut in Schweden. Privilegien gelten als suspekt. Samische Rentierhüter müssen sich immer wieder fragen lassen, warum sie für sich und ihre Rene einen derartigen Platzbedarf anmelden. Das schwedische Gleichheitsprinzip widerspricht, so könnte man es sehen, einer Lebensweise, die große Flächen Land beansprucht.

»Wir sind nicht gleich«, sagt Kerstin und rührt den Kessel mit dem Setzkaffee. »Wir haben eine andere Kultur, und wir waren vor allen anderen da. Das Wort ›Wildnis‹ ist ein kompletter Irrtum.« Wer von Wildnis spreche, leugne ganz einfach die Existenz der Urbevölkerung.

Kerstin geht es vor allem um Respekt. Wir erzählen ihr von den Guides – kaum fünfzig Kilometer entfernt und mitten in Lappland, die auch nach vielen Jahren kein Schwedisch können. Kerstin berichtet von einer Schlägerei im Wald zwischen Guides und Sami. Die Rentierhalter konnten kein Englisch, die Guides weder Samisch noch Schwedisch. Die Huskys hatten weidende Rentiere verbellt (»Das geht absolut nicht«, sagt Kerstin), und die Guides hatten ruhig zugesehen. Bis dann die Fäuste flogen.

Im Zelt gibt es warme Kekse mit Lingon (Preiselbeeren), dann eine Art Chili con Carne vom Rentier und Käse-Pie.

Wir trinken warmen Lingonberrysaft und schlummern fast ein in der Wärme des Zeltes. Ein Schläfchen nach dem Essen ist durchaus statthaft. Man lässt sich einfach auf das Rentierfell sinken.

Ein eigener Sami-Staat

Am nächsten Morgen hat Matti eine Stunde Zeit für uns, schaut aber immer wieder auf die Uhr, und man merkt ihm an, dass er lieber unterwegs mit seinem Pferd wäre. Alle seine Ämter sind unbezahlt oder nur mit einem Anerkennungshonorar verbunden. Wie mühsam, immer wieder das Gleiche erklären zu müssen.

Im Wohnzimmer steht ein hölzernes Rentier auf dem Fensterbrett, und im Gehege im Garten jagen zwanzig junge Tiere und futtern sich durch den Winter. Das Gehege ist eingezäunt, damit sie keinen Besuch von den Elchen bekommen.

Auch Matti ist es wichtig, die »Ungleichheit« zu betonen. »Ihr werdet uns nicht verstehen, weil ihr nicht unsere Erfahrungen teilt. Wenn es um die Lebensweise von morgen geht, müsst ihr auf uns hören.«

Und dann spricht er von Kiruna – das man vom Mond aus sieht. Und er meint das nicht positiv.

»Die Wälder sind wichtiger als wir. Schau dir Kiruna an. Das gibt es erst hundert Jahre. Und trotzdem kann man es vom Mond aus sehen. Wir leben hier seit mehreren Tausend Jahren, seit der letzten Eiszeit. Und haben keine Spuren hinterlassen.«

Im Prozess gegen den Staat um Jagd- und Fischrechte traten Archäologen als Zeugen auf. Sie sagten, wie schwer es sei, Spuren zu finden von einem Volk, das so umsichtig und vorsichtig mit den Ressourcen umgehe.

Wenn es nach Matti ginge, bräuchten die Sami einen eigenen Staat mit eigener Landessprache, eben Sápmi. So eine Landkarte hängt auch im Gästehaus von Ofelas.

Aber bisher ist das nur ein Traum. Stattdessen geht es um die praktische Grenzziehung.

Hat das Girjas-Urteil das Leben für Rentiere unsicherer gemacht?

Matti Berg zögert. Es gebe immer ein paar Idioten, die im Internet gegen sie pöbelten. Auch einzelne Drohungen im Wald. Und immer wieder würden Rentiere einfach abgeknallt oder mitgeschleift.

Aber der Übergang zur Selbstverwaltung sei vollzogen.

Die Bezirksregierung hat die Ausgabe von Fisch- und Jagdkarten für das Sameby Girjas eingestellt.

»Kein Wort davon, dass wir die Lizenzen jetzt ausstellen. Wir haben als ersten Schritt die Schonzeit verlängert. An erster Stelle stehen jetzt die Rentiere.«

Eigentlich ist Anders Sunna die Liebenswürdigkeit in Person, wie er da so verschmitzt aus der Tür seines Ateliers auf eine der zwei Hauptstraßen von Jokkmokk in die Sonne blinzelt. Ein Familienmensch und Vater von vier Kindern, Mitte dreißig, in Jeans und T-Shirt.

Drinnen im Atelier, dem früheren Versammlungslokal der örtlichen Kommunisten, gibt es keinen freien Stuhl, aber viele Spraydosen und Staffeleien, Bilder eines Polizeibusses aus den Achtzigerjahren als Vorlage für die große Collage für Venedig, ein Spielzeugmaschinengewehr, ein paar Langlaufskier, alles in heiliger Unordnung.

Clean enough to be healthy, dirty enough to be happy.

»Setz dich besser nicht auf die Leiter, die bricht – und außerdem bist du dann voll Leim«, sagt Sunna, und nach einigem Umräumen finden sich ein freier Quadratmeter und ein Hocker für den Besucher.

Anders Sunna stammt aus der Sunna-Gruppe, wie man in Schweden sagt. Sie besteht aus vier Familienstämmen und liegt seit Jahrzehnten mit dem Staat im Clinch. Anzeigen, Verfahren, schwarze Listen, Bußgelder. Den Großvater hat man unbedingt noch, als er bereits im Sterben lag, brieflich von seiner letzten Niederlage vor Gericht unterrichten müssen.

So behandelt der Staat seine Stiefkinder.

All das lässt sich der Collage entnehmen, die einen großen Teil der Wand einnimmt, eine Art Wimmelbild der Kämpfe der Sunnas gegen den Staat. Und bald ist das nicht mehr Privatsache. Das Werk ist für den Pavillon der Nordischen Länder auf der Biennale in Venedig bestimmt, den Samischen Pavillon 2022.

Wer Anders Sunna einlädt, kann mit Überraschungen rechnen. So etwa bei der Eröffnung seiner Ausstellung im Schwedischen Kulturinstitut in Paris 2004. Halb durch Europa war er gefahren, um die Ausstellung mit ein paar echten Exponaten aus seiner Heimat anzureichern. Der Kofferraum war voll mit Steinen aus der geplanten Eisenerzgrube Kallak, mit gut sichtbaren Sprenglöchern.

Den Kulturfreunden vom Svenska Institut habe der Auftritt mit Steinen und Bohrlöchern sehr gefallen, die politischen Köpfe von der Botschaft waren – so sagt Sunna – jedoch kurz davor, ihn postwendend wieder heimzuschicken.

Das war ein Affront, denn er sollte doch eigentlich nur seine Kunst zeigen und nicht Politik machen, sagt er und gluckst vor Vergnügen. Da hat er es den Herren dort oben wohl mal richtig gezeigt.

Die Sunnas gehören zu den Wald-Samen und stammen aus Tornedal, dem Teil von Sápmi, der weiter östlich liegt, rund um Pajala, an der Grenze zu Finnland, wo die Menschen ihre eigene Sprache (Meänkieli) sprechen.

Der Schriftsteller Mikael Niemi, der seine Heimat mit dem Buch *Populärmusik aus Vittula* weltbekannt machte, beschreibt Tornedal durch all das, was es nicht hat: keine Herrensitze, keine Rehe, nur unendlich viel Mücken. Keine Krebsschnitten, keine Tischsitten, dafür die schlechtesten Noten beim schwedenweiten Schultest. Ein Gang, beim dem die Füße nach außen stehen, Radebrechen auf Schwedisch und auf Finnisch. Der Hauptort Pajala hatte lange nicht einmal eine einzige Ampel. Dort leben die Underdogs, aber Underdogs haben auch ihre Würde – und ihre eigenen Underdogs. Das waren dann die Sunnas.

»Wir waren die unterste Schicht in Tornedal«, sagt Anders. »Beide Gesellschaften wendeten uns den Rücken zu, die samische und die schwedische. Das war eine sehr einsame Zeit.«

Wenn Anders Sunna von seiner Kindheit erzählt, dann klingt das nach Wildem Westen mit den Sunnas als den Outlaws.

»›Wir erschießen dich und alle deine Brüder‹, sagte ein Anrufer eines Tages und legte auf. Und am helllichten Tag, beim Einkauf im Hauptort von Tornedal, Pajala, wurden unsere Autos vandalisiert, Nägel in die Reifen gesteckt, die Motorhaube zerkratzt.«

Wer war noch mal Bruno Liljefors?

Zu den erstaunlichen Paradoxien gehört, dass, einem gängigen Sprichwort zufolge, schlimme Zustände Kreativität gebären. Zensur schafft Literatur. Und Kunst wirkt dann am stärksten, wenn sie nicht um ihrer selbst betrieben wird.

Nein, zu den Malern, die Lappland als Stillleben verkaufen, mit Schlitten, Lagerfeuer, Rentier und Sonnenuntergang, Bilder des Friedens, in denen selbst die Mücken nicht stören, wollte Anders Sunna nie gehören.

Und er hatte das Glück, die richtigen Lehrmeister in der Familie zu haben, die sich ihrerseits die Not von der

Seele malten. Hochkultur war zu Hause kein Begriff. Wohl aber gab es kaum ein Familienmitglied, das an den langen Winterabenden nicht mit dem Zeichenstift oder dem Schnitzmesser zugange war.

»Für ein so kleines Volk sind wir enorm kreativ.«

»Ich wusste nix von Bruno Liljefors, als ich auf die Kunstschule ging.«

Das erste Bild verkaufte Sunna für eine Krone – im Alter von sechs Jahren. Er hatte zehn Kronen verlangt, aber das war dem Opa (oder war es die Tante?) zu viel. Mit dreizehn hatte er seine erste Ausstellung, mit sechzehn bekam er schon fünfhundert Kronen für ein Bild – das war damals eine Menge Geld, vor allem für einen Teenager in Tornedal.

Zu der Zeit hatte er schon eine Sammlung aufgebaut von einhundertfünfzig Gemälden. Das Malen war seine Rettung. Wer weiß, wo er sonst gelandet wäre mit seinem Zorn.

»Kunst ist eine Grauzone. Da kann man sich austoben. Wenn man das sonst tut, kommt man schnell mit der Staatsmacht in Konflikt. Kunst verändert direkt, weil sie in das Fühlen und Denken wirkt.«

Und nach einer Pause setzt er hinzu:

»Wer liest schon zweihundert Seiten Abhandlungen über das Elend der Sami?«

Wie leicht kann man dagegen ein Graffiti sprühen, das jeder versteht, eine Sache von ein paar Sekunden?

Ein Motiv findet sich in allen Ecken des Ateliers und auf der zugeklebten Fensterscheibe des kleinen Ladenlokals. Es zeigt einen Mann in Ritterrüstung, eine Figur aus der samischen Mythologie. Dazu der Text: »Das ist Schwedens Vater.«

Das klingt erst einmal nicht umstürzlerisch. Meint aber: Nicht die Wikinger oder Gustav Wasa sind Stammväter der Schweden, sondern ein Same. Denn die waren lange vorher da.

»Manche Schweden fanden das gut, andere möchten nicht gerne daran erinnert werden, dass wir zuerst hier waren. Aber die schweigen meist – wie Schweden eben so sind«, sagt Anders Sunna grinsend.

Schweden sagt man nach, dass sie Konflikten lieber aus dem Weg gehen. Tatsächlich lassen Schweden ihre Gesprächspartner oft in dem Glauben, dass alles geklärt sei. Anders Sunnas Bilder dagegen sind nicht misszuverstehen. Sie sind wie ein Faustschlag: Polizeitransporter mit geöffneten Türen – bereit für Gefangene. Maschinengewehre. Ärger, Gram, zerbrochene Menschen.

Die Waffen an der Wand, die Staatsgewalt im Bild – Anders Sunna wirkt besonnen und klar, nicht wie ein Eiferer, eher schon wie ein überlegter Radikaler, wenn es denn so etwas gibt: ein Rebell mit klarem Kopf.

»Mama hatte oft Angst, wenn Papa spät kam, ob er überhaupt kommen würde. Uns wurden Autos angezündet. Auf die Hilfe der Polizei durften wir nicht zählen, einige der tonangebenden Leute waren bei der Polizei. Wir waren ihnen ein Dorn im Auge.«

Wer wie die Sunnas einmal Wald-Same ist, bleibt es in aller Regel sein Leben lang. Es ist eine Frage der Geografie, aber vor allem eine des Status. Es gibt neben ihnen auch die Fjäll-Samen (Gebirge) und die See-Samen (Küste).

Die Wald-Samen stehen in der ganz eigenen Hierarchie der Samen unten. Sie sind auch nicht die Lieblinge der Ethnologen. Die schätzen im Zweifel eher die Fjällsami und deren entbehrungsreiches Leben mit den wandernden Rentieren in den Weiten des Fjälls.

Liest man die Hauszeitschrift der Samen, *Samefolk,* so merkt man, die Wald-Samen standen immer im Schatten der Fjäll-Samen. Denn ihnen fehlt das entscheidende Privileg – das alleinige Recht auf Rene.

Die Wald-Samen müssen Konzessionen beantragen, wenn sie Rentiere halten wollen. Diese Konzessionen können ihnen aber auch genommen werden.

Genau das ist der Familie Sunna passiert.

»In den Vierzigerjahren nannte man uns die bösen Kommunisten. Dann kam in den Siebzigern das neue Gesetz über Rentierhalter. Die Regionalregierung von Norrbotten legte das in ihrer eigenen Weise aus. Viele der wichtigen Leute waren Waldbesitzer im großen Stil und hielten nebenbei ein paar Rene.«

Genau das führte zu einem Streit über Jahrzehnte.

»Wir sollten uns nun auch um die Rentiere der Nicht-Samen kümmern, also von Leuten, die ein paar Rene im Garten als Hobby halten. Erstaunlicherweise sollten wir das umsonst machen. Da haben wir nicht mitgemacht.«

Das ist die Kurzfassung der Geschichte aus der Sicht der Sunnas.

Sie kassierten unzählige Anzeigen, führten jahrzehntelang Prozesse.

Die Sunnas bekamen keine Konzessionen mehr, mussten ihre Tiere verkaufen oder notschlachten.

Wie Rebellen nun mal so sind, hielten sie sich nicht an die Auflagen, schwarze Liste hin oder her.

»Mama war unruhig, wenn Papa abends noch bei den Renen im Wald war. Sie hatte Angst, dass auf ihn geschossen würde.«

Patronen im Lagerfeuer

Anders Sunna erinnert daran, dass es seine Großväter waren, die Schadenersatz für überfahrene Rentiere eingefordert haben, damals in den Sechzigern, mit dem durchaus einleuchtenden Argument, dass die Rene ja nichts dafür könnten, dass auf ihren Weidegründen plötzlich Autos fuhren. Das passte vielen nicht.

»Als Kinder lernten wir: Mach nie Feuer an derselben Stelle. Menschen, die uns übelwollten, könnten geladene Patronen in der Asche versteckt haben.«

Anders Sunna stapft durch den Schnee mit der Energie des geborenen Waldläufers, der gelernt hat, stundenlang hinter einem Ren herzurennen. Wir sind auf Ortstermin in Kallak.

Anders nimmt mich mit zu der geplanten Eisenerzmine – auf Samisch heißt sie »Gallak«, – etwa fünfundreißig Kilometer von Jokkmokk im idyllischen Vorland des schwedischen Fjälls gelegen. Ein bisschen weiter, und man landet im großen Nationalpark Laponia, den die UNESCO zum Weltnatur- und Weltkulturerbe erklärt hat.

An den Straßenrändern stehen immer wieder Stangen mit schwarzen Wimpeln – hier kann jederzeit eine Familie Rentiere die Straße kreuzen. Der Zugangsweg zur geplanten Mine ist schmal und ungeteert. Links und rechts des Weges ist dichter Wald. Greta Thunberg hat hier schon gestanden ebenso wie viele Protestgenerationen vor ihr. Kallak ist so umstritten, weil das Erzvorkommen recht mickrig ist. Es würde gerade einmal für vierzehn Jahre reichen. Mit den Gruben in Kiruna, die schon seit einhundert Jahren bestehen und noch lange nicht erschöpft sind, kann Kallak nicht mithalten. Deshalb fragt sich nicht nur Anders Sunna, ob man für eine derart kurze Zeitspanne eine uralte Landschaft zerstören darf.

Ein Tagebau verändert die Landschaft drastisch, hinzu käme der Lastwagenverkehr vierundzwanzig Stunden am Tag.

Eisenerz ist zudem alles andere als knapp. Und keines der seltenen Metalle, die man für die Energiewende braucht.

Die Regionalregierung ist gegen den Bau, die Regierung in Stockholm eher dafür. Auch in Jokkmokk gibt es starke Kräfte für Kallak.

Anders Sunna kennt aus der eigenen Familie den Zwiespalt, in dem viele Samen leben. Wie hält man es mit den Gruben? Oder den Windkraftanlagen wie Markbygden mit (geplant) 1011 Rotoren? Und weitere vier große Parks sind in Planung. Darf man die Hand beißen, die einen nährt? Wo sind die Alternativen? Wer sonst würde bis zu 4500 Euro im Monat an Ungelernte zahlen?

Anders' Bruder arbeitet in der Mine in Kiruna. Über Jahrzehnte war das der einzige große Arbeitgeber weit und breit.

»Mit dem Nachnamen Sunna ist es nicht leicht, anderswo Arbeit zu finden.«

Eigentlich war der Bruder Zimmermann, aber nach einem Berufsunfall musste er sich eine andere Arbeit suchen.

»Es ist nicht so einfach, für die Feinde zu arbeiten und die eigenen Rentiere zu vernachlässigen.« Sunna geht zügig, wie ein echter Waldläufer.

Wir stapfen durch den Schnee; es ist so still, man kann sein eigenes Herz klopfen hören. Ein Schneehuhn huscht vorbei, auf einem Weg, auf dem bald einhundert Lastwagen am Tag unterwegs sein könnten.

Und dann lächelt Sunna sein leises Lächeln und zeigt mit der Hand auf den Fluss, das Fjäll, den niedrigen, stämmigen Altwald, und sagt in die Stille hinein:

»Warum gehören uns nicht die Gruben? Und warum stehen die Windräder nicht in Stockholms Schären, dort, wo es mehr bläst als hier – und nahe am Verbraucher?«

Frühsommer: Der große Treck

Eskorte in die Freiheit / Carl-Johans einsame Reise ins Fjäll / Geh und werd stark / Gebrumm im Kinderzimmer/ Können Milliarden Mücken auch entzücken

FRÜHSOMMER – GIJRRAGIESSIE – JAHRESZEIT DES WACHSTUMS

Das Eis bricht auf den großen Flüssen mit Donnergebrüll. Miessemánnu ist das samische Wort für den Mai, den »Kalbmonat«. Alles kommt in Bewegung. Die Rene ziehen ins Tal ihrer Geburt – hoch oben in den Bergen. Dort machen die Kälber ihre ersten wackeligen Gehversuche.

Hinter den letzten Wanderern schließen die Hütten, von Mitte April bis Mittsommer. Ab jetzt gehört das Fjäll den Rentieren. Fast jedenfalls. Ein einsamer Bär ist aus dem Winterschlaf erwacht und streift durch den Schnee. Seine Tatzen sind im Schnee gesichtet worden, und sein Erwachen schafft es bis in die Nachrichten, denn er soll geschossen werden.

Frühlingsgefühle treiben Menschen früh aus den Federn – und Sonnenschein morgens um vier.

»Menschen aus dem Süden«, so sagt Victoria, und dazu zählt sie selbst Hamburger, »fällt es manchmal schwer, in diesen hellen Tagen Schlaf zu finden. Wir sehen das anders: Für uns ist Schlaf kein Problem, sondern eine Möglichkeit.«

Eskorte in die Freiheit

Aus der Luft sieht es aus wie ein Gänsemarsch im Gebirge. Eine lange Kolonne von Rentieren macht sich auf den Weg.

Manche scheren aus, bleiben stehen, buddeln mit ihren großen Hufen im Schnee. Da sieht man dann nur die Hinterteile. Wenn der Schnee pulvrig ist, können die Rene Flechten und Gräser noch in zwei Meter Tiefe erspüren. Ist dazwischen eine Eisschicht, dann können sie die Nahrung weder riechen noch ausbuddeln.

Ziel des Trecks ist das weglose Land, das Padjelanta.

In Schweden wetteifern viele Orte darum, möglichst unzugänglich zu sein. Den Rekord an Weltenferne hält eine Ecke im Nationalpark Padjelanta. Dort liegt sogar Schwedens offizieller Unzugänglichkeitspunkt. Der ist so definiert, dass es dort im Umkreis von fünfzig Kilometern keine Straße gibt. Dorthin soll die Reise gehen.

Es gilt, genau den richtigen Zeitpunkt zu erwischen für die Wanderung ins Fjäll. Wenn die Kolonne zu spät aufbricht, kann das Eis auf den Flüssen und Seen in der Frühjahrssonne schon weggeschmolzen sein. Wenn sie zu früh loszieht, kehrt vielleicht der Winter mit tiefem Frost zurück.

»Die Tiere bestimmen es«, sagen die Hirten und stellen sich stur. »Sie wissen am besten, wann es Zeit ist.« Drängeln, nachhaken, Ultimaten – all das, was westlichen Menschen so einfällt, um Dinge in Gang zu bringen – helfen nichts.

Der Legende nach ist es die Rentierkuh – die Vaja – mit dem dicksten Bauch, die das Signal zum Aufbruch gibt. Die Zeit ist reif, wenn die oberste Schneeschicht in der Frühlingssonne erst taut und dann nachts friert. Dann kann ein Ren oben auf der Schneeschicht laufen, ohne einzubrechen.

Carl-Johans einsame Reise ins Fjäll

Damit unterwegs ins Nirgendwo keiner verloren geht, braucht es Menschen wie Carl-Johan Utsi, als eine Art Eskorte in die Freiheit. Vorneweg die Rentiere, hintendran der Mann mit seinem Scooter.

Carl-Johan ist Ende dreißig, stämmig, kraftvoll, verheiratet mit einer Künstlerin und Aktivistin, ebenfalls samisch, zwei Kinder. Er ist Rentierhirte in siebter Generation und Mann einiger Talente. Er ist Ingenieur und hat die Königlich Technische Hochschule in Stockholm absolviert. Es heißt, er wäre auch gerne Schwedens erster Astronaut geworden. Sein Geld verdient er als Kameramann, als Chronist seines Volkes.

Er gehört, genauso wie Victoria Harnesk, der Sami-Kooperative Sirjes in Jokkmokk an (auf Schwedisch »Sirges Sameby«), die häufig als Beispiel herhalten muss, wenn es um die Zukunft der letzten freien Herden geht: Eine Sameby ist, wie schon erwähnt, kein Dorf, sondern eine

Art Genossenschaft, die gemeinsam ein geografisch genau festgelegtes Weidegebiet nutzt.

Die Zahl der Rentiere bestimmt der Staat, genauer gesagt die Länsstyrelsen,die Provinzverwaltungen. Sie wägen ab, wie viele Rentiere welche Region vertragen kann, und legen Obergrenzen fest. So frei sind die Herden und die Hirten dann doch nicht.

In einer der Satteltaschen ruht das Fluggerät – eine handelsübliche Drohne mit vier Propellern und einem Akku, der für etwa zwanzig bis fünfundzwanzig Minuten Flug reicht. Damit macht Carl-Johan schier unglaubliche Bilder vom Treck seiner Herde – magisch und schön –, und die verkauft er dann an Fernsehstationen.

Aber die Drohne hat auch noch eine andere Aufgabe.

Carl-Johan Utsi hat als einer der Ersten herausgefunden, dass man mit Drohnen die Herden dirigieren kann. Die Fluggeräte, die per Fernbedienung ein paar Kilometer weit steuerbar sind, erzeugen mit ihren Propellern ein Geräusch, das leise und durchdringend ist, irgendwo angesiedelt zwischen Säge und Sirren.

»Die Rene mögen das Geräusch der Propeller nicht. Das nutzen wir, um versprengte Tiere wieder zur Herde zurückzubringen.«

Die Sami-Kooperativen im ganzen Norden beginnen um diese Zeit, die Rene auf ihre Reise zu schicken – oder ihnen auf ihren alten Wegen zu folgen. Einen Teil der Strecke legen viele Tiere auf dem offenen Anhänger eines Lastwagens zurück, bis dahin, wo die Straßen enden.

Bei dem alljährlichen Auftrieb ist mehr Technik nötig, als es Carl-Johan lieb ist. Lastwagen für den Transport, Hubschrauber für die Treiber, Scooter am Boden. Alles laut und teuer. In letzter Zeit wird zumindest weniger geflogen, dank der Drohnen.

Ab da, wo die Straße endet, ist Carl-Johan allein mit sich und dem Hund und ein paar Tausend Rentieren. Über der Schulter trägt er einen Sack mit Süßigkeiten, wie Rene sie mögen.

»Sie sind ganz verrückt nach diesen Snacks, die enthalten viel Kohlehydrate«, sagt Carl-Johann, und die Flechte in seiner offenen Hand verschwindet in einer einzigen Bewegung im Mund des Rentiers. Große Augen, schwarze Nase, ein einziges Mumpf.

Carl-Johan tätschelt das Ren und sagt mit Bedauern in der Stimme, dass er gerne Vegetarier wäre. »Aber hier wächst ja kaum etwas.«

Ein paar Tage fährt er mit ihnen, hält an, wenn sie ruhen, und steigt auf, wenn sie weiterwollen.

Oben in den Bergen angekommen, im Padjelanta, endet seine Reise. Die Tiere kennen ihren Weg ins vertraute Tal und ziehen weiter, und der Hirte entlässt sie in die Freiheit. Erst im Sommer wird er sie wiedersehen.

Carl Johan dreht den Scooter um, der Hund klettert auf den Rücksitz, und sie kehren zurück nach Jokkmokk, zu seiner Familie.

Was dann beginnt, dort draußen, darüber kann auch er nur spekulieren.

Gebrumm im Kinderzimmer

Wie viele Rene werden die Zeit überleben – vor allem von den Neugeborenen, wenn es Mitte Mai noch einmal minus fünfundzwanzig Grad wird? Oder wenn die Muttertiere kein Futter finden, weil der Boden bretthart ist?

Für die Sami heißt es warten. Eine besondere Zeit beginnt. Im Mai sollte man Abstand halten zu den Renen. Wenn sich die Muttertiere erschrecken, besteht ein großes Risiko, dass sie ihre Kälber verlassen. In einer Sami-Kooperative wie Sirjes kommen schnell ein- bis zweitausend Neugeborene zusammen.

Die kleinen Rentiere – so groß wie eine ausgewachsene Hauskatze – können zwar direkt nach der Geburt schon auf eigenen Beinen stehen, aber wehren können sie sich erst viel später, wenn sie kräftige Hufe und Geweihe haben. Nur jedes zweite Rentierkalb überlebt die ersten beiden Monate. Die fünf großen Raubtiere Schwedens, also Wolf, Luchs, Vielfraß, Seeadler und Bär, reißen jährlich – das schätzt jedenfalls Victoria Harnesk – genauso viele Rentiere, wie in einem Jahr geschlachtet werden.

Die Raubtiere sind das eine. Aber es gibt auch große Gebiete, da wird die »Betesro«, die Weideruhe, aus der Luft empfindlich gestört. Manchmal dröhnt Motorenlärm den ganzen Tag in der Kinderstube.

Hütten und Herbergen sind, wie erwähnt, zwar rund um den »Kälbermonat« geschlossen. Aber manche Skiläufer reizt gerade das Unberührte an der Natur, und statt wie früher langsam aufzusteigen, lassen sie sich mit dem Helikopter auf den Berggipfeln Lapplands absetzen, um dann durch den jungfräulichen Schnee zu gleiten. Heli-Skiing ist eine Trendsportart jüngeren Datums – noch neu und daher unreguliert. Eine Freiheit, die anderen die Freiheit nimmt. Die kleinen Rentiere, Elche und Polarfüchse würden auf das Dauerbrummen am Himmel wohl gerne verzichten. Zehn Hubschrauber gleichzeitig den ganzen Tag und die halbe Nacht lang, das ist eindeutig Ruhestörung.

Familienaufstellung im Fjäll

Um der Wahrheit die Ehre zu geben: Die einzige Renmärke, die ich mit eigenen Augen gesehen habe, war im Wald von Inari, und die war sehr untypisch. Es war erst Mai, die Kälber waren winzig, so auch ihre Ohren. Als alles vorbei war, beugte sich der Rentierhirte Petri Mattus hinunter zu dem Kalb, das er gerade markiert hatte, gab ihm einen sanften Klaps und flüsterte ihm etwas ins Ohr. Ich stand ein paar Meter entfernt hinterm Gatter und vergaß zu fragen. Möglicherweise sagte Petri Mattus: Nun spring und werde groß!

Denn dann machte sich das Ren, das während der Markierung stillgehalten hatte, los und galoppierte, so schnell es die kleinen Beine zuließen, zurück zur Mama, die in einiger Entfernung im Gatter wartete. Nun, eigentlich humpelte es die ersten Schritte nach dem »Eingriff«. Petri Mattus hatte mit einem Messer zwei oder drei schnelle Schnitte ins Ohrläppchen gemacht.

Auf die naheliegende Frage: »Hat das wehgetan?«, sagte

Petri Mattus: »Die Frauen setzen sich an dieser Stelle ihre Ohrringe. Das kann also nicht so schlimm sein. Und es blutet nur ganz wenig.«

Eine Rentiermärke im schwedischen Fjäll habe ich selbst noch nicht mitgemacht. In erster Linie ist es eine Art Taufe, der Tag, ab dem die Neugeborenen offiziell zu Familie gehören. Zunächst werden die Rentiere von ihren Weiden ins Sommergehege gelockt und getrieben – mit Unterstützung aus der Luft, mit Motorrädern und früher auch zu Fuß, mit Hunden. Am Rand und in der Mitte des Geheges stehen dann Hirten und Hirtinnen, mal in Tracht und mal in Goretex, mit Lasso, um einzelne Tiere aus der Menge herauszuholen, und die Blicke fliegen hin und her, denn es ist wie jeder Familientreff Kräftemessen und Heiratsmarkt, wenn man den Erzählungen glauben mag.

Jede Familie hat ihr eigenes Ohrmuster, und dieses Muster gilt es, im Gedränge der vielen Leiber zu erkennen. Dann fliegen die Lassos, sie gelten den Vajas, den weiblichen Rentieren, die Kälber kommen dann automatisch. Wenn ein Kalb dann seine Mutter gefunden hat, wird es markiert.

»Nicht wir suchen unsere Kälber«, sagt Carl-Johan. »Die Kälber und Muttertiere finden einander – und dann stehen wir bereit.«

Die Sameby ist eine Sache des Herzens, aber noch mehr eine Sache der Ökonomie. Man steht zusammen, tut sich zusammen, um Kosten zu teilen, etwa für neue Pfähle des Geheges oder die Flugstunden der Helikopter. Die Familien helfen einander – und sie stehen zueinander in Konkurrenz. Es gibt reiche Familien mit tausend Rentieren – und arme Familien mit ein paar Dutzend.

Die Renmärke ist der Tag, an dem über den Status einer Familie entschieden wird. Mehr Rentiere, mehr Stimmen, mehr Macht. Die Ohrmarken jedes Kälbchens sind ein Politikum.

Nur wer eine solche geschützte Renmärke hat, darf auch Tiere halten. Wer keine Rentiere mehr hat, verliert die Märke. Und wer die meisten Rentiere hat, hat auch die meisten Stimmen.

Wenn am Abend dann alle Kälber markiert und alle Verwandtschaftsverhältnisse geklärt sind, werden die Lassos wieder aufgerollt. Dann öffnen sich die Gatter, und die Rentiere traben ins Padjelanta zurück, um den Sommer über dort zu weiden.

Können Milliarden Mücken auch entzücken?

Mit der Wärme kommen die Mücken. Auf alten Fotos sieht man Menschen mit Tropenhelmen mit einer Art Vorhang im Sichtbereich von Stirn bis unters Kinn. Selma Lagerlöf trug so ein Gestell auf ihrer Lapplandreise am Anfang des letzten Jahrhunderts. Ob diese Verkleidung von großem Nutzen war? Sicher ist, dass die Mücken in riesigen Schwärmen auftreten, dass sie manchmal sogar die Sonne verdunkeln und bei Regen gern am Mückengitter des Zeltes warten.

Es gibt einschlägige Mittel, die die Mücken vertreiben,

landestypisch sind die kleinen grünen Fläschchen mit Djungelolia.

Ob Tropenhelme auch abschrecken oder wenigstens schützen, ist strittig. Vielleicht entfaltet das Netz eine indirekte Wirkung. Mein Vorgänger Walter Helfer, langjähriger ARD-Korrespondent für Nordeuropa, wagte sich Ende der Neunzigerjahre mit Helm ins Fjäll und erregte große Heiterkeit. Einer der Hirten kommentierte den Anblick des vermummten Fremdlings: »Die Mücken lachen sich bei diesem Anblick tot, fallen um und können dann nicht mehr stechen.«

Wer häufiger oben in Lappland unterwegs ist, kann vom Gleichmut der Sami lernen. Oder von ihren Rentieren.

Die halten sich im Hochsommer am liebsten im Fjäll oberhalb der Schneegrenze auf. Denn dort, auf dem Gebirgsrücken zwischen Schweden und Norwegen, werden die Rene weniger von Mücken gequält. Man kann es auch umdrehen und versuchsweise die Perspektive der Mücke einnehmen. Dann sieht es so aus: Die Mücken helfen den Samen, ihre Tiere ausfindig zu machen. Die Plagegeister treiben die Rentiere die Berge hoch, in die Reste des Schnees, wo sie selbst nicht überleben würden.

Vor dem Hintergrund des weißen Schnees sind Rentiere gut zu erkennen. Und das wiederum ist ein Service, den die Samen den Mücken nicht hoch genug anrechnen können.

Es war Anders, ein Sami mit Tourismusdiplom, der im Sommer als Bergführer arbeitet, der uns auf einer langen Wanderung die Zusammenhänge erklärte. In dieser Einöde kommt man unweigerlich irgendwann auf die zentralen Fragen des Lebens zu sprechen, und eine davon lautet: Weshalb hat Gott die Mücken erschaffen?

Nun wurden Mücken vermutlich nicht geboren, um den Sami beim Sortieren ihrer Herde zu helfen. Sie leben, weil sie – nun ja – leben. Sie sind auch ein Teil der Nahrungskette. Das Schneehuhn braucht Mücken, um groß zu werden. Und, was vermutlich ihre wahre Daseinsberechtigung ist: Die Milliarden von Mücken sorgen dafür, dass Lappland im Sommer nicht überlaufen ist.

Sommer:
Das Dorf, wo nur Sami wohnen

Victorias Zufluchtsort / Unterm Wasser ruht das Dorf /
Großvater Evert – der wilde Schwede / Micke badet unterm
Gletscher / Warum man sich besser bei einem Baum
entschuldigt, bevor man ihn schlägt / Die Kunst des Joiks /
Familienaufstellung im Fjäll

SOMMER – GIESSIE –
JAHRESZEIT DES NACHDENKENS

Der kurze, aber helle Sommer hält die Menschen und Rene wach. Die Kälber müssen markiert werden, die Rene können sich sattessen und legen Reserven an. Renen beiderlei Geschlechts wächst ein Geweih. Victoria zieht in ihr Sommerdorf und joikt gern in der freien Natur, in voller Tracht singt sie von den silbernen Seen und goldenen Bergen. Dabei legt sie etwas auf: Statt Dior ist es eher Autan.

Victorias Zufluchtsort

Als wir Victoria 2004 zum ersten Mal in ihrer Somerviste, der Sommerhütte, besuchten, da war ihr Sohn Markus gerade fünf Wochen alt, aber er musste mit ins Fjäll. Über tausend Kilometer war die kleine Familie von Stockholm mit dem Kombi gefahren, es hatte fast ununterbrochen geregnet, und dann hatten sie den kleinen schlafenden Bengel in ein Körbchen gesetzt und begonnen, achtzehn Taschen und Kisten und Beutel den Abhang hinunter zum Anleger in Ritsem zu tragen. Auf der anderen Seite, in Änonjalme, wollten sie sechs Wochen im Sami-Dorf bleiben.

Victorias damaliger Mann Mats, ein abenteuerlustiger Stockholmer mit Stirnband und halblangem Haar, sagte etwas über die Freiheit: »Här kan man bara vara« – hier kann man einfach sein –, und das klang nach Goethes »Hier bin ich Mensch, hier darf ich's sein«, und ich dachte mir damals, dass der Satz nur dann nicht pathetisch klingt, wenn auf der anderen Seite tatsächlich ein Leben ohne Strom und fließend Wasser und Breitband wartet – und man das auch leben kann.

Natürlich musste der Kleine mit. Victoria war seit Kindesbeinen jeden Sommer hier oben, im Nationalpark Laponia, in dem nur Samen Häuser und Hütten haben dürfen. Später ist sie auch viel durch die Welt gereist, drei Monate nach Amerika etwa, aber als Kind gab es im Sommer nur ein Ziel.

»Als ich klein war und noch zur Schule ging, war es ungewöhnlich, dass man in den Ferien ins Ausland fuhr. Ich war richtig schockiert, als ein Klassenkamerad von den Kanaren erzählte. Ich konnte einfach nicht verstehen, warum sie nicht ins Fjäll zogen. Das klang wie eine Strafe.«

Wir blieben damals ein paar Tage, wohnten bei Victorias Verwandten, schauten in die alten Torfhütten und auf den Berg Akka über uns.

Victoria sang vor der Hütte ihres Vaters mit viel Inbrunst einen Joik für uns (über die goldenen Berge und silbernen Seen im Hintergrund), umnebelte sich vor dem Privatkonzert mit Autan und ließ uns beiläufig wissen, wie sie sich die Aufgabenteilung während des Aufenthaltes vorstellte.

»Möchte jemand einen Kaffee?«

Wir nickten.

»Da ist der Eimer, und da unten ist der Bach.«

Victoria mühte sich jahrelang, die Männer ihrer Familie dazu zu bewegen, eine Wasserleitung mit Handpumpe zu legen. Der Bach ist etwa fünfzig Meter entfernt.

Doch nirgends fließen die Tage so lässig dahin wie in einem Sommer in Lappland. Auf die Wasserleitung wartete Victoria im alten Haus vergeblich.

Unterm Wasser ruht das Dorf

Zwanzig Jahre später: Markus ist ein junger schlaksiger Mann, gelernter Elektriker, und benutzt inzwischen seinen zweiten Vornamen, Niila. Ein samischer Name passt besser in die Zeit.

Sein Vater Mats, Victorias Mann, ist bei einem Scooterunfall auf dem Eis vor Stockholm verunglückt. Daraufhin zog Victoria wieder nach Lappland. Der neue Mann an ihrer Seite heißt Micke Labba, ein Same wie sie. Micke lebt im typischen Dilemma. Wenn er könnte, würde er seine Zeit wohl am liebsten zwischen der Familie und den Rentieren aufteilen.

Wie viele der Urbevölkerung verdient er seinen Lebensunterhalt aber in einer Mine und steuert gigantische Maschinen im Tagebau bei Malmberget, wo dann am Ende große Mengen Kupfer und kleine Mengen an Silber und Gold herausgewaschen werden.

Der Spagat zwischen dem guten, dem richtigen Leben und dem notwendigen Lebensunterhalt ist häufig Thema am Küchentisch.

Die beiden haben einen Sohn zusammen, der Elton heißt. Victoria, Micke und die Söhne sind unterwegs zu einem Wochenende im Nationalpark.

Nach etwa einhundert Kilometern immer nach Westen Richtung Fjäll weitet sich der Blick, und Nordeuropas größter Stausee taucht auf. Der Akkajaure schimmert blau und grün.

Von Jokkmokk, dem Zentrum der Samen im schwedi-

schen Teil, hat es Victoria nicht weit bis zu ihrem Sommerdorf. Es geht immer vorbei am Lule älv, einem der sieben
großen gezähmten Flüsse Lapplands. Ohne erkennbares
Gefälle, ohne Strömung. Die reißenden Gewässer sind an-
und abstellbare Bergseen geworden.

Die Geschichte von Victoria ist ein bisschen die Geschichte aller Sami. Solange sich niemand für ihr Land
interessierte, ging es ihnen gut. Doch irgendwann wollte
Vattenfall genau das zähmen, was dem Konzern erst seinen Namen gegeben hatte. Vattenfall ist eines der schwedischen Worte, die man auf Anhieb versteht. Die Zähmung
der Wasserfälle begann mit den ersten Wehren vor einhundert Jahren. Den Schweden saßen noch die Entbehrungen
des Ersten Weltkriegs im Nacken mit Mangel an Energie
und Lebensmitteln. Wasserkraft schien die Lösung an sich.
Dafür musste anderes weichen.

Wir machen halt an der Brücke bei Suorva. Vom Geländer
in siebzig Meter Höhe weist Victoria auf einen imaginären
Punkt im Stausee. »Hier irgendwo liegt unser Dorf. Vielleicht schwimmt gerade ein Fisch durchs Fenster.«

Victoria neigt an sich nicht zur Sentimentalität. Sie ist im
Zweifel eher ironisch als wehleidig. Beim Anblick der ver-
sunkenen Siedlung mischt sich dann aber eine Spur Groll
in ihre Stimme.

»Unsere Vorfahren hatten es gut am Fluss.«

Ein Fischer talabwärts hat uns Bilder gezeigt von kapitalen
Lachsen, einen Meter lang und zwei Dutzend Kilo schwer.
Solche Fische schaffen es nicht mehr, von Becken zu Becken
zu wandern. Auch eigene Fischtreppen helfen da nicht.

Vattenfall kam – wie in solchen Fällen üblich – mit einem Angebot, das die Familien am Fluss nicht ablehnen konnten. Achttausend Kronen in bar oder neue Häuser am neuen Bauplatz, direkt unterhalb des Berges Akka. Geflutet wurde 1971. Nordeuropas größter Stausee entstand. Die Zustimmung war so freiwillig, wie sie angesichts der Machtverhältnisse sein konnte. Zwei Onkel von Victoria waren Tischler. Sie bekamen den Auftrag, das neue Dorf zu bauen.

Großvater Evert – der wilde Schwede

Es gibt aber noch eine andere starke Verbindung zum Akkajaure. Victorias Großvater Evert war der erste Staudamm-Wächter über das, was heute das größte Wassermagazin Nordeuropas ist. Ein Schwede übrigens.

Ein bärenstarker und extrem konfliktbereiter Mann, der Jahrzehnte als Brückenwart aufpasste, dass die Baumstämme nicht die Wehre verstopften. Sein Haus und seine »Kåta« waren ein natürlicher Zwischenstopp für durchziehende Rentierhirten.

Das Leben hier oben im weglosen Gelände hatte seine Dramen. Sein Sohn Per Gunnar – so heißt es im Nachruf – wurde auf jenem Küchentisch unter Äther betäubt und am Blinddarm notoperiert, an dem später der schwedische König Gustaf V X. Adolf saß, als er den Staudamm besuchte.

Evert war bekannt als der starke Schwede, und er heiratete Sara, eine Sami-Frau aus der Familie Hurri, die aus Norwegen vertrieben wurde.

Sara war nicht weniger stark als ihr Gatte. Sie konnte ein Rentier auf der Schulter tragen, das erzählt uns Enkelin Victoria.

»Das Ehepaar stritt sich. Und meine Oma verließ ihn«, schließt Victoria dieses Kapitel der Familiengeschichte.

Micke badet unterm Gletscher

Schon die Anreise über das Wasser und noch mehr die Landung auf der anderen Seite erinnern daran, dass dieser See kein normaler See ist. Der Wasserstand schwankt um zwei Dutzend Meter, je nach Strombedarf.

Wenn in Stockholm die Waschmaschinen und Heizungen angeschmissen werden, sinkt hier oben der Pegel.

Wer hier, am Fuß des heiligen Berges Akka – auf Samisch bedeutet der Name ganz prosaisch »Alte Frau« –, ein Haus bauen will, muss wissen, dass es kein festes Ufer gibt. Also bauten Victoria und Micke ein Stück oberhalb, direkt am Strand wäre das auch nicht erlaubt.

Es gehört zu den Besonderheiten des Klimawandels, dass es nicht nur Verlierer gibt. Draußen in der Bucht vor dem Haus hört man einen lauten Platsch, Gepruste, ein muskulöser Mann stemmt sich ins kleine Boot, schüttelt sich und springt kurz darauf wieder ins Wasser. Manchmal hat es Micke ein bisschen weiter zum Seeufer. Die Spanne zwischen dem höchsten und dem niedrigsten Wasserstand beträgt, wie gesagt, ganze 24 Meter.

Deshalb ist Baden hier auch verboten.

Victoria betrachtet ihren Gatten und sein Treiben mit

Sympathie, zögert aber, ihm ins Gletscherwasser zu folgen. Ihr sitzt die Erinnerung an Kindheitssommer noch in den Knochen.

»Niemand von der Familie hat früher in diesem eiskalten See gebadet. Aber in diesem Sommer ist es an manchen Tagen derart warm, da lässt es sich bis zu zehn Minuten im Wasser aushalten.«

Wie kalt das Wasser trotzdem ist, kann man schon an der Farbe erkennen. Es ist grün. So sieht Wasser aus, das direkt vom Gletscher kommt.

Wir sitzen und trinken Kaffee. Die Becher sind handgeschnitzt. Sie halten ein ganzes Leben. Sie stammen vom Holz der kleinen Birken zwischen Haus und Akka.

Victoria wäre nicht Kulturbotschafterin, wenn sie das nicht als Vorlage nutzen würde für die Frage aller Fragen:

Muss man sich wirklich bei einem Baum entschuldigen, wenn man ihn fällt?

»Das klingt ein bisschen albern, das weiß ich schon. Was soll der Baum schon sagen, wenn ich ihn frage?«

Victoria zieht uns mit in den Wald, hin zu einer besonders dicken Stelle an einem Stamm, einer Knolle, wo ein Ast nicht weiterwuchs. Auf Samisch heißt die Trinkkelle, die aus so einer Knolle geschnitzt wird, »Guksi«.

»Kein Guksi ist wie der andere«, strahlt Victoria. »Du hast ein Unikat in der Hand.«

PS: Die Lebensdauer eines Bechers to go ist kurz, sein
    Produktionsweg sagt einiges über uns aus.
    Das Holz kommt oft von hier oben. Wandert nach

Asien, wo es mit einigem Aufwand an Wasser und Energie zu Bechern gemacht wird. Die Becher werden mit Plastik beschichtet, das wiederum aus Öl raffiniert wurde.

Zurück nach Europa, mit dem Lkw quer durchs Land.

Der Pappbecher wird dann fünf Minuten benutzt und endet im Müll. Wenn man schon den Kopf schütteln möchte, dann vielleicht über diese Odyssee.

Einem Baum für eine Tasse zu danken, scheint dagegen vergleichsweise vernünftig.

Die Kunst des Joiks

Ein Sommerabend am Akkajaure kann damit enden, dass Micke Wasser aus dem See schöpft für den letzten Kaffee des Tages (es gibt auch im neuen Haus noch keine Wasserleitung, wohl aber eine Solaranlage auf dem Dach) und dass Victoria ihren inneren Bewusstseinsstrom in einen Joik verwandelt.

Die Lieder der Sami, die Joiks, handeln von den Jahreszeiten und dem Herumziehen, von den Menschen, die man liebt oder vermisst oder von denen man nicht loskommt.

Es ist eine Art Sprechgesang, etwas aus dem Innenleben.

Man joikt nicht, es überkommt einen so. Jeder Joik ist anders, er entsteht aus dem Stegreif. Es gibt aber auch ein Repertoire, und gerade in der Wiederholung kann der Joik ungeheuer stark wirken.

Der wohl bekannteste Sänger, Jon Henrik Fjällgren, rührte 2014 die abgebrühte Popjury eines schwedischen Talentwettbewerbs, als er ein Lied auf seinen verstorbenen besten Freund Daniel sang.

Jon Henrik würde sagen: Ich joikte Daniel. Das ist so ungefähr die größte Ehre, die man einem Menschen erweisen kann.

Um zu verstehen, welche Magie diese Musik entwickeln kann, von der niemand in der Jury ein Wort verstand, die sie alle aber zu Tränen rührte, ist hier der Text von Daniels Joik.

Hey ah no yo na no yo
Hey ah no yo na no yo
Hey ah no yo na na ne ah no yo na na ne ah no yo na
  no yo
Hey ya, eh yoo
Eh yo – na-ah yoooo ah
Hey o le ah no yo na no yo
Hey ah na no yo na no yo
Hey ah na yo na na ne ah no yo na na ne ah no yo na
  no yooo
Hey ah no yo – na no yo
Hey ah no yo na na ne ah no yo na na ne ah no yo na
  na eh
Hey oh ya Hey oh ya
Hey oh ya Hey oh ya
Hey oh oh Hey oh o

Jon Henrik Fjällgren arbeitet nicht mehr hauptberuflich als Rentierhirte. Mehrmals schaffte er es in die Endrunde der einschlägigen Musikfestivals, wie etwa den Grand Prix Eurovision de la Chanson.

Er ist wohl der bekannteste samische Künstler mit Wurzeln außerhalb von Lappland. Jon kam als Kleinkind nach

Schweden und wurde von einer Rentierhalter-Familie in Härjedalen adoptiert – geboren wurde er in Kolumbien in einer indigenen Familie. Seine Landung in der neuen Welt war nicht einfach. In seiner Autobiografie schreibt er über Mobbing und Drogen. Bis er dann den Joik entdeckte.

Spätsommer: Bei Bären wird gehupt

Von richtigen Bären und unpassenden Schuhen / Nasse Füße und schlechte Laune / Bären oder Wildschweine – wer ist harmloser? / Helags – der Gletscher mit dem Sonnenschutz / Schnelle Brillen – schnelle Schuhe / Der Himmel so grau / Abschied vom ewigen Eis / Mitternachtsbad am Helags-See / Der Schnee von gestern / Bei Bären wird gehupt / Mit der Inlandsbahn – Halt auf Verlangen / Es ist, wie es ist – sonst wäre es anders / Der große Tag der Sami / Im Strudel der tausend Leiber / Keine Fliege – alles proper / Keine Zeit für Amateure / Doppelt gekniffen / Grün-Grüne Konflikte – Abstecher zu den 1011 Windmühlen

SPÄTSOMMER – TJAKTTJAGIESSIE – JAHRESZEIT DER ERNTE

Es ist Erntezeit. Die Moltebeeren leuchten gelb und rot und braun an ihren Sträuchern. Welch ein Kontrast zu den Seen, die der Himmel blau aussehen lässt. Victoria mag alle leuchtenden Farben, nur das Braun nicht.

»Braun, das klingt so langweilig«, sagt sie. »Schreib besser: orange.«

Victoria liebt den Sommer: »Wir Samen fühlen uns in dieser Jahreszeit besonders reich beschenkt. Die Beeren sind gesammelt und kommen in die Gefriertruhe. Da ist noch Platz für das andere große Geschenk der Natur: Fleisch, Fell und Horn unserer Rentiere. Dann kann der Winter kommen.«

Von richtigen Bären und unpassenden Schuhen

Mittsommer ist lange vorbei. Es ist Mitte August.

Nach dem ersten Nachtfrost ist die Luft rein. Jetzt beginnt der schönste Teil des Sommers – ohne Mücken. Von Göteborg fährt der Zug um 19.39 Uhr zwölf Stunden lang Richtung Jämtland und Härjedalen. Das sind die grünen und felsigen Regionen an der Grenze zu Norwegen, wo die Riesen mit den Steinen Bauklötze gespielt haben. Dünn bevölkert, majestätisch und manchmal karg. Bären und Rene sind klar in der Mehrheit. Wer nach größeren Orten sucht, sucht vergebens.

Der Zug rattert Richtung Norden vorbei am Vänern, dem größten See des Landes. Die Sonne vergoldet die Abteile und spiegelt sich in den Gläsern. Es dauert Stunden von der Dämmerung bis zur Nacht, und es bleibt lange licht. Zeit für den Speisewagen.

In einem schwedischen Speisewagen ging es früher zu wie in Norddeutschland. Zehn Leute, zehn Tische, und alles ist besetzt.

Ab Herbst 2021 galten neue Benimmregeln – wegen Corona. Fünf Tische sind mit rot-weißen Bändern gesperrt, und an den verbliebenen fünf kommen sich die Menschen näher. Ein groß gewachsener Mann in Jägerjoppe quetscht sich mit freundlichem Nicken in die Bankreihe gegenüber und faltet seine Beine unter die Tischplatte.

Lars, so heißt der Hüne, bestellt den Klassiker. »Rentiergeschnetzeltes mit Kartoffelbrei und Preiselbeeren, und eine Halbliterflasche Rotwein.«

Der Mann hat gleich mehrere Hüte auf. Er ist Bürgermeister einer Kleinstadt bei Trollhättan, politisch gesehen blau (sprich konservativ), aber mit grünen Tupfern, außerdem ist er Leutnant der Reserve und Jäger.

Das Schöne am Zugfahren ist, dass man einfach schweigen könnte, sich dabei dem Rhythmus des Zuges überlassen und den ständig wechselnden Ausblicken. Wir schweigen also ein bisschen. Aber dann überwiegt die Neugier. Ich mustere verstohlen die Stiefel meines Gegenübers. Der Mann sieht so aus, als ob er über die wichtigsten Dinge des Lebens Bescheid wüsste. Was sind die besten Schuhe für Matsch und Schnee? Da gibt es neue Erkenntnisse. Kann es sein, dass die billigsten auch die besten sind?

Nasse Füße – schlechte Laune

Er schaut mich fragend an. Offenbar war er, der Reserveoffizier, länger nicht mehr im Militär-Museum der Gebirgsjäger. Das ist in der alten Baracke der Bahnarbeiter in Abisko untergebracht. Wer will, kann dort einen vollgepackten Marschrucksack hochwuchten, das Standardgepäck früherer Zeiten, und merken, wie schwer man sich mit fünfundvierzig Kilo auf dem Rücken tut. Man erfährt aber auch Erstaunliches über das Modebewusstsein von Soldaten. Das ist stärker ausgeprägt, als man annehmen sollte. Selten zeigt es sich so deutlich wie in der Abwehr eines Schuhtyps, der alle Tests bestand, aber dennoch nie zum Zuge kam. Dazu muss man wissen, dass das große Leid der schwedischen Gebirgsjäger weder die Mücken waren noch Feinde in Menschengestalt – seit 1809 hat Schweden keinen bewaffneten Konflikt mehr geführt –, sondern nasse Füße. Auf den wochenlangen Märschen durch Lapplands Hochmoore und Senken ist das kein Wunder.

Der Rentier-Schnabel-Stiefel mit Graseinlage könnte ein Renner sein. Nicht wenige Sami gingen zum Militär – und einer von Anders Sunnas Onkeln wurde mit dem Schuh sogar bester Rekrut seiner Einheit. Aber der Schnabelschuh setzte sich trotzdem nicht durch. Vielleicht war er zu bunt mit seinen aufgereihten Perlen in den Schnürsenkeln in den Farben Sápmis. Blieben also die normalen Armeestiefel in allen Variationen. Die waren lange Zeit einfach nicht dicht zu kriegen. Auf die Dauer wurde das zu einem militärischen Problem.

Nasse Füße – schlechte Laune – Blasen – Erkältung – sinkende Moral. Stiefel mit Membran, die Feuchtigkeit raus-, aber nicht reinlassen, gibt es noch nicht so lange.

Die Gebirgsjäger testeten über die Jahrzehnte alles Mögliche an Modellen und Materialien. Einsamer Sieger war der Schuh, der bei Fischern und Ackerbauern seit jeher sehr beliebt ist: der finnische Gummistiefel mit hohem Schaft, Fußbett und Profil. Sie kosten ein Viertel des Preises eines ledernen Bergschuhs und machten auch in den anderen Disziplinen eindeutig das Rennen. Dennoch wurden sie nie ernsthaft eingesetzt.

Stört Gummi den harten Mann in seinem Selbstbild?

Mein Reisegenosse schmunzelt, und dann fällt ihm sein letzter Marsch im Gelände ein. Als Reserveoffizier muss er jedes Jahr an einer Übung teilnehmen. Dazu gehört ein Fußmarsch von dreißig bis vierzig Kilometern. Seine Fußbedeckung kann er als Leutnant frei wählen. Und ja – tatsächlich:

»Nichts hält so warm und trocken wie ein Gummistiefel.«

Warum sie sich nicht durchsetzen? Ob es vielleicht am Image liege?

»Nun«, sagt Lars, »Männer sind auch nur Menschen, und obendrein soll das Outfit ja auch ein bisschen martialisch aussehen.«

Bären oder Wildschweine – wer ist harmloser?

Lars ist auf Bärenjagd. Seine Freunde oberhalb von Östersund haben ihn eingeladen. Bären hat er selbst noch nie gejagt, aber mit wütenden Ebern kennt er sich aus. Die hält er im Übrigen mit ihren scharfen Hauern für gefährlicher als Bären.

Warum muss man in Schweden Bären jagen? Ist nicht Platz für alle?

Er sagt das, was alle Jäger sagen. »Wir stellen ein Gleichgewicht her. Es gibt zu viele von ihnen. Die Sami klagen, dass die Bären zahlreiche kleine Rentiere reißen und verspeisen.«

Dreitausend Bären gibt es (wieder) in Schweden, und jedes Jahr dürfen rund fünfhundert davon geschossen werden. Die Abschussquote wird genau festgelegt.

»Aber mir geht es nicht um das Schießen. Wenn ich keinen schieße, ist es mir auch recht. Mir geht es um das Naturerlebnis.«

Mir ist die Welt der Jäger an sich fremd, aber der Ton, den Jäger Lars da anschlägt, der klingt sympathisch.

Wir rattern durch die Nacht. In Östersund am frühen Morgen steigt Lars aus.

Ich weiß nicht mal seinen Nachnamen, so formell wird man nicht im Nachtzug nach Lappland.

Helags – Gletscher mit Sonnenschutz

In Duved, kurz hinter Schwedens berühmtestem Skiort Åre, endet der Zug. Duved schläft noch, es ist kühl, der Atem bleibt in der Luft stehen.

Der Busfahrer (»Ich heiße Micke«) stimmt uns ein auf die Bergregion. »Gestern hat es so viel geregnet, da bin ich mit dem Kajak ins Büro gepaddelt.« Micke ist Multitalent. Ein bisschen Klempner, ein bisschen Skilehrer im Winter und vor allem Märchenonkel.

Wir lehnen uns zurück, und einige nicken schon wieder ein. Doch dann schiebt Micke seine Baseballcap in den Nacken und grinst ins Mikrofon. »Mal sehen, ob ihr gleich wieder aussteigen müsst.«

Alles ist verstaut, die schweren Rucksäcke im Gepäck-

netz, wir würden jetzt gerne bald am Ziel sein und los-
laufen, nach der langen Nacht im Zug. Dann pustet der
Busfahrer in die Alkohol-Wegfahrsperre am Armaturen-
brett – alle Passagiere halten den Atem an –, und erst dann
startet der Dieselmotor. So ein Alko-Schloss könnte gerne
überall Schule machen.

Die Endstation liegt kurz vor der norwegischen Grenze.
Ein Parkplatz, eine Herberge, ein Plakat mit einem entzü-
ckenden kleinen Rentier, viel Gegend und ein paar Wegweiser.

Ein Pfeil zeigt nach Sylarna. Dort zweigt der Weg ab
Richtung Helags. Der Helags ist Schwedens südlichster
Gletscher, noch unterhalb des Polarkreises gelegen. Sein
Name bedeutet – es ist nicht schwer zu erraten – so etwas
wie »heilig«.

Um auf den Gipfel des heiligen Berges zu kommen,
braucht ein Wanderer von der Endstation des Busses in
Storulvan drei volle Tage. Schweden ist zum Glück nicht
völlig asphaltiert. Wo wenige Menschen wohnen, tun es
auch die alten Trampelpfade. In manchen Ohren klingt das
sehr verlockend: tagelang über Hochebenen und reißende
Bäche unterwegs sein zu dürfen. Keine Bergbahnen, Helikopter nur in Notfällen.

Doch das muss man auch mögen. Es hilft, wenn man
innerlich langsam von Adrenalin auf Endorphin schalten
kann.

Manche schaffen es, die innere Unruhe in Bewegung
umzusetzen.

Schnelle Brillen – schnelle Schuhe

So zieht sich eine Karawane über die Berge. Nicht alle tragen schwer. Es gibt in dieser Einöde auch leichtfüßige Wesen mit leuchtenden Blousons und schnellen Schuhen, sogenannte Trail Runner – den Blick auf den Boden gerichtet, die Stoppuhr am Handgelenk, der Nahrungsergänzungsschlauch ragt aus dem Rucksack.

Wenn sie besonders schnelle Brillen und schnelle Schuhe und nur die Andeutung eines Rucksacks auf den Schultern tragen, handelt es sich höchstwahrscheinlich um Norweger, die mal eben über die Grenze gesaust sind, die nur wenige Kilometer entfernt ist. Landeskunde nach äußeren Merkmalen ist überholt, haben mir meine erwachsenen Kinder klargemacht. Generalisierungen sind von gestern. Wenn ich einen Satz mit »typisch« beginne, verdrehen Philipp und Lotta die Augen.

Dennoch kann man die Wanderer grob nach Nationen sortieren, wenn man denn will. Ein paar aufgeschnappte Wortfetzen beim Vorrübergehen reichen aus – und den Kennern wie Josefin genügt ein Blick auf die Ausrüstung.

»Schweden – das sind die mit den soliden Rucksäcken, den Bergstiefeln, den Sitzunterlagen, Stöcken und Wasserflaschen.« Josefin stammt aus Jämtland, ist also eine Einheimische, und arbeitet als Guide beiderseits der Grenzen.

Norweger, so hat sie sich das zusammengereimt, sind viel mehr eins mit ihren Bergen und brauchen nicht so viel Ballast.

Sie wissen, wann es Zeit ist für den Abstieg, schöpfen

aus den Bächlein am Weg und eilen dann lieber zu Tale in die eigene Hütte.

Man möchte die leichtfüßigen Wesen in ihren orangen Blousons fragen, was sie so antreibt, durch diese Landschaft zu hüpfen. Aber dafür müssten sie erst einmal anhalten.

Der Himmel so grau

Es ist übrigens möglich, von dieser Landschaft nicht sofort restlos begeistert zu sein. Gerade hier an der Grenze zu Norwegen – oberhalb der Baumgrenze – ist die Landschaft nackt und kahl wie eine Kirchenwand nach dem Bildersturm.

Der Himmel hängt tief, wir gehen in einer langen weitgestreckten Kolonne auf Holzstegen über ein Hochmoor. Es ist Mittagszeit, aber aus dem Lunch wird ein schneller Kaffee im Windschatten eines Steins. Keine Zeit zu verlieren: Die nächste Herberge in Sylarna ist etwa zwanzig Kilometer entfernt.

Eine deutsche Familie, die ich unterwegs treffe, trägt alles, was sie zum Zelten braucht, auf dem Rücken. Der Rucksack des Mannes überragt seinen Kopf bei Weitem. Wie er ihn hochwuchtet, dürfte er etwa zwanzig Kilo wiegen; der seiner Frau ist etwas kleiner, und die Kinder im Grundschulalter schleppen acht bis zehn Kilo. Es ist wie eine moderne Prozession und darin sehr beeindruckend.

Es muss ja nicht alles Spaß machen. Ich kann mir die Frage nicht verkneifen, wo sie wohl unterkommen wollen.

»Bis zur Herberge ist es zu weit. Es kann sein, dass wir zelten«, sagt die Frau – und lächelt entschlossen. Der Mann nickt. Die Kinder schweigen. Ob es die beiden irgendwann mal einfach an den Strand zieht, wenn sie selbst entscheiden dürfen?

Nach der Herberge Sylarna führt ein steiniger Weg links hoch in eine fantastische Einöde. Kein Baum und wenig Sträucher, ein paar Blaubeeren im Wind und ein rotes gemaltes Kreuz alle hundert Meter auf moosbedeckten Granitbuckeln, damit keiner verloren geht.

Nichts stört die Aussicht auf die Berge und Stauseen Jämtlands. Es wird so einsam, dass ich mich frage, wer mich wohl aufsammelt, wenn ich mir auf dem Geröll die Haxen breche. (Dem internationalen Brauch folgend, habe ich mich in der letzten Herberge heute Morgen abgemeldet und in der nächsten Herberge angekündigt.)

Das Gefühl der Einsamkeit löst sich, als ich Gesellschaft bekomme. Ein weißes Rentier geht parallel in zweihundert Meter Entfernung oben am Hang. Wer wem folgt, ist schwer zu entscheiden, offenbar haben wir den gleichen Weg. Männliche Rentiere sind nach der Geburt der Kälber als Einzelgänger unterwegs.

Den Weg kreuzt auch ein Kalb auf dünnen Beinen, das sich so geschickt hinter der Mutter verbirgt, dass es kaum zu erkennen ist.

Das letzte Gefühl an Einsamkeit geht, wie es gekommen

ist, als dann noch Linus auftaucht. Linus ist ein freundliches Ein-Zahn-Baby und reist mit seinen Eltern in einer Trage durchs Gebirge, über Stock und Stein und zwei wacklige Bretter über den Wildbach. In der Schutzhütte macht er dann ein Nickerchen, wir Erwachsenen schlummern im Sitzen, der Ofen bollert, und wer mag, kann sein Handy an einem Handkurbelgerät mit Strom versorgen.

Alles ist sehr »basic«. Es gibt nur knappe Hinweise, wenig Ausrufezeichen oder Verbote. Fast alles regelt sich von selbst. Alle tragen ihren Müll brav ins Tal. Holzhacken und Wasserholen muss man schon selbst. Für das Holz gibt es ringförmige Gestelle, in denen man Scheite spalten kann, ohne sich den Daumen blau zu schlagen. Und immer wieder staune ich, wie gut Birkenrinde brennt.

Dann kommt der Helags in Sicht, jedenfalls seine Spitze. Der Gletscher mag zwar klein sein, so klein, dass sich viele um ihn sorgen, aber der Berg (1797 Meter), der ihn bewacht, ist imposant.

Helags ist ein Nischengletscher, er liegt eingebettet im Schoß des Bergmassivs. Von seiner Sohle geht es ein paar Hundert Meter senkrecht bergauf. Mein Magen macht einen kleinen Plumps. Solange der Helags nur eine Idee war, konnte ich gut verdrängen, dass ich kaum auf einen Kirchturm komme ohne Höhenangst.

Zwei Monate ist es her, da war eine Gruppe hier oben, denen es gar nicht mühsam genug sein konnte. Auf den Bildern, die sie ins Netz stellten, sind sie gut zu erkennen mit ihren roten Anoraks auf grüner Weide und später dann auf dem Eis. Man sieht sie geradezu schwitzen und hört sie schnaufen. Das gehört dazu.

Es ist eine Art Bußgang.

Ihre Gabe für den Gletscher haben sie mitgeschleppt. Erst mit der Bahn auf 600 Meter, dann weiter zu Fuß auf 1400 Meter. Mit normalem Gepäck rechnet man etwa 300 Höhenmeter pro Stunde. Aber so schnell kommen sie nicht voran. Ihr Gepäck – das sind zwei große Ballen mit Stoff. Sie haben einen Handkarren dabei und ziehen die Ballen über Stock und Stein in die Höhe. Erik Huss hatte die Idee. Der Fünfzigjährige mit den strahlenden Augen und der energischen Nase ist Glaziologe und Umweltberater und hilft Firmen, ihren ökologischen Fußabdruck zu verkleinern.

»Wir können nicht den ganzen Gletscher schützen. Aber irgendwo muss man ja anfangen«, erzählt er mir am Telefon.

Erik Huss und sein Mitstreiter, der Abenteurer Oskar Kihlborg, zahlen die Rettungsaktion aus eigener Tasche. Sie hätten es auch einfacher haben können. Solche Sonnenschutzaktionen hat es schon früher gegeben, in den Alpen. Aber da machte man sich nicht immer die Mühe, die Planen in die Höhe zu schleppen, sondern nahm den Helikopter. Aber das kommt für Erik nicht infrage. Auch wenn ihm völlig klar ist, dass dies nur ein Tropfen auf den heißen Stein ist.

Erik Huss geht es um die Frage, ob unter der Plane der Schmelzvorgang nennenswert abgebremst werden kann. Dann könnte man über größere Planen nachdenken, um mehr vom Gletscher zu retten.

Wie zu erwarten, hat die Kunde vom schmelzenden Gletscher hier Menschen in Bewegung gebracht. Vielleicht weil er so handlich und klein ist, eben wie der Vulkan, auf dem sich der kleine Prinz sein Frühstücksei kocht.

Alle, die nach oben wollen, lagern am Fuß des Berges in der Herberge – und jetzt, im Spätsommer, ist daraus eine kleine Völkerwanderung geworden.

Die schwedischen Herbergen sind bekannt dafür, dass sie niemanden draußen im Regen stehen lassen. Mein Bett ist in der Hütte Gamla Östern, eine Schlafgelegenheit, die unter traditionsbewussten Wanderern sehr beliebt ist. Sie bietet den vollen Standard von 1897, als das Bergwandern auch den Helags erreichte: ein Dach über dem Kopf, neun ungefederte Betten in einem Raum, zur Beleuchtung Mondlicht und einen Kanonenofen, den man auch braucht, denn nachts sinkt das Thermometer im Spätsommer gelegentlich unter null. Es gibt aber auch Vierbettzimmer mit Heizung.

Zum Aufstieg versammeln sich zehn Menschen zwischen siebzehn Jahren und siebzig. Nicht alle haben Stöcke dabei – das kann ja heiter werden. Die Ängste, möglicherweise nicht mithalten zu können, verfliegen. Auf- und Abstieg dauern zusammen etwa sieben Stunden.

Wer sich zur Bergkante traut – wo es ein paar Hundert Meter senkrecht bergab geht –, sieht den Gletscher unten in der Sonne funkeln. Aber es gibt einen Weg etwa dreißig Meter von der Kante entfernt, den man auch mit Höhenangst sicher gehen kann.

Früher, so liest man in alten Berichten, sendete der Gletscher noch einen kalten Eishauch. Man spürte ihn, bevor man ihn sah.

An seinem oberen Rand, in der Nähe des Grates, haben Erik und seine Mitstreiter ein kleines Gerüst gebaut. Obendrauf liegt die Plane, darunter ist das Eis. Das Gerücht geht um in der Herberge am Fuß des Gletschers, dass da oben eine heilige Unordnung herrsche. Das Gerüst sei weggesackt, weil die Sonne dem Gletscher so stark zusetze. Sie strahlt immerhin etwa sechzehn Stunden am Tag.

Aber nichts Genaues weiß niemand.

Zwei Monate sind seit der spektakulären Aktion vergangen. Unser Bergführer Erik Thore, Anfang zwanzig, mit Kinnbart und beneidenswerter Geduld gesegnet (eine Wanderin hat eine frisch operierte Hüfte, und so zieht sich alles ein bisschen), erklärt das, was man mit bloßem Auge kaum erkennt.

»Rechts neben dem Riss, direkt an der Kante, seht ihr das Gestell. Rund um das Gestell ist das Eis zwei Meter geschmolzen. Und es steht ein bisschen schief.«

Erik wird es wohl noch erleben, dass sich der Helags auflöst.

»Leider wird er weg sein, wenn ich fünfzig bin, verschwunden. In etwa dreißig Jahren. Wenn es nicht gelingt, das Projekt auszuweiten und den Gletscher im Winter einzupacken, um ihn so durch den Sommer zu bringen.«

Der kleine Gletscher bekommt in diesem Sommer auch Gesellschaft aus der näheren Umgebung. Ein paar Vierbeiner kommen regelmäßig vorbei – wie man auf dem Film der fest installierten Kamera sehen kann. Die Rentiere sind neugierig, lassen das Gestell aber in Ruhe.

Um es ehrlich zu sagen: Unsere gemischte Gruppe mit der frisch operierten Hüfte kommt an diesem Tag zwar oben auf den Gipfel und auch heil wieder hinunter, 800 Höhenmeter rauf und 800 Höhenmeter runter, aber auf den Gletscher kommen wir nicht. Dafür fehlt uns die nötige Ausrüstung, und selbst in geschrumpfter Form sind die Gletscherspalten immer noch fünfzig Meter tief. Doch wir kommen ihm so nahe, dass wir bestätigen können, dass der Helags schwächelt. Er strahlt keinen Eishauch mehr aus.

Mitternachtsbad am Helags-See

Ende September kommt Eriks Karawane noch einmal den Berg hochgeklettert und baut ihre Versuchsstation wieder ab. Tatsächlich ist der Schnee rundum fast vier Meter geschmolzen, und das Gerüst ist kollabiert.

»Es war eine ziemliche Unordnung hier oben. Der Gletscher ist so unglaublich geschmolzen in diesem sehr warmen Sommer. Aber unterm Strich hat das Gerüst drei bis vier Meter Eis geschützt.«

Und dann rollen sie die Plane ein und beginnen den Heimtransport von Hand, erst die Höhe hinauf bis zu einem Wanderweg und dann ins Tal – bis zum nächsten Jahr.

Vorbei kommen sie an einem kleinen See. Schweden neigen nicht besonders zu schwarzem Humor, aber den kleinen klaren See am Fuß des Gletschers haben sie schnell zum Helags-Bad erkoren. Der See war schon vorher da. Aber jetzt hat er einen Namen. Und am Ufer gab es – auf 1043 Meter Höhe – eine kurze Badesaison. Am beliebtesten war »Kvällsbad under Mittnadssol« – Abendbad unter der Mitternachtssonne.

Der Schnee von gestern

Eriks Gletscherrettung findet international Beachtung.

Es gibt sogar einen neuen Geschäftszweig, der davon lebt, dass die Winter immer nässer werden. Wer weiße Winter braucht – etwa für Skiläufer –, muss nachhelfen. Schon jetzt sind siebzig Prozent der alpinen Skipisten künstlich beschneit.

Snowfarming baut auf richtigen Schnee. Der wird unter Folien gepackt und in die nächste Saison gerettet. Ein Skidorf in Lappland, Kåbdalis, hat vorgemacht, wie man im April die Reste der Abfahrtspisten mit Bulldozern zusammenschiebt und mit Planen bedeckt. Weil Schnee isoliert und kühlt, kann man einiges über den Sommer retten und im September wieder auspacken. Das Ganze geht mit einem gewissen Schwund einher, aber es funktioniert.

Der verpackte Schnee aus der letzten Saison hat einen entscheidenden Vorteil. Es gibt ihn schon, er fiel vom Himmel. Gratis. Und man kann mit ihm fest rechnen.

Der Andrang zum Saisonstart im September ist gewaltig. Topathleten kommen von weither nach Kåbdalis, um hier zu trainieren, auf einem weißen Streifen in lauter Grün.

Snowfarming kommt im Prinzip ohne Schneekanonen aus. Deren Wasser und Energieverbrauch sind eine Geschichte für sich. Um einen einzigen Hektar künstlich zu beschneien, braucht man 4,5 Millionen Liter Wasser. Das liegt dann als Kunstschnee fest – und fehlt den Flüssen, Bächen und Stauseen.

Der echte Schnee lässt sich auch bei Temperaturen über null lagern und befahren. Schneemaschinen dagegen brauchen Minustemperaturen. Beim Trend zum grünen und warmen Winter ist auch Frost keine Selbstverständlichkeit mehr.

Bei Bären wird gehupt

Schwedens weltberühmte Inlandsbahn ist so klein, dass ich sie fast übersehen hätte. Es ist sieben Uhr morgens in Östersund, und etwas, was aussieht wie ein rot lackierter Nahverkehrszug mit Dieselantrieb im runden Design der frühen 1960er-Jahre, wartet tuckernd auf Gleis zwölfeinhalb.

Einen großen Auftritt hatte ich erwartet, ein meterhohes Kraftpaket mit achtzehn Scheinwerfern, wie es sich für einen Zug gehört, der sich jeden Tag über tausend Kilometer durch dichte Wälder und Myriaden von Mücken bis ans Ende der Welt durchboxt und im Winter Berge von Schnee vor sich herschiebt. Eine Mischung aus Transsib und *Darjeeling Limited*.

Nun kann man nicht beides zugleich haben: Nostalgie und Kraftpaket.

Die Inlandsbanan ist groß genug, um die Strecke zu bewältigen, und klein genug, dass man beim Weg aus dem Speisewagen zurück zum Abteil nicht schon wieder Hunger hat. Eben »lagom« – der schwedische Ausdruck höchster Anerkennung –, was auf Deutsch bedeutet: gerade recht.

In Deutschland kennt man Züge, die einen halben Kilometer lang sind. Andere Länder schwören auf kompakte Formate. Auf der Vogelfluglinie von und nach Dänemark verkehrten früher Kurzzüge. Zwei Abteile, ein Triebwagen mit ein bisschen erster Klasse. Das war der ganze Zug inklusive Kaffeebuffet, und er passte gut in die Fähre. Wenn man davon etwa die Hälfte nimmt, dann ist man bei der Länge der Inlandsbahn.

Der Lokführer winkt aus seinem Lokführerstand heraus – und Schaffnerin Linnea locht den Fahrschein. Zu zweit bewegen sie den Zug. Der Lokführer betätigt im wesentlichen Gas und Bremse und fährt den ganzen Tag durch die Landschaft, und Linnea weiß alles und zeigt einem als Erstes die Kaffeemaschine im zweiten Wagen. Auf halber Strecke – nach etwa vierhundert Kilometern – wird sie aussteigen und mit dem Gegenzug zurückfahren und den Platz mit Schaffner Peter wechseln.

Ein würdiger Oldtimer, der eine ganze Region am Leben hält und umgekehrt. Der kleine Zug zuckelt durch die Landschaft. Küsst die Städtchen wach und hält zwischendrin auch mal an einer Milchkanne.

Die Inlandsbahn hält tatsächlich auf Bestellung, auch um Körbe voller Blaubeeren aufzunehmen. An Bahnübergängen bimmelt sie vernehmlich, denn die sind alle ohne Schranken.

Wenn sie hupt, sind Rentiere auf den Gleisen unterwegs. Es heißt, dass sie die Gleise suchen, weil es dort weniger Mücken gebe als im dichten Wald.

Unser Lokführer ruft dann schnell über den Bordlautsprecher: »Drei Rentiere!« und die passende Seite des Zuges. Bei den Bären kurz hinter Vilhelmina hupt er nur ein Mal und ruft: »Bär rechts!« Alle rennen dann nach rechts und filmen. Man kann nicht anders.

Der Lokführer sieht die Tiere von vorn, wenn er sie aufscheucht, wir sie von hinten, wenn sie flüchten. Das geht so den ganzen Tag.

Unsere Bären hoppelten neben der Bahn, man sah ihre braunen Rücken im Unterholz. Bären sind in Wirklichkeit keineswegs faul, sondern sehr schnelle Tiere. Vielleicht ist deshalb auf den Bildern der Handykamera keine einzige Spur vom Bären zu sehen. Aber immerhin: Wir kennen jetzt, wenn auch flüchtig, drei von dreitausend Bären in ganz Schweden. Das ist eine sehr achtbare Zufallsquote.

Unterwegs passieren wir Städtchen, an deren Namen man ablesen kann, dass in Schweden auch mal der Größenwahn gastierte.

Der schwedische König Carl Gustaf IV. Adolf benannte im Jahr 1800 drei Orte nach seiner Gattin, als ihm partout keine originellen Geburtstagsgeschenke mehr einfallen wollten. So zuckeln wir durch Vilhelmina, Dorotea und Frederika, umgetauft nach den drei Vornamen der Königin. Wie kleine Versailles sehen die Orte an der Inlandsbahn indes nicht aus. Gelb war die Farbe der besseren Leute in Schweden und Rot die des Volkes. Das Volk dominiert. Die schönen alten Holzhäuser im Kirchdorf sind überwiegend rot mit kleinen Klecksen in Grün und Gelb.

Mit der Inlandsbahn – Halt auf Verlangen

Der wirtschaftliche Nutzen der Inlandsbahn erschließt sich nicht auf Anhieb. Sie war aber mal ein ganz großes Trostpflaster für die schwedische Seele, um den Trennungsschmerz zu lindern. Was nicht alle wissen: Norwegen gehörte lange zu Dänemark, dann einhundert Jahre zu Schweden.

Die beiden Länder waren bis 1905 in einer Union verbunden. Die Trennung verlief ohne einen Tropfen Blut und gilt auf beiden Seiten als Ausweis nordischer Vernunft, auf schwedischer Seite gemischt mit einem Schuss Wehmut. Sie fiel in die Zeit des Nationalismus. Bekanntlich hatte der Nationalismus auch sehr unschöne Seiten. Plötzlich war es besonders wichtig zu markieren, wer zum Volk gehörte – und wer nicht. Identität und Ausgrenzung sind Zwillinge.

Bald nach der Trennung regte sich eine starke Lobby für eine eigene Bahnstrecke im Inland.

Nun gab es schon eine andere sehr frequentierte und immens teure Bahnstrecke entlang der Küste, auf der vornehmlich Eisenerz transportiert wurde und später dann auch Passagiere. Und Schweden erlebte karge Zeiten und leere Kassen. Es dauerte fast drei Jahrzehnte, bis das Parlament 1932 das Geld bewilligte.

Doch damit kamen sie ein bisschen spät.

Als die Inlandsbahn dann nach mühevollem Kampf gegen Abermilliarden von Mücken gebaut war, kam bald darauf die Reichsstraße 45 (auf Schwedisch »Inlandsvägen«), die etwa parallel läuft und den meisten Verkehr auf sich zog.

Heute hat die Inlandsbahn immer noch eine Funktion. Sie weckt zweimal am Tag (Nordroute und Südroute) nacheinander alle Orte zum Leben. Wenn sie tutet, dann ist der Moment, an dem die Schweizer Bäcker in Sorsele die Zimtschnecken in der Auslage noch einmal in Stellung bringen, und im Fischrestaurant eine Station weiter werden die Weißweinflaschen entkorkt.

Die Inlandsbahn bedient die ganze Strecke – immerhin 1300 Kilometer – im Sommer und eine kürzere Strecke im Winter.

Wo sie fährt, ist Leben – und das in einer Gegend, wo es keine großen Arbeitgeber und keine Industrie gibt und in einigen Abschnitten auf hundert Kilometer keine Einkehrmöglichkeit.

Unfälle gibt es bei der Inlandsbahn übrigens selten. Der Lokführer fährt auf Sicht, oft nur sechzig Kilometer die Stunde, manchmal auch nur im Schritttempo. Die Fenster lassen sich dabei problemlos öffnen, etwa zum Winken.

Es ist, wie es ist – sonst wäre es anders

Auf jeder Reise gibt es einen, der vorher offenbar noch nie seine Nase in einen Reiseführer gesteckt hat und sich deswegen traut, die einfachen Fragen zu stellen.

Die Frage des Tages kommt von einem Niederländer, ein älterer Mann mit Glatzkopf, den man durch den ganzen Zug gut hören kann: »Gibt es hier Mücken?«

»Ja«, sagt der frisch zugestiegene Schaffner Thomas knapp.

Die Frage des Niederländers bleibt im Raume stehen, so sehr hat er das Selbstverständliche berührt. Zur Ehrenrettung des Gastes muss gesagt werden, dass es früher auf dieser Strecke sogar ein Mückenmuseum gab, das dann aber – nach Mitteilung seiner Betreiber – »wegen Überfüllung« geschlossen wurde. Es bestand im Wesentlichen aus einer Schwelle zwischen Bahn und Wald, und wenn man die passiert hatte, war man im Museum.

Nach kurzem Schweigen liefert Thomas dann doch ein bisschen Information nach. »Es gibt 3600 Mücken pro Kubikmeter, und das ist herrlich.«

»Nein«, entgegnet der Gast aus dem Süden, dessen Hörapparat am besten hört, wenn er selbst tönt: »Das ist schrecklich«, und präzisiert dann. »Ich meine die Kälte hier.«

Bei einem kurzen Halt vertreten wir uns die Beine auf dem Bahnsteig. Es sind etwa elf Grad – auch das ist im schwedischen Spätsommer nichts Ungewöhnliches –, und erwartungsgemäß friert die Hälfte der Gruppe.

Thomas aber, der vor seiner Zeit als Schaffner einmal Handelsvertreter war und gut mit Worten umgehen kann, kontert: »Die Kälte vertreibt die Mücken. Deswegen ist sie wunderbar.«

»Ach, gibt's hier Mücken?«, fragt der Niederländer, weit gereist.

»Ja«, sagt Thomas.

»Aber warum?«, fragt der Niederländer noch einmal.

»Weil es nun mal so ist«, sagt Thomas.

Und dann halten wir dort, wo uns Thomas, der Schaffner, unbedingt hinbringen wollte. Beim Museum der Bahnarbeiter, der Rallare, untergebracht in einer alten Station in Moskosel, der vierzehnten Station der Inlandsbahn.

Es waren vor allem arme Leute aus dem Süden, die in den Zwanziger- und Dreißigerjahren des letzten Jahrhunderts diese Strecke bauten. Sie schliefen zwanzig Mann hoch in Etagenbetten in einem Raum. Das Museum widmet einem von ihnen eine besondere Ecke. Der hat es nämlich zum Stationsvorsteher gebracht.

An den Wänden Bilder in Schwarz-Weiß von einem Tanzabend Ende 1937 kurz nach der Fertigstellung des letzten Teilstücks. Die Bahnbauer allesamt im dunklen Anzug mit weißem Hemd. Die Bauern etwas lässiger, aber mit skeptischen Blicken auf die männliche Invasion aus dem Süden schauend. Plötzlich gab es hier Männerüberschuss. Die Rallare sorgten für verstärkte Konkurrenz um die Frauen des Ortes. Man sieht es nicht auf den Bildern, aber vermutlich flogen an solchen Abenden auch die Fäuste.

Zum Ende des Sommers sinkt das Thermometer auf der Hochebene nachts auf null Grad und steigt tagsüber auf bis zu zwanzig Grad.

Zeit für die Hirten, ihre Rene ins Tal zu bringen. Der Sommer in der Freiheit der Berge hat die Tiere gut genährt.

So wie hier im schwedischen Västerbotten schauen die Sami jeden Herbst auf ihre Herden.

Und die Rene laufen von links nach rechts – wie immer.

Aber es ist nicht mehr wie immer. Es ist eine Abschiedsvorstellung, sicher nicht die letzte in der langen Geschichte der Rentierhaltung, aber doch eine besondere.

Heute ist der große Tag der Sami-Kooperative Svaipa Gran.

Familienfest, Schlachtfest, ein bisschen Heiratsmarkt.

Das Gehege ist in Dauta, ein paar Kilometer oberhalb von Ammarnäs in Västerbotten. Wir sind bis spät in die Nacht gefahren, Carl-Johan, sein zehnjähriger Sohn und ich. Plötzlich musste es schnell gehen. Seit Wochen wird in den Samebys über kaum etwas anderes geredet. Wann ist es so weit, hat sich der Nebel verzogen, haben sich die Tiere schon auf den Weg aus dem Gebirge gemacht? Man hat Späher ausgeschickt. Aber entschieden ist noch nichts. Nachfragen werden geduldig überhört oder gereizt aufgenommen. Das Rentier an sich lässt sich nicht verplanen. Das muss man hinnehmen. Herden in der Wildnis wollen sich nicht festlegen.

Dass Rentiere nach eigenem Gusto leben und nicht nach Excel-Tabellen, ist ihr Charme und ihre Lebensversicherung: Genau das macht nämlich auch das Hirtenleben spannend – und fordert ganze Hingabe.

Ammarnäs ist eine Station auf dem König der Wege, dem Kungsleden. Und wer ihn geht, passiert irgendwann auch Dauta, den Sammelplatz der Rene von Svaipa Gran. Aber was man nicht weiß, das sieht man auch nicht. Denn ansonsten sind dort nur ein langer Zaun und viel Gegend, ein kleiner Bergsee und eine einsame Hütte genau im Scheitelpunkt des Sees.

Bei den Sami ist es wie bei allen Familien. Sie halten nach außen zusammen und sind über acht Ecken alle miteinander verwandt. Meine Rolle ist die des stillen Beobachters. Die anderen haben alle Hände voll zu tun. Ich halte mich an Malin, eine blonde Frau mit blauen Augen, im gleichen Ton wie ihre Mütze (oder umgekehrt), und einer angenehmen Stimme, die, wenn es sein muss, auch einen Gerichtssaal füllen kann. Auch sie hat mehrere Hüte auf.

Hier an diesem Wochenende ist sie Rentierhirtin und Mutter von zwei Söhnen im Alter von acht und zehn. Malin hat aber auch einen Doktortitel der Rechtswissenschaft von der Universität Uppsala. Sie hat die Sache der Sami im Girjas-Prozess vertreten, und sie leitet eine wichtige Kulturinstitution der Sami, das Silbermuseum von Arjeplog.

Um es noch ein bisschen verwirrender zu machen: Malin ist die Tante von Carl-Johan. Carl-Johan ist der Mann mit der Kamera aus dem vierten Kapitel, der die Rene in die Freiheit eskortiert hat.

Wir treffen uns auf einem Parkplatz, dort, wo die Asphalt-straße endet. Um uns herum Quads, SUVs und Enduros, es sieht nicht gerade aus wie die Jahreshauptversammlung der stillen Fußgänger.

Malin hat noch einen Platz frei, sie lässt mich hinten auf ihren Quad klettern und rast den Hügel hinauf. Irgend-wann sagt sie etwas entschuldigend: »Ich fahre wohl immer etwas zu schnell.«

Nun ist es so: Auf dem Quad steht die Fahrerin und kann die Stöße mit den Beinen abfedern. Der Hintersitzer muss sehen, wie er zurechtkommt. Malin findet während der Fahrt, trotz aller Hubbel, immer noch Zeit, mir die Szene-rie zu erklären.

»Guck mal da rechts. Hunderte von Renen noch auf dem Weg ins Gatter.«

Hinter der Hügelkuppe, Malin hat mich vorgewarnt, öff-net sich die Ebene. Der Anblick ist überwältigend, ebenso wie der Sound: Ein Schnauben und Brummen von dreitau-sendfünfhundert Rentieren. Die Melodie begleitet uns den ganzen langen Tag.

Die Rene ziehen im Kreis gegen den Uhrzeigersinn. Wenn sich ihnen ein Hindernis in den Weg stellt, weichen sie aus. Nachdem ich das eine Weile vom Gatter aus beob-achtet habe, stelle ich mich mitten in den Strom, der sich daraufhin teilt. Kein Horn streift mich, kein Huf tritt mich, der Schwarm zieht an mir und den etwa zwanzig Männern und zehn Frauen mit ihren Lassos vorbei. Wenn sich Lü-cken aufbauen, schließen die Rene auf, wenn ein Hindernis auftaucht, formiert sich der ganze Zug neu. Aus der Luft sieht es aus wie ein Schwarm von Fischen.

Mittendrin steht ein Mann, schlank, gegerbt, der von allen mit größtem Respekt behandelt wird. Rentierhirten können offenbar sehr alt werden, in der frischen Luft und auf Achse mit ihren Tieren: Der Herr ist fünfundachtzig und war einmal ein sehr reicher Hirte mit mehr als dreitausend Tieren.

»Wer so viele Rene hat, den hat seine Familie nie gesehen«, sagt Carl-Johan. Sein eigener Großvater war nicht einmal an Weihnachten zu Hause.

Ein Hubschrauber kreiste gestern über die Hochebene, einige Hirten gingen zu Fuß, andere fuhren auf Geländemotorrädern, und einige jüngere ließen Drohnen fliegen.

Ein Haufen Arbeit – machbar nur im Kollektiv. Svaipa Gran ist Schwedens Kooperative mit den meisten Rentieren, etwa zehntausend. Über Zahlen spricht man nicht – man kennt sie aber genau.

Dreißig Männer und Frauen werden nun den ganzen Tag schuften. Einige müssen von der Rentierhaltung leben, die anderen sind hier, weil sie zur Familie gehören. Es gibt Erfahrene und Greenhorns. Schwache und Starke. Und am Ende werden einige aufgeben – und ihre Rentiere verkaufen. Selbst als Fremder sieht man schnell, wessen Lasso fast immer fasst und wer auch mal zwei Runden hinterherstolpert.

Malin Brännström steht am hinteren Gatter und führt Buch über die männlichen Rene, die mit dem Lkw ins Schlachthaus gebracht werden, und über die Exemplare für den Eigenverbrauch. Sie weiß genau: So eine Parade wie diese wird es bald nicht mehr geben. Es geht den Bullen an den

Kragen. Bis auf ein paar wenige Zuchttiere sollen männliche Rene generell nur noch ein Jahr am Leben bleiben. Die Gesamtzahl muss runter.

Wie erwähnt, bestimmen nicht die Sami über die Größe ihrer Herden. Das ist Sache des Staates, genauer gesagt der Provinzverwaltungen.

Und so schlachten die Mitglieder der Sami-Gemeinschaft Svaipa Gran mehr Tiere, als es ihnen eigentlich lieb ist.

Im Strudel der tausend Leiber

Alle sind am Arbeiten. Einer guckt zu. Dass ich dabei sein darf, ist Ergebnis einer Güterabwägung. Carl-Johan Utsis Onkel Leif-Anders Blind ist einer der Wortführer dieser Sameby. Er wollte – sehr kurzfristig –, dass sein Neffe bei der »Rentierscheide« hilft und fürs Familienalbum dreht.

Nun war Carl-Johan schon vergeben als Kameramann (weil bei mir unter Vertrag). Der Kompromiss: Carl Johan schwingt das Lasso für den Onkel und dreht gleichzeitig unseren Film.

Leif-Anders Blind, ein freundlicher und schweigsamer Mann von Ende fünfzig, mit einem Lasso in Leuchtfarben über der Schulter, ist sein Mutterbruder, wie es auf Schwedisch heißt, also sein Onkel mütterlicherseits. Und Malin Brännström ist die Mutter von Leif-Anders Kindern.

Leif-Anders möchte seine Kooperative auch mal ins Bild bringen und diesen Tag dokumentieren, an dem eine Ära zu Ende geht.

Aber es ist eine Veranstaltung, bei der die Sami gerne genau wissen, wer zuschaut und welche Bilder dabei entstehen.

Sami genießen mehr Aufmerksamkeit, als ihnen lieb ist. Zumal so ein Tag keine Showveranstaltung ist, sondern Schwerstarbeit, die ab dem Moment beginnt, wenn die Fänger einem kapitalen Renhirsch das Lasso um die Hinterläufe geworfen und ihn zu Fall gebracht haben.

Carl-Johan ruft mir noch zu: »Siehst du, warum ich sagte: Rentierhirte ist der gefährlichste Beruf Schwedens«, und schon beginnt ein Ermüdungskampf. Mensch und Tier kommen sich sehr nahe. Das Geweih ist spröde und bricht leicht, und der Tritt eines Hufes in die Weichteile kann einem die Luft nehmen.

Wenn das Ren dann am Boden liegt, wird es vom Geweih befreit – ziemlich prosaisch mit einer kleinen elektrischen Motorsäge. So barbarisch das klingen mag: Ohne den Kopfschmuck werden sie dann durch ein zweites Gatter entlassen, und wenn mich nicht alles täuscht, traben sie ohne Geweih entspannter.

Vielleicht ist es auch die Erleichterung, das Lasso los zu sein.

Keine Fliege – alles proper

Was dann beginnt, sieht aus wie das Grillfest mehrerer Großfamilien – mit dem Unterschied, dass alles von den eigenen Tieren kommt.

Es lässt sich nicht übersehen, dass hier geschlachtet

wird. Es ist sogar fast unmöglich, es nicht zu sehen. Das Blut der Rentiere ist leuchtend rot und wird in Eimern gesammelt.

Auf Quads mit Anhänger haben sie die Requisiten des freien Lebens auf die Höhe geschleppt. Schalen und Scheite, Rentierfelle, Kaffeekessel und vieles mehr.

Ein Junge von etwa zwölf Jahren ist mit dem Handrührgerät zugange – und fragt seine Mutter, wie lange er noch rühren soll. Daraus wird eine samische Spezialität, ein Blutkuchen.

Die Felle liegen zum Trocknen auf dem Gras, und es ist erstaunlich, wie leicht sie sich ablösen lassen von den Leibern.

Die Hörner wandern auf diverse große Haufen, auch sie werden verwendet, allerdings selten noch für Messergriffe. Sie gehen in den Export nach China, als Pulver, zur Stärkung der Manneskraft, wie man früher sagte.

Die Hirsche würden ihr Geweih nach der Brunft im Herbst sowieso verlieren, es fällt einfach ab. Die Vajas (Kühe) tragen auch Geweih, und das den ganzen Winter über bis zur Geburt ihres Kalbes im nächsten Frühjahr.

Das verschafft ihnen einen klaren Vorteil: So können sie die Futterplätze gegen die männlichen Rene verteidigen – zum Wohle der nächsten Generation.

Auf der Anhöhe von Dauta, an diesem Spätsommertag mit dem blauen Himmel und dem Gebimmel der Leittiere, erlebe ich das, was sonst verdeckt im Schlachthaus oder in der Küche geschieht.

Alles geschieht so selbstverständlich, ohne Geschrei und Umstände. Es ist, als ob eine innere Spaltung plötzlich endete, als ob der ganze Lebenszyklus auf einmal sichtbar würde, nicht nur »Rentier hinter Zaun« oder »Geweih als Messergriff« oder »Ragout mit Kartoffelbrei«. Ein Ende der Verdrängung, wenn von der Speise möglichst wenig an das Tier erinnert.

Keine Zeit für Amateure

Es wäre übertrieben zu sagen, dass ich besonders nützlich wäre an diesem schönen Tag im Fjäll. Victoria hat mit mir zwar Lassowerfen geübt, damals vor dem Museum, aber was wäre, wenn ich tatsächlich einen großen Bock an der Leine hätte?

Dann beginnt nämlich der Tanz. Der stattliche Hirsch – etwa 130 Kilo schwer und mit einem Geweih wie eine Baumkrone – stemmt sich mit aller Kraft gegen die Freiheitsberaubung – eine der ersten seines Lebens: Er bockt und prescht dann wieder vor. Vier Fänger sind nötig, um solch eine Majestät niederzuringen. Die Männer und Frauen laufen und keuchen wie eine Elf in der Verlängerung.

Nicht allen gelingt der zweite Wurf, bei dem es darum geht, die Schlinge um ein Hinterbein zu ziehen und das Ren zu Fall bringen. Da ist keine Zeit für Amateure.

Mir kommt die junge Frau in einer Dokumentation des schwedischen Fernsehen in den Sinn, die, in Stockholm als Tochter einer Schwedin und eines Sami groß geworden,

nach dem Abitur zurück nach Lappland ging, um Rentier-
züchterin zu werden.

»In Stockholm brauchst du mit achtzehn nichts wirklich
zu können. Es reicht, wann du manches schon mal gehört
hast. Aber hier oben zählt das Können. Alles, was mit dem
Beruf Rentierhirte zu tun hat, musst du beherrschen. Oder
sehr, sehr schnell lernen.«

In diesem Moment kommt Malin, ganz so, als ob sie Gedanken lesen könnte.

»Mach das Feuer richtig an und bleib gern sitzen«, sagt
sie, die gerade eine Pause braucht und wohl spürt, dass sich
der Gast nützlich machen will. »Hol dir doch noch Wasser
für den Kessel aus dem See, du darfst gerne zwei Scheite
auflegen. Die Kinder kommen, und vielleicht hast du auch
ein Auge auf den Hund? Ganz gut, wenn hier einer das
Feuer hütet.« Dann schlendert sie zurück ins Gatter, ein
kleines Messer am Gürtel links, das andere rechts, je eins
zum Schlachten und eins zum Essen, und macht weiter, was
sie schon den ganzen Tag gemacht hat: Sie führt Buch über
die Tiere für den Eigenverbrauch und die für die Schlach-
terei. Und einer freut sich besonders, ein Mann, für den in
diesem Moment der Winter gerettet ist.

Der Mann – Lennart heißt er – setzt sich ans Feuer, legt
ein weiteres Scheit auf, rückt die verbeulte Kanne mit dem
verrußten Boden auf den Flammen zurecht, zieht aus seinem Rucksack eine Portion Rentierstew mit Kartoffelbrei
heraus und lässt sie in der Pfanne brutzeln.

»Mein Winter ist gerettet. Ich habe nur noch wenige

Rentiere. Aber heute hat man mir geholfen, eines einzufangen«, beginnt er ein Gespräch.

Er war sein Leben lang Rentierhirte, da bleibt es nicht aus, dass Schultern und Arme schmerzen. Von Carl-Johan weiß ich, dass er auch viele Jahre Lastkraftwagen gefahren hat. Sein Rücken ist kaputt. Deswegen hat er sich von einem Teil seiner Rentiere schon getrennt, und nun muss er aufpassen, dass er mit dem Rest haushaltet.

Lennart kann sicherlich mühelos ein ausgewachsenes Rentier hinter sich herziehen, so sehnig, wie er aussieht, und so entschlossen, wie er wirkt. Aber die ruckartigen Bewegungen, wenn das Tier sich gegen das Lasso stemmt und aufbäumt, das gehe auf die Muskulatur und in den Arm, und das sei auf die Dauer schon sehr anstrengend.

Ich sinne darüber nach, warum Tierschützer Anstoß nehmen könnten an dieser archaischen Art, mit Tieren umzugehen. Wäre es ein vernünftiger Konsens, dass Menschen Tiere zum eigenen Gebrauch und nach einem erfüllten Leben töten dürften, aber verboten wäre, sie zu quälen? Und wie steht Lennarts Ren aus eigenen Beständen da im Vergleich zu Schweinefleisch aus der Fabrik von der niedrigsten Haltungsklasse 1, wo sich die Säue nur sehr eingeschränkt bewegen können in ihren Kästen?

Was ich sehe, ist eine Urform der Ernährung, die fair wirkt. Diese Tiere haben in Freiheit gelebt. Ihr Fleisch wandert jetzt in Lennarts Kühlschrank, der sich dadurch sicher durch den Winter weiß.

Doppelt gekniffen

Es wird Abend. Die Rentiere kreisen noch immer. Malin versucht, den großen Tag der Sami gebührend mit der Familie zu genießen.

Was wünscht sie sich für ihre Jungs, die gerade mit dem Sohn von Carl-Johan eine Runde nach der anderen mit den Enduros fahren, Training für später, wenn sie selbst auf den Motorrädern ins weglose Gelände ziehen, um Rentiere zur Herde zurückzuholen?

Malin sieht ihr Volk in einer Zwickmühle. Für die grüne Wende sollen sie Weidegebiete opfern, für neue Windparks und Kupferminen etwa. Ohne Kupfer keine Energiewende: Windräder brauchen das Metall tonnenweise. Doch Malin findet, auch alle anderen sollten zurückstecken.

»Wir alle müssen zurück zum Wesentlichen. Was uns die Natur geben kann. Darauf müssen wir uns besinnen. Anstatt sie auszuplündern.«

Carl-Johan glaubt, dass er der letzte Rentierhirte seiner Familie sein wird.

»Für mich ist es keine Rentierhaltung, wenn man den ganzen Winter zufüttert, wie in großen Teilen Finnlands. So wie bei gewöhnlichen Kühen, Pferden und Schweinen.«

Mit den Rentieren ginge auch ein Stück traditioneller Freiheit verloren. Und eine alte Kultur stünde vor dem Aus. Bleiben würden eine Steppe voll Minen, Staudämmen, Rotoren. Lappland, fürchten Carl-Johan und Malin, könnte dann aussehen wie ein beliebiges Industriegebiet.

Grün-Grüne Konflikte –
Abstecher zu den 1011 Windmühlen

Carl-Johan und ich fahren zur Küste, 230 Kilometer nach Osten. Auch auf dem Weg nach Markbygden laufen zwölf Rentiere über die Straßen.

Markbygden ist ein Windpark der Superlative, einzigartig in Europa. Doppelt so groß wie Groß-Stockholm liefert er knapp ein Zwölftel des schwedischen Stromes.

Markbygden ist ein internationales Investment, angestoßen von einem deutschen Ingenieur, dem es in Deutschland wohl zu eng war, mit schwedischen Lappland-Knowhow und mit viel Kapital aus China.

Eines Tages sollen hier 1011 Windräder stehen. Die Türme sind gigantisch. Fredrik Bäcklund, der Betriebschef des Windparks Markbygden (Svevind), hat uns mit ins Gelände genommen. Nach einer knappen halben Stunde Fahrzeit durch waldiges Gelände mit einzelnen Spargeln, die in den Himmel ragen, steigen wir aus und drehen die Köpfe langsam hoch, bis es im Nacken leise knackt. Bei gutem Wetter kann man die Spitze des Windrads gut erkennen, bei Nebel nicht.

»Als wir vor Jahren die Genehmigung für Markbygden bekamen«, sagt Bäcklund, »waren zweihundert Meter sehr hoch, aber heute reden wir über zweihundertfünfzig Meter und noch höher.«

Das Ziel sind dreihundert Meter – so hoch wie der Eiffelturm. Dort ist der beste Wind. Der Standort ist nahe der Küste und dem Hafen in Piteå – gut für den Wind und für die Logistik.

Jedes einzelne Windrad ist eine Industrieanlage, mit einem enormen Verbrauch an Beton und Stahl und Kupfer. Einer der Großabnehmer des Windstroms aus Markbygden presst damit Getränkedosen aus Aluminium.

Am Boden sind die Windriesen erstaunlich leise. Und bieten Tieren überraschende Ruheräume. Der Pressechef Thomas Riklund, ein alter Hase im Geschäft und ein Meister darin, einer Geschichte den richtigen Spin zu geben, spürt unsere Mischung aus Skepsis und Faszination ob dieser Kathedralen des Windes.

Die Geschichte, die er dann erzählt, hat wohl den Zweck, uns vom Waffenstillstand zwischen Natur und Technik zu überzeugen.

Offenbar haben sich die Rentiere der Sameby Östra Kikkajaure mit den Windriesen arrangiert.

»Ich staunte nicht schlecht, als ich neulich mit einer Besuchergruppe am Sockel einer Turbine anhielt. Wir sahen zwanzig Rentiere unter einem Rotor schlafen. Wild – ganz generell – lagert gern unter Windrädern. Dort zieht die Luft nach oben. Es gibt weniger Insekten, vor allem Mücken.«

Allerdings steht erst ein Drittel der Rotoren. Der Bau eines gigantischen Windparks bedeutet auch Tausende von Schwertransporten. Wie erwähnt, mögen Rentiere im Kälbermonat Mai weder Menschen noch Baulärm.

Mit ihrer »Betesro«, ihrer Weideruhe, ist es dann vorbei.

Ob sie wohl nach den vielen Jahren der Bauphase irgendwann wiederkommen?

Fredrik Bäcklund, Windpark Markbygden (Svevind), formuliert das auf seine Weise.

»Da gibt es zwei Phasen. In der Bauphase gibt es hier viel

Bewegung mit Maschinen, da ist es dann etwas schwerer, es hier auszuhalten. Und dann die Betriebsphase: Da geht es dann wieder.«

Die samischen Rentierhirten der Umgebung von der Kooperative Östra Kikkajaure haben sich anfangs stark gewehrt gegen die Rotoren auf ihren Winterweiden. Dann wurde es still. Eine kurze Notiz erschien. Man habe sich abgefunden. Über die Summe wurde Stillschweigen vereinbart.

Carl-Johan zeigt Verständnis sowohl für ihr Nachgeben wie auch für ihre finanziellen Forderungen. Der Windpark stelle ihre Welt auf den Kopf. Sie müssten sich neu orientieren und ihren Kindern ermöglichen, andere Wege als die Eltern zu gehen.

Markbygden ist nur der erste große Windpark, vier weitere sind im Entstehen.

Herbst: Reisen im abnehmenden Licht

Wo Märchen wahr werden können/ Nach fünf im Urwald / Warum Sami keinen Zoo brauchen / Warum deutsche Großverlage plötzlich grün sahen / Gesunde Wälder – glückliche Hirten / Das Schweigen der Motorsägen / Die Mär vom endlosen Wald / Der Aufstand von Muonio / Auf dem Mond / Die späte Einsicht des Waldriesen

HERBST – TJAKTTJA –
JAHRESZEIT DER ANTRIEBSKRAFT

Die siebte Jahreszeit der Sami ist der Herbst, auf Sa-misch »Tjakttja«. »Den Sommer über hatten Rentiere freie Wahl, die Natur gab in großen Zügen«, sagt Victoria. Nun haben die Rene runde Bäuche. Besonders gerne essen sie Pilze. Es gehört zum »indigenous wis-dom«, dass man Nahrung nicht als selbstverständlich ansieht. »Wir nehmen das mit einem Gefühl der Dank-barkeit entgegen«, sagt Victoria. »Wenn schon ein Tier für uns sterben muss, sollte man nicht nur das Filet essen und den Rest wegwerfen. Das hab ich von mei-ner Großmutter mütterlicherseits gelernt.«

Der Herbst ist keine Ruhezeit. Es gilt sich zu spu-ten. Die Zeit der Dunkelheit kommt in großen Schrit-ten näher. So wie im Frühjahr die Tage schnell länger werden, so verkürzen sie sich jetzt rasant. Die ersten Fröste kommen.

Nach der Vielfalt des Sommers folgt nun die Mager-kost, das tägliche Einerlei. Rentiere leben während des Winters fast ausschließlich von Flechten.

Oder sie gehen in Pension – und essen, was man ihnen vorsetzt.

Wo Märchen wahr werden können

Es wird Herbst im Norden. Stockholm stellt Ende August auf den Winterfahrplan um. In Sápmi fällt Mitte September der erste Schnee auf die Farbenpracht des Indian Summer. Genau in dieser Zeit machten wir uns auf die Reise bis kurz vor Murmansk, fahren dem Winter entgegen fast ans Eismeer, nach Inari, die Hochburg der finnischen Sami.

Es gibt wunderbare Geschichten, schön und ermutigend, und solche, die auch noch wahr sind – wenngleich die Erfolge schwer errungen sind. Oft kommt es darauf an, wer den längeren Atem hat und die richtigen Freunde – mehr als auf Macht und Status.

Es begann mit einem Ortstermin Freitag nach fünf im Urwald – zwanzig Jahre ist das her.

Bei unserer ersten Begegnung zählte Outi Jääsko stumm die Jahresringe an einem frisch gefällten Baum. Es kamen einige Jahre zusammen, das konnte man auch ohne Lupe erkennen. Sie kniff die Augen zusammen, und je länger sie zählte, desto mehr wuchs ihr Zorn. Nach der gängigen Definition spricht man dann von Urwald, wenn der Wald seit Menschengedenken nicht bewirtschaftet wurde.

Finnland hat noch echten Urwald. Grob gesagt, gibt es drei Sorten: Urwald (ohne menschliche Einwirkung), Mischwald (verschiedene Baumsorten, teilweise gepflanzt) und Plantagen (Menschenwerk nach Kahlschlag, Monokultur).

Outis Urwald lag bei Nellim, in der Nähe von Inari, und dahin kommt man, wenn man in Finnland immer weiter nach Norden und Osten fährt, bis man dann kurz vor Russland an den See Inari stößt, der etwa so groß ist wie das Ijsselmeer oder doppelt so groß wie der Bodensee.

Die durchschnittliche Jahrestemperatur liegt bei knapp über null Grad. Hier wächst alles langsam, die Bäume sind klein. Man könnte sich fragen, warum man unbedingt aus den kleinen zähen Stämmen Pappmaschee zum Einmalgebrauch machen muss, wo doch ganz Finnland mehr oder weniger ein einziger Wald ist.

Outi Jääsko gehörte zu einer kleinen Delegation der traditionellen Rentierhirten, die genau diese Frage umtrieb.

Was für Menschen müssen das sein, die Urwald zu Toilettenpapier oder Hochglanzillustrierten machen? Jede Woche verließ damals ein Papierfrachter den finnischen Ostseehafen Oulu und landete drei Tage später in Travemünde an. Abnehmer waren vor allem deutsche Großverlage. Aber wusste man das in Deutschland?

Die Sami riefen um Hilfe, luden Berichterstatter ein. Andere Journalisten sagten damals, 2003, ab – Inari ist nicht gerade um die Ecke. So hatten wir von der ARD das ganze Programm für uns. Die Sami luden uns in ihre Häuser und Hütten ein, wir packten unsere Schlafsäcke aus und freuten uns an den dicken Winterstiefeln, lernten Rentierstew mit Kartoffelbrei und Preiselbeeren in allen Variationen zu schätzen und wuschen uns in eiskalten knietiefen Bächen.

Outi war damals Ende dreißig, eine ernste, zierliche Person, von großer Zähigkeit, aber mit einem hellen, klaren Lachen gesegnet. Sie war eine, die nicht in Bitterkeit baden wollte, tapfer und schlagfertig, und sie war nicht ganz so wortkarg wie der andere Wortführer Kalevi Padar, den die deutsche TAZ später einmal den »Sturen Hirten« taufen sollte.

Kalevi Padar sagte nur ab und zu einen Satz, aber seine tiefe Stimme sorgte dafür, dass alle ihm zuhörten.

Outi und Kalevi hatten sich mit ein paar anderen Rentierhirten aus Nellim zusammengetan, um dem, wie sie meinten, Irrsinn Einhalt zu gebieten. Sami sind eher zurückhaltende Leute, auch vor der Kamera. Aber irgendwann war das Maß voll.

Nach fünf im Urwald

Outi wollte nicht hinnehmen, dass ein Wald, der ihrer Familie seit Dutzend Generationen das Nötige zum Leben geliefert hatte, vernichtet wurde. Und der finnische Staat spielte sogar mit.

Als Outi mit dem Zählen fertig war, landete sie bei knapp dreihundert Ringen, sprich dreihundert Jahren – das war die Zeit, als Vivaldi seine *Vier Jahreszeiten* schrieb. Soweit man sehen konnte, war der Baum noch gesund, er hätte auch tausend Jahre alt werden können.

Für Outi und Kalevi ist das ihr Wald. Und dennoch hatte der Staatsforst die großen Erntemaschinen, Harvester genannt, geschickt. Die Harvester hatten ganze Arbeit geleistet – freies Blickfeld, alle Bäume am Boden, tiefe Spurrillen. In einem einzigen Arbeitsgang kappen sie die Stämme, rupfen sie und zerlegen sie in marktgerechte Teile. Eine Person macht die Arbeit, für die man früher zwei Dutzend Waldarbeiter brauchte.

Kalevi zeigt mit der Hand über die Baumstümpfe und die frischen Spuren im Waldboden. Wo so ein Harvester fährt – ein Koloss von einigen Tonnen –, wächst lange nichts mehr.

»Die staatliche Forstverwaltung verspricht uns zwar, gewisse Flächen zu schonen. Dafür schlägt sie dann woanders zu. Unterm Strich verschwindet der Wald.«

Warum Sami keinen Zoo brauchen

Zwanzig Jahre später sind wir wieder in Inari – Outi heißt uns willkommen.

Heute ist sie sechsfache Großmutter, und ihr liebster Ausflug mit den Enkeln führt sie in den Wald von Nellim, dem, der abgeholzt werden sollte.

Sie setzt sich an einen uralten Baum und legt die Hände hinter den Kopf; so entspannt lehnt sie gegen den Stamm, als ob sie mit dem Baum eins wäre.

»Der Wald, so wie wir ihn von unseren Vorfahren übernommen haben, das ist unser Erbe. Auch wenn der Boden dem Staat gehört. Aber für uns ist er Heimat. Und seine Heimat verkauft man nicht.«

Dann federt sie hoch, sie läuft tiefer in den Wald, es packt sie, und sie versetzt sich in ihre Rolle als Großmutter. Ihre Augen leuchten, ihre Fantasie belebt den Wald.

»Wenn ich nichts anderes zu tun hätte, würde ich mit meinen Enkeln hier spielen. Da ist ein Loch im Stamm. Da wohnt wohl ein Vogel. Schau mal, wie mächtig der Baum ist, wer kommt mit seinen Armen drum herum?«, ruft Outi. Dann zeigt sie auf einen liegenden Baum. »Wer lebt da unter dem Baum, in dem Loch da?«

Man kann sich gut vorstellen, wie Outi und ihre Enkel durch den Wald tollen und der Gedanke an einen Besuch im Tierpark hier sich irgendwie erübrigt.

»Der Wald ersetzt uns Sami den Zoo und das Geschichtsbuch«, sagt Outi bestimmt und ist schon wieder unterwegs zu einem liegenden Baum, auf dem wir dann eine Pause machen. »Wer weiß – vielleicht haben diesen Baum meine Urgroßväter geschlagen?«, sagt sie. Outi ist Lehrerin und bringt jungen Rentierhirten beiderlei Geschlechts das Hirtenhandwerk bei. Dazu gehören Fragen, ob Rentiere auch mit Industriefutter gedeihen oder wie man ein Ren einfängt, ohne sich an den Geweihen zu verletzen.

Outi ist dankbar dafür, dass die Sami von Inari damals einen starken internationalen Partner hatten. Denn im eigenen Land fanden sie wenig Gehör, die Sami-Gemeinde selbst war zerstritten, Kalevis eigener Bruder – ein Holzfäller – grüßte ihn nicht mehr auf der Straße. Der Riss ging mitten durch die Gemeinschaft der etwa achttausend finnischen Sami. Nur die wenigsten leben von Rentieren. Die Mehrheit ist im öffentlichen Dienst untergekommen (was die Neigung zu Protesten erfahrungsgemäß mindert) oder lebt vom Holzfällen und steht damit auf der anderen Seite. Eine Hälfte des finnischen Urwaldes stand schon vor zwanzig Jahren unter Naturschutz, das reichte vielen.

Warum deutsche Großverlage plötzlich grün sahen

Es waren die Holzfachleute von Greenpeace, allen voran der Deutsche Oliver Salge, die die deutschen Verlage von Hochglanzillustrierten darauf aufmerksam machten, dass sie bei Lieferanten einkauften, die ihrerseits wiederum Urwald aus Finnland bezogen. Unter der Hand – ohne dass es wohl jemals groß ausgesprochen wurde – war in den Gesprächen mit Gruner und Jahr und Axel Springer wohl immer klar, dass Greenpeace notfalls zum Boykott aufrufen würde. Am Ende wurde ein großer Teil des finnischen Urwaldes gerettet. Alle waren grün und glücklich, sogar die Holzfäller in Inari machten ihren Frieden damit. Es gab und gibt ja auch genug anderes Holz.

Auf zwanzig Jahre Schonfrist haben sich damals die Rentierhirten von Nellim mit dem Staatsforst geeinigt. Diese Zeit ist bald um. Aber der Urwald steht heute besser da. Die Europäische Union wacht jetzt über die alten Wälder.

Gesunde Wälder – glückliche Hirten

Das Frühwarnsystem vor Ort hat einen Namen, einen Briefkasten und ein Gesicht. Dahinter steht ein Mann mit großer Geduld und langem Atem, der gerade die Arbeit an seinem uralten aufgebockten Folke-Boot unterbricht, um uns in sein Haus auf einen Kaffee zu bitten.

Jarmo Pykko hat Berichterstatter über all die Jahre immer wieder eingeladen, das kleine Wunder von Inari zu bestaunen.

Jarmo, ein schlanker Mann mit einer ebenso tiefen Stimme wie Kalevi, aber dreifacher Beredsamkeit, ist gelernter Zimmermann, Lebenskünstler mit Politik-Diplom, und er arbeitet seit 2004 als Mittler zwischen Sami und Greenpeace und den Konzernen. Er wohnt mit seiner Frau, einer Lehrerin (»einer muss ja das feste Einkommen haben«) in einem – wen überrascht das – Holzhaus neben dem Urwald. Er baut hin und wieder ein Haus und ist zur Stelle, wenn er die Motorsägen nur von Weitem hört.

»Es darf nur nach Zustimmung der örtlichen Sami-Gemeinschaft geschlagen werden. Du wirst es nicht glauben, aber dem Wald geht es besser. Es gibt wieder mehr Flechten, und es gibt mehr Jungtiere.«

Gelobt sei der Wald, der seine Tiere nährt. Tatsächlich gibt es jeweils im Mai Nachwuchs im Wald: ein paar Hundert junge Rentiere, wundersame kleine Wesen, die, wie bereits erwähnt, nach zwei Stunden bereits auf eigenen Beinen stehen können und nach einem Tag schneller laufen als jeder Mensch. Sami lieben Tiere mit Freiheitsdrang. Sie gedeihen besser – und liegen ihnen nicht auf der Tasche.

Täglich fährt Kalevi Padar in seinem Lieferwagen unbestimmter Farbe und Alters durch die Wälder und Hügel rund um Nellim und sieht nach seinen Renen und seinen Bäumen. Hier, so nahe an der Grenze, kommen häufiger russische Problembären und holen sich kleine Rentiere. An der Grenzstation harkte einst ein einsamer Leutnant den zehn Meter breiten Streifen zwischen Russland und Finnland, und manchmal begegneten sich die Grenzoffiziere von beiden Seiten in der Sauna. Aber das ist lange her, lange vor dem NATO-Beitritt Finnlands. Finnland hat 1300 Kilometer Grenze mit Russland. Gut möglich, dass sie jetzt befestigt wird und dass es mit der Ruhe vorbei ist.

Wenn Kalevi durch die Wälder läuft, sieht er nicht nur Bäume. Auf Schritt und Tritt hat er immer seine Herde im Blick.

Was er dabei am Stamm einer Birke findet, eine federleichte Flechte von nicht ganz zehn Zentimeter Länge, hätten andere vielleicht übersehen. Gerade jetzt, mit dem Winter vor der Tür, kommt es aber auf solche Details an. Nur alte Bäume haben solche Bärte.

»An Birken wachsen diese kleinen Flechten. Unverzichtbar, wenn es sonst nichts mehr gibt.«

Neue Flechten brauchen ihre Zeit.

»Ein Menschenalter reicht dazu nicht aus«, sagt Kalevi. »Das dauert eher ein Jahrhundert, bis ein Wald wieder voller Flechten hängt.«

Und dann schaut er über das Land und den Inarisee mit seinen dreihundert Inseln und weiß schon, dass ein internationaler Bergbaukonzern bei der Regierung angeklopft hat, der hier gerne graben möchte.

»Kaum ist das eine abgewehrt«, brummt er, »kommt das Nächste.«

Aber aufgeben wird er nicht, der Hirte Kalevi Padar.

Was ihm den Rücken stärkt, dass er und Outi und die anderen aus Nellim Nachahmer gefunden haben – im Nachbarland Schweden.

Das Schweigen der Motorsägen

Wir sind wieder auf Achse, dieses Mal auf dem Weg nach Muonio. Dazu passieren wir Landesgrenzen, auf Finnland folgt wieder Schweden, bleiben aber im Land der Samen, in Sápmi.

Manche Tage bestehen nur aus Fahren – nichts liegt hier einfach um die Ecke. Es ist Elchsaison – da sind auch viele Jäger unterwegs –, und mit der Ruhe in den Wäldern ist es für die Elche vorbei. So empfiehlt es sich, langsam zu fahren. Etwas weiter südlich bei Överkalix – ich hatte mich verfahren und war auf einer Straße zweiter Ordnung ohne Straßenlaternen gelandet – tauchte gestern Nacht ein Elch aus der Böschung, kam dem Kotflügel des Leihwagens sehr nahe und drehte dann ab. Die Begegnung dauerte nur wenige Sekunden, aber haften blieb das Bild von einem Riesenwesen mit langer Nase und schnellen Beinen, das im Dunkel der Nacht verschwindet.

Besser es fahren andere. In Muonio an der äußersten Nordgrenze von Finnland und Schweden warten am

nächsten Tag Annalena und Karolina auf mich, zwei Umweltaktivistinnen, die hier jeden Winkel kennen.

Wir rattern im Allrad stundenlang über eine ungeteerte
Straße. Waldflächen wechseln sich ab mit absoluter Ödnis.

Es sieht hier in Muonio aus wie auf dem Mond. Ein einsamer gerupfter Baum, ein Anstandsbaum, ragt aus einer
Hügelkuppe, von der man meilenweit ins Land schauen
kann. Solche öden Flächen gibt es viele.

Annalena Lohaus ist Forstwirtin, Anfang dreißig, blond,
hartnäckig und sanft. Wir steigen aus und stapfen auf den
Hügel.

»Was geht wohl in den Männern vor, die so eine Wüste
hinterlassen«, geht mir durch den Kopf. So als ob alles, was
nicht brav in Reih und Glied steht, Unkraut ist und besei-
tigt werden muss.

»Das fragen wir Frauen uns auch«, sagt Annalena. »Kahlschlag ist ein sehr starres System. Alles, wirklich alles wird
gerodet. Man arbeitet gegen die Natur – nicht mit ihr.«

Schweden hat eine lange Tradition im Kahlschlag. Woanders – etwa in Deutschland – holt man eher einzelne Bäume
aus dem Wald, in Schweden geht es zu wie am Fließband.

Die Mär vom endlosen Wald

Es ist nicht schön, von festen Vorstellungen Abschied zu
nehmen.

Als ich ein kleiner Junge war, dachte ich, dass Schweden
ein einziger großer Wald sei (und vielleicht stimmte das ja

damals noch?). Ein Märchenwald, in dem Elche und Trolle lebten. Für mich war das eine schöne Vorstellung, wenn auch ein bisschen unheimlich.

Meiner isländischen Kollegin Rosa Björkdottir ging es ähnlich. Als sie mit zehn Jahren zum ersten Mal bei Verwandten in Schweden war, entdeckte sie, wie sie sich später erinnerte, ein Land, in dem man entweder in einen Wald hineinfuhr oder aus einem herauskam. Aber sie fand Schweden schrecklich, schrecklich dunkel. In Island gab es damals nur etwa einhundert Bäume, vielleicht war sie Schatten einfach nicht gewohnt.

Heute müsste Rosa sich nicht mehr vor der Dunkelheit fürchten. Schwedens Holzkonzerne haben drei Viertel der alten Wälder (Urwald und Mischwald) abgeholzt – in den letzten sechzig Jahren. Die Zahlen an sich sind nicht strittig: Sie stammen von der staatlichen Landwirtschafts-Universität. An ihre Stelle setzten sie Plantagen schnell wachsender Nutzbäume. Die stehen in Reih und Glied, sodass man sie gut fällen kann, sind alles andere als undurchdringlich. Sie werfen wenig Schatten und fallen bei Wind schnell um.

Weil Schweden sich so ungeheuer gut vermarktet, weiß in Europa kaum jemand vom Kahlschlag.

Der Mythos vom ewigen Wald wurde geschickt am Leben erhalten.

»Für jeden gefällten Baum pflanzen wir drei neue«, behauptete die Forstlobby. »Noch nie gab es so viel Wald wie heute.«

Das Verrückte ist, dass die Zahlen stimmen. Nur dass es eben kein Wald mehr ist.

Es sind solche Parolen, die dem größten schwedischen Waldbesitzer, dem staatlichen Konzern Sveaskog, 2020 den ersten Preis für »Greenwashing« einbrachten.

Der Aufstand von Muonio

Irgendwann platzte den Rentierhirten von Muonio der Kragen. Sie schrieben eine Art Manifest – und schickten es an die Zeitung *Aftonbladet*. Zuvor hatte die Sami-Gemeinschaft in Muonio die Mehrheit (28 von insgesamt 51) der Rentier-Kooperativen in Schweden auf ihre Seite gezogen.

Das hatte es noch nie gegeben.

»Ein einziger Appell wirkte mehr als Jahrzehnte Parlamentsarbeit mit Hunderten von Vorlagen«, sagt Hans Holma, der Vorsitzende der Kooperative in Muonio, den wir unterwegs im Gehege treffen.

Die Kooperative hat einen desaströsen Winter hinter sich, Hunderte ihrer viertausend Rene sind ihnen abgehauen und verhungert. Er sagt, was sie alle sagen und was ich mittlerweile im Schlaf hersagen kann.

»Rene brauchen Flechten als Nahrung im Winter, und die hängen nur an den alten Bäumen.«

Auf den ersten Blick sieht Schweden tatsächlich unerhört grün aus. Kein Land Europas hat so viele Bäume. Sie bedecken drei Viertel der Fläche.

Doch je weiter man in den Norden kommt, desto eher fallen die Lücken auf, wird der Wald zur Kulisse.

Da gibt es den schmalen Streifen Wald entlang der Bahnstrecke, eine Art Anstandsrest.

Die Holzkonzerne haben so viel geschlagen, dass sich die örtlichen Tourismusbetriebe dem Protest anschlossen. Einer, der sich engagiert, ist Lars Malmström, der mit seiner Frau Kaisu seit dreißig Jahren eine Lodge betreibt. Sie leben in einem Dorf mit sieben Einwohnern direkt am Muonio-Fluss. Lars ist ein großer, bärtiger Mann, Typus Trapper, mit einer Bassstimme wie ein Filmschauspieler und kaum zu stoppen, wenn er einmal in Rage ist.

»Was soll ich meinen Gästen hier noch zeigen, wenn die eine Seite vom alten Wanderweg plötzlich fehlt? Die fragen mich, ob das hier ein Kriegsgebiet ist – angesichts der Spurrillen der großen Maschinen.«

Irgendwann erreichte die Botschaft auch die Konzernzentrale des größten schwedischen Holzkonzerns, dem staatlichen Sveaskog, und den Aufsichtsrat. Zwei Chefs mussten gehen. Und der Druck aus Brüssel nahm zu: Muss Schweden – und sein Nachbar Finnland – nicht unverzüglich den Kahlschlag stoppen? Die großen Wälder speichern große Mengen Kohlenstoff. Und alles, was man hier abholzt, braucht eine halbe Ewigkeit, um wieder nachzuwachsen.

Plötzlich kam Bewegung in die Sache. Sveaskog bekam einen neuen Chef, der pfiff die Harvester zurück – und auf einmal ruhten die Motorsägen. Zeit zum Verhandeln.

Der Stopp der Sägen war überfällig. Keiner weiß, wie die Erde am jüngsten Tag aussehen wird, aber in Muonio bekommt man schon heute eine Ahnung vom Weltuntergang.

Um wenigstens die letzten Reste alten Mischwalds zu schützen, hatten Annalena Lohaus und Karolina Carlsson, die beiden Umweltaktivistinnen, hier Baumwache gehalten. Ein halbes Jahr lang besuchten sie ihre Schützlinge jeden Tag und jede Nacht. Das kann mit der Zeit ein bisschen eintönig werden, könnte man denken.

Aber sie hatten Dima Litvinov dabei, einen Mann der tausend Geschichten und Abenteuer, gebürtiger Russe mit ukrainischen Wurzeln, der Greenpeace Russland mitgegründet hat. Geboren 1962 in einem russischen Straflager als Kind von Dissidenten. Dima saß für eine Protestaktion in der Arktis monatelang in russischer Haft. »Ich bin die vierte Generation, die in Russland in Haft kam. Mein Urgroßvater saß schon unter dem Zaren.«

Dima kommt aus einer Familie berühmter Bürgerrechtler. Sein Großvater Lew Kopelew war ein enger Freund von Heinrich Böll. Wenn etwas Dima und seine Kolleginnen und Kollegen auszeichnet, ist es der lange Atem, sehr viel Humor und ein gutes Händchen für den Umgang mit der Urbevölkerung. Ein Rezept, dass auch in Inari zum Erfolg geführt hat.

Dima Litvinov hat mir den Zugang zu Muonio eröffnet und mich eingeladen, sie zu besuchen. Die drei hatten sich ein Haus im Wald gemietet. Dima ließ sich einen langen Bart wachsen, Annalena strickte für die anderen beiden

Strümpfe – und unverdrossen fuhren sie jeden Tag und jede Nacht Patrouille, knüpften Kontakte mit den Einheimischen und tranken Kaffee mit den Waldarbeitern. Harvester hört man schon Weitem. Aber es blieb ruhig. Es wäre ein Leichtes gewesen, die Schutzschilder von den Bäumen zu reißen, an jenen einhundertfünfzig ausgewählten Exemplaren an insgesamt dreizehn Orten im Gebiet von Muonio, wo Sveasko schon die Genehmigung zur Tabula rasa in der Tasche hatte.

Ab und zu kam sogar der neue Chef von Sveaskog vorbei, um einen Neuanfang im verkorksten Verhältnis zwischen Waldbesitzern und Sami zu machen. Sveaskog sah schlecht aus, die damalige Regierung verlangte einen grünen, nachhaltigen Kurs. Die neue Allianz von Sami, Umweltschützern und Fremdenverkehr hatte offenbar »ganz oben« Eindruck gemacht.

Die späte Einsicht des Waldriesen

So leicht es ist, mit den Umweltschützern ins Gespräch zu kommen, so schwierig war für uns der Zugang zu Sveaskog. Nun verlangt es eine eiserne Regel vernünftiger Publizistik, in einem Konflikt beide Seiten zu hören.

Die Firmenzentrale von Sveaskog ist über zwei Stockwerke in einem hochherrschaftlichen Gebäudekomplex in Stockholms Innenstadt untergebracht. Das Gebäude hat etwas von einer Festung. Es sollte eine Weile dauern, bis die Zugbrücke heruntergelassen wurde. Nachdem die alte Spitze gehen musste, kam der Mann, der mit den Sami aus

Muonio und den Umweltschützern mittlerweile schon »einen halben Sack Salz gegessen« hat. Der studierte Forstwirt mit den grünen Ideen, Erik Brandsma, ein agiler Mittfünfziger, meint es offenbar ernst mit der Nachhaltigkeit und wollte sich vielleicht gerade deshalb lange nicht in die Karten gucken lassen. Es dauerte etwa sechs Monate und ein Dutzend Telefonate, bis er sich zu einem Interview mit uns durchgerungen hat. Was er sagt, ist bemerkenswert.

»Wir haben diesen Konflikt früher nicht optimal gehandhabt«, erklärt er – und man nimmt es ihm ab.

»Wir haben die Interessen der Rentierhirten nicht im Blick gehabt, nicht geschaut, wie sie weiter ihrem Beruf nachgehen können.«

Es soll nicht nur bei Worten bleiben. Sveaskog hat beschlossen, in den nächsten Jahren in Norrland fünfundvierzig Prozent weniger zu fällen.

Erik Brandsma geht noch einen Schritt weiter. »Wir dürfen nicht mehr so viel abholzen, wenn wir wieder Flechten an den Bäumen haben wollen, wenn wir Durchgänge und Schutz für die Rentiere schaffen wollen.«

Hans Holma, Vorsitzender der Rentier-Kooperative Muonio, weiß es durchaus zu schätzen, dass der Boss von Sveaskog sogar zu ihnen kam. »Na klar hoffen wir auf Verbesserung, einen neuen Kurs. Erik Brandsma war ja bei uns hier oben. Aber ehrlich gesagt kommt es doch dreißig Jahre zu spät. Die meisten alten Wälder sind schon verschwunden.«

Vorerst herrscht Frieden, zumindest im Schilderwald. Die Plakate »Nicht abholzen« sind abgehängt, bis zur nächsten Gelegenheit.

Erik Brandsma schmunzelt amüsiert. »Die Kollegen von Greenpeace vertrauen uns im Moment jedenfalls so weit, dass sie abgezogen sind und sich jetzt wieder anderen Dingen widmen können – das ist ein gutes Zeichen.«

Mal sehen, wie lange Erik Brandsma sein Unternehmen auf dem neuen Kurs halten kann. Sveaskog ist zwar der größte Player, aber achtzig Prozent des schwedischen Waldes gehört anderen Eigentümern.

Und da sieht es nicht viel besser aus: Es wurde viel zu viel geschlagen. Der Wald braucht eine Pause.

PS: Und was sind das nun für Menschen, die den Wald abrasieren? Annalena Lohaus erzählt von einer Kollegin, die, neu in die Waldregion um Österlund zugezogen, über Tinder Kontakt suchte. In ihrem Profil vergaß sie nicht, ihre große Leidenschaft zu erwähnen. Den Wald. Ein junger Mann biss an. Der Start war gar nicht übel. Einiges passte auf Anhieb – wie etwa das gemeinsame Interesse am Wald. Aber dann schrieb der junge Mann in seinem Profil: »Ich fälle mit meinem Harvester zehn Fußballfelder voll Wald an einem Tag.«

Zu einem persönlichen Treffen kam es dann nicht mehr.

Frühwinter:
Am Rande der bewohnten Welt

FRÜHWINTER – TJAKTTJADÁLVVIE – JAHRESZEIT DER WANDERUNGEN

Die achte Jahreszeit ist der Frühwinter, auf Samisch »Tjakttjadálvvie«. Die Rene sind im Winterlager – und den Menschen so nahe wie sonst nie. Eigentlich sind es scheue Tiere, ein Schnips mit dem Finger, und sie laufen davon. Aber der Hunger macht sie zahm. Im Gehege gewöhnen sie sich an ihre Gastgeber.

Es ist Zeit, Kerzen ins Fenster zu stellen und die Autos an die Steckdose zu stöpseln. Kleine Heizlüfter sorgen dafür, dass sie nicht zu sehr auskühlen. Es wird schon um drei dunkel, und ab vier Uhr ist es finster. Das könnte schnell aufs Gemüt schlagen, gäbe es da nicht das große Schauspiel. Das Polarlicht zuckt am Himmel. Es leuchtet in allen Farben.

»Nur Rot ist sehr selten«, sagt Victoria.

Menschen versuchen sich seit jeher, einen Reim daraus zu machen: Könnte es das Licht der Augen all jener sein, die uns verlassen haben?

Wo die Deutschen zweimal kamen

Es gibt auch einen Teil Sápmis, der am Meer liegt, und dort leben die Küsten-Sami. Eine windige Ecke, so windig, dass die Rentiere ihre Weideplätze aufgeben und von der Küste in die Tundra ziehen, wo die kalte Luft zwar immer noch um die Ecken jault, aber immerhin gibt es dort ein bisschen Schutz vor den Winden der Barentssee Von ihnen heißt es, dass sie so stark blasen können, dass den Rentieren die Puste ausgeht.

Verwirrenderweise trägt dieser, der norwegische Teil von Sápmi, den Namen Finnmark. In der Finnmark lebt etwa die Hälfte aller 60 000 norwegischen Sami.

Dort, wo Europa nach Norden hin ausläuft, sieht es eigentlich so ähnlich aus wie am anderen Ende. Unterm Nordkap könnte man auch in Kreta sein. Viel Felsen, wenig Pflanzen, sehr viel Meer.

Tagsüber schimmert das Meer grün, grau und blau, je nach Sonnenstand, morgens dagegen rosa und abends silbern. Es fällt nicht leicht, den Blick auf der Fahrbahn zu halten. Die Fjorde rufen. Doch der Straßenrand ist nahe. Norwegen war mal bettelarm – was man schon daran ablesen kann, dass eines der wichtigsten Bücher *Hunger* (von Knut Hamsun) heißt – und hat die kargen Zeiten noch in der DNA. Sparsamkeit gilt als Tugend. Das Öl sprudelt erst seit 1969 aus dem Meer. Hier sparen sie an der Fahrbahnbreite – jeder Meter Küstenstraße muss dem Granit abgerungen werden. Wenn Gegenverkehr kommt, passen gerade zwei Armlängen dazwischen.

Wo in Kreta der wilde Oregano wächst, blühte hier vor Kurzem noch die Königin der Beeren, Hjortron, die Moltebeere. Sie leuchtete den ganzen Herbst lang rot, gelb und orange und zaubert schon ganz allein einen Indian Summer auf die Weiden. Aber jetzt liegt Raureif über der Landschaft, jeden Moment kann es schneien.

Die Landschaft sieht aus, als wäre seit der Eiszeit nichts Wesentliches passiert. Im Meer schwimmen Wale und Abermillionen von Heringen in Freiheit – nur unten am Meeresboden arbeiten sich die Newcomer, die Riesenkrabben aus Kamtschatka, gen Westen vor. Und die Lachse hat man in tausend großen schwimmenden Netzanlagen gezüchtet – sie werden zugefüttert und mit Medizin versorgt, und schwimmen immer im Kreis.

Kokelv – verbrannte Erde am Nordkap

Ziel der Reise ist Kokelv, ein kleines Fischerdorf mit breiter Bucht und freiem Blick aufs Nordpolarmeer. Wer hier in dieser Gegend einmal falsch abbiegt, dem kann es passieren, dass er zweihundert Kilometer Umweg fährt. Nicht alles ist Idylle. Die Straße nach Honningsvåg wird begradigt und erneuert, rechts ist das Meer und links der Fels, die Schilder künden vom Steinschlag und von Sprengung, in den Tunneln ist nur Notbeleuchtung, die Laster rangieren auf den Schotterstraßen, als ob sie allein auf der Welt wären. Also umkehren und zurück bis zu einer Halbinsel im Fjord, mit Torfhütten und ausgeblichenen Booten am Strand.

Ich habe mich so gründlich verfahren, dass ich Aagot anrufen muss. Sie lacht: »Du bist gerade da, wo Großvater seinen Kaufmannsladen gründete – mitten in der Siedlung der See-Samen. Dann warte ich noch ein bisschen damit, den Kaffee aufzusetzen.«

Aagot Sundelin Johansen, so ihr voller Name, ist die Seele von Kokelv – und Kokelv ist, so klein es auch sein mag, ein Meilenstein gewesen in der Geschichte zwischen Norwegen und Deutschland. Kokelv – das sind zwei Straßen parallel zum Meer, ein paar Querwege, ein Museum, ein Landhandel, ein Heim für Menschen mit Behinderung, eine Herberge mit einem Lavvu (Sami-Zelt) mit Seeblick und eine Kirche.

Aagot ist eine blonde Frau mit hohen Wangenknochen, einem sehr klaren Blick und einem hellen Lachen in der Stimme. Als junge Frau ist sie nach Oslo gezogen. Ihr Ort im Leben aber ist Kokelv, sie kommt immer wieder zurück.

Kokelv liegt da, wo man mit einigem Recht vom »Ende der Welt« sprechen könnte. Weiter kann man jedenfalls auf dem Kontinent kaum kommen, geradeaus geht es zum Nordpol. Ausgerechnet hier tauchten eines Tages im Jahr 1960 zwei Dutzend junge Deutsche auf. Sie kamen, um eine Kirche zu bauen – kostenlos und freiwillig. Damals war Aagot zwölf Jahre alt und half nach der Schule ihren Eltern dort, wo sich in einem kleinen Dorf früher oder später alle treffen – im Kaufmannsladen.

Die jungen Leute kamen von der Aktion Sühnezeichen Friedensdienste, dessen Kürzel ASF zuweilen mit »Aktion Schöne Ferien« übersetzt wird, aber das wäre ein Missverständnis. Kokelv war alles andere als ein Ferienlager: Die jungen Leute schufteten sechs Monate sechs Tage die Woche bei jedem Wetter – und das in einer Gegend, wo der Pinsel auch im Juni im Farbtopf festfrieren kann und man ab Oktober keinen Hund mehr vor die Tür schickt.

Der Chef der Baugruppe damals im Jahr 1960, der deutsche Theologe und gelernte Bäcker Richard Nevermann, selbst schwer verletzt aus dem Zweiten Weltkrieg zurückgekommen, erinnert sich: »Wir waren Pioniere. (…) Mit uns wollte niemand etwas zu tun haben.«

Nevermann hat die Aktion Sühnezeichen mitbegründet, die Gruppe in Kokelv war eine der ersten, die für ein halbes Jahr als Freiwillige ins Ausland ging, in ein Land, das von Deutschland überfallen worden war. Dem Dorf fehlte eine Kirche – die nächste war eine Tagesreise entfernt.

Kokelv war besonders mitgenommen, wie die gesamte Finnmark, der oberste Norden Norwegens. Die Älteren erinnern sich noch an den 3. November 1944.

An diesem Tag kamen hier die Brandstifter in den Uniformen der Wehrmacht. Lange Zeit waren, wenn in Nordnorwegen vom Teufel die Rede war, die Deutschen gemeint. Ein Kapitel, das in Norwegen jedes Kind kennt – und in Deutschland kaum jemand.

Was Frida von ABBA und Großvater Hugo verbindet

Vor zwei Generationen bewegte sich eine lange Kolonne quer durch Lappland: Auf der E 6, die damals noch nicht so hieß, zog im Herbst 1944 ein Treck von zweihunderttausend Soldaten und Kriegsgefangenen. Sie flohen vor der Roten Armee und hatten den Befehl der obersten deutschen Heeresleitung, nichts zurückzulassen.

Die Ostfront von Murmansk rückte näher. Nichts von Wert sollte den Russen in die Hände fallen.

Auch der deutsche Soldat Alfred Haase wartete auf den Befehl zur Rückkehr nach Deutschland. Er hatte sich in der Nähe von Narvik mit einer Norwegerin, Synni Lyngstad, zusammengetan. Aus der Verbindung entstand die Tochter Anni-Frid, Frida – die später mit ABBA weltweit Erfolg feiern sollte –, aber da war Soldat Haase schon wieder in Deutschland.

Für die Frauen, die sich mit deutschen Soldaten eingelassen hatten, war die Situation nach der Befreiung Norwegens 1945 unhaltbar geworden. Der gesammelte Zorn der Norweger gegen die Besatzer richtete sich auf die rund 12 000 Kriegskinder, die sogenannten Tyskerbarna, und ihre Mütter. Die Frauen wurden buchstäblich geschoren und durch die Orte getrieben. Viele der Kinder kamen ins Heim. (Es sollte bis ins Jahr 2000 dauern, bis sich die norwegische Regierung bei den Tyskerbarna für das erlittene Unrecht entschuldigte.)

Anni-Frid, ihre Mutter Synni und die Großmutter zogen 1945 nach Schweden. Die Mutter starb bald, so heißt es, an Gram. Anni-Frid fand ihren Weg ins Leben durch die

Musik, trat mit elf Jahren zum ersten Mal auf, stieß zu ABBA und wurde weltberühmt. So berühmt, dass die deutsche Jugendzeitschrift BRAVO ihre Geschichte druckte und eine Suchanfrage nach ihrem Vater startete – mit Erfolg. Frida und Alfred fanden zueinander, da war Frida schon über dreißig. Vater und Tochter brachten jede(r) ein kleines Schwarz-Weiß-Bild mit gezacktem Rand mit zum Treffen. Es zeigt Haase als Soldat.

Damit war wenigstens die Vaterschaft eindeutig geklärt.

Auch der Seemann Hugo Bünz, geboren 1882, gewarnt von (s)einer norwegischen Freundin, machte sich bereit abzuhauen.

Hugo arbeitete für die Paramilitärische Bautruppe der Wehrmacht, die Organisation Todt (OT). Für die OT arbeiteten Tausende deutsche und andere Unternehmen mit mehr als 1,5 Millionen Menschen, darunter viele Zwangsarbeiter. Zum Kämpfen war Hugo mit sechzig zu alt, man hatte ihn rekrutiert, weil er fließend Norwegisch sprach. Hugo war mein Großvater.

Die deutsche Armee zog sich zurück aus dem Land, in dem sie sich vier Jahre lang breitgemacht hatte. Gemessen am sonstigen Elend des Zweiten Weltkriegs, lag Norwegen ziemlich weit vom Schuss. Wenn man Aagot, der Krämerstochter aus Kokelv, folgt, dann stießen die Besatzer etwa in Kokelv auf eine gewisse Reserve, aber zunächst auf kaum Widerstand.

»Bis 1944 war das Verhältnis zu den deutschen Besatzern ziemlich freundlich, sogar entspannt«, sagt Aagot. »Es gab hier bei uns im Dorf mehr Soldaten als Besetzte. Sie waren höflich, manche der jungen Männer gefielen den norwegischen Mädchen.« Zudem galten die Norweger den Nazis als Arier. Verbindungen mit den Einheimischen waren von der SS ausdrücklich erwünscht. Es gab sogar eigene Kinderheime. Die große Mehrheit der Norweger aber wollte keineswegs Arier oder gar deutsche Untertanen sein, sondern Norweger bleiben. Die Königsfamilie rief aus dem Londoner Exil zum Widerstand auf. Und Norwegen nahm den späteren Bundeskanzler und Friedensnobelpreisträger Willy Brandt auf und bürgerte ihn sogar ein, nachdem die Nazis ihn vertrieben und ausgebürgert hatten.

Der Gute Geist von Kokelv

Es sollte bis 1944 dauern, bis auch in Nordnorwegen die Stimmung endgültig kippte. Jeder Haushalt bekam einen Brief von den Besatzern, mit dem Befehl, ihre Dörfer zu verlassen – mit nichts als einer kleinen Tasche.

Die Kompanie in Kokelv begann, alle Tiere des Dorfes zu erschießen, auf offener Straße, erzählt Aagot. »Da ging der Bürgermeister zum Kompaniechef: Wir sind hier zivilisierte Leute. Machen Sie das bitte nicht vor unseren Augen.«

Die meisten Menschen in der Finnmark, auch die Johansens, beugten sich dem Druck der Besatzer. Sie wurden nach Südnorwegen verschifft und in Lager gesteckt.

In Kokelv war es in der Nacht vom 3. auf den 4. November 1944 so weit. Die Bewohner mussten mit ansehen, wie ihr Dorf lichterloh brannte, während sie selbst per Schiff deportiert wurden. Alles wurde angesteckt, selbst die Telefonmasten.

Etwa 25 000 Menschen blieben heimlich in der Finnmark. Sie versteckten sich in Höhlen, folgten dem Aufruf der Exilregierung in London. Sie rechneten mit den Briten als Befreiern.

König Haakon sagte: »Versteckt euch vor den Deutschen! Hilfe ist unterwegs.«

Doch die kam nicht.

Die, die damals Kinder waren, erinnerten sich vor allem an die Stille in den Höhlen, die Älteren an ihre Angst. Familien bauten sich ein einfaches Lager, unterteilt durch Steingiebel, Planen und Segeltuch. Im Eingangsbereich wurde ein Plumpsklo errichtet, im Inneren wurde auf Petroleum gekocht. Entsprechend war die Luft in der Höhle.

Bis zu einhundert Menschen harrten aus in einer Höhle, immer in der Furcht vor Entdeckung.

Der Fischer Evald Nilsen schaffte es, sich bis Kriegsende in den Bergen zu verstecken. »Wir wohnten in einer Bergspalte am Fjord, den ganzen Winter lang, und bauten uns dann im Frühling eine Hütte. Essen hatten wir ja genug, es war eine Vertreibung mit Ansage. Einiges an Proviant war gut versteckt. Außerdem jagten wir Seevögel oder Seehunde. Das größte Problem war das Schuhwerk. Wir gingen viel zu Fuß und hatten nur ein Paar Gummistiefel. Irgendwann fanden wir einen Autoreifen, den wir auseinanderschnitten für neue Sohlen.«

Vom Ende des Krieges erfuhren sie, als sie im Mai ihre Hütte verließen. Evert war erst voll Groll. Aber auch erleichtert, dass es nicht zu einer militärischen Konfrontation gekommen war.

»Man war zunächst wütend, dass man keine besseren Waffen hatte, um sich zu verteidigen. Nach dem Krieg aber, da besann man sich und dankte Gott, dass wir so schlechte Waffen hatten.«

In den Jahren nach 1945 wurde Kokelv wieder aufgebaut.

Fast alle Bewohner kamen zurück.

Evald Nilsen fand sich erst nicht zurecht.

»Nachdem die deutschen Soldaten sich zurückgezogen hatten, wanderte ich durch eine flache und weiße Landschaft, und man konnte nicht mehr sagen, wo das eigene Haus gewesen war.«

Doch allmählich wurde alles wieder errichtet. Auch der Kaufmannsladen der Krämerfamilie Johannsen wurde wieder in der ersten Reihe an der Bucht eröffnet. Sieben Kinder wurden geboren, eins davon ist Aagot.

Die Johansens stehen zum Empfang bereit, als der erste Nachkriegsdeutsche 1960 ankommt. Richard Nevermann landet nach einer eintägigen Seereise von Hammerfest an Bord eines Fischerboots. An der Eiskante draußen in der Bucht lässt man ihn aussteigen.

Nevermann ist ein handfester Mann, bevor er Pfarrer wurde, lernte er Bäcker. Trotzdem ist ihm übel vom Seegang, und die Schuhe sind klatschnass vom Schnee.

»So lag er«, erzählt Aagot, »später in unserer warmen

Stube, eingepackt auf dem Sofa, und hatte einen guten Grund, unsere fette Hammelsuppe an sich ›vorbeigehen‹ zu lassen«. Nevermann rappelt sich schnell wieder auf.

Am Ende kommen dreiundzwanzig Männer, drei Frauen und ein Kleinkind namens Uwe, drei Jahre alt, in Koklev unter. Sie bringen alles mit: Betonmischmaschine und Maurerkellen, Schubkarre und Kreissägen. Die Handschuhe – so will es die Legende – stricken die Frauen der Einheimischen.

Der dreijährige Sohn Uwe bahnt manche Freundschaft. Die Eltern von Uwe, der deutsche Pfarrer Richard Nevermann und seine Frau, sorgen sich, dass ihr Kind bei ihnen nicht richtig zulangt, und reden darüber offen mit den Johansens. Aagot erinnert sich schmunzelnd an die Antwort ihrer Eltern.

»Bei uns isst er gut.«

Für einige Menschen in Koklev muss es auch eine Erleichterung gewesen sein, ein anderes Deutschland kennenzulernen und den Hass langsam herunterzuschlucken, der ihnen wie ein Kloß im Halse steckte.

Die Menschen im Dorf sind orthodoxe Lutheraner nach Lars Levi Laestadius, dem schon erwähnten evangelisch-lutherischen Pfarrer und Erweckungsprediger, der als »Apostel der Samen« bezeichnet wird. Unter Laestadianern war es lange üblich, sich gegenseitig im Gottesdienst die Sünden zu vergeben. Was aber, wenn die Übeltäter nicht mehr greifbar sind? Die Bibel gibt da mehrere Antworten, bekannt sind vor allem »Auge um Auge« und »Rache bis ins dritte Glied«. Aagot legt den Kopf ein bisschen schief und sagt: »Vergebung ist aber auch sehr zentral in unserem Glauben.« Und der tägliche Anblick der neuen Kirche, stolz und solide gebaut, auf der Anhöhe über dem Dorf, besänftige.

Sicher ist, dass es den Bewohnern von Kokelv imponierte, wie die Deutschen anpackten, von Mai bis Dezember, 193 Tage lang – ein Marathon bei Schnee und Eis, zwischen Mitternachtssonne und Mörketid. Richard Nevermann schrieb in sein Tagebuch: »Es war eine Mühsal, aber das sollte es auch sein.«

Küster Evard Nilsen notierte später: »Ich hätte mir nicht vorstellen können, dass ich einen Deutschen noch mal Freund nennen würde.«

Richard Nevermann wurde sein Freund. Und Küster Nilsen hätte sich 1944 sicher auch nicht vorstellen können, dass das halbe Dorf in der Bucht fischen gehen würde für das Festessen zum fünfundzwanzigjährigen Kirchenjubiläum mit vielen Gästen aus Deutschland.

Diesmal als Freunde

Aagot und ihr Mann Tom pflegen weiter das offene Haus ihrer Eltern. Sie ist Revisorin, er Steueranwalt, beide sind in Rente. Wir sitzen zu zehnt im Wohnzimmer – zu Gast sind Kinder und Enkel des ehemaligen Kirchenbauers Michael Ossenkamp, die es in die Nähe von Oslo verschlagen hat. Abends kommt noch der Sohn des Küsters Roald Nilsen vorbei. Aagot serviert Hjortron aus eigener Ernte im Hochmoor (»zwei Kilo in drei Stunden gepflückt«), die Vitaminbombe der Sami, und Rentierfilet (»Wir kaufen immer zu zwei Familien ein ganzes Kalb, aber das ist Gesellschaftsessen, nicht für den Alltag«).

Am Morgen danach blickt Aagot zufrieden aus dem Fenster auf die Berggipfel, auf denen leichter Schnee liegt, und erinnert sich an den Abschied vor vielen, vielen Jahren. Damals, 1960, war es schon Dezember. Als die Boote in das Dorf kamen, um die Deutschen abzuholen, flossen die Tränen. Denn dieses Mal gingen sie als Freunde.

»Die Deutschen weinten beim Abschied«, sagt Aagot.

»Und wir weinten auch. Es sollte still werden in Kokelv.«

Ein Tag mit Asta Balto

Von Kokelv fahren wir ins Landesinnere.

Dort, wo die Taiga in die Tundra übergeht, endet der Wald, und die Steppe beginnt. Wir sind zwischen Alta und Karasjok. Nördlich von uns sind Hammerfest und die Barentssee. Europa läuft nach Norden zum Eismeer aus. Die Hochebene – Finnmark genannt – ist das Kernland der Sami, Schauplatz ihrer Siege und Niederlagen. Ein magischer Ort.

Asta Balto schaut aus dem Fenster des kleinen Busses, als ob sie sich nicht sattsehen könnte. Sie ist festlich gekleidet, trägt eine weiße Lederkappe mit Fähnchen in Blau-Gelb-Rot-Grün, das Haar reicht ihr bis auf die Schulter, und wenn sie sich bewegt, klimpert der silberne Familienschmuck an ihrem Hals. Das erinnert mich an Victoria, die ja auch gerne klimpert

Wir gucken gemeinsam aus dem Fenster. Draußen fließt der Altafluss vorbei. Der Blick wird weit. Die Baumgrenze sinkt. Zwergbirken sind auf einmal die Riesen unter all den Sträuchern. Sie erobern sich langsam die Tundra – davon wird noch die Rede sein.

Das ist die Gegend, wo es im Winter so bläst, dass Autofahrer nur in Kolonnen über die Pässe dürfen. Die letzten Bäumchen haben alle einen Schlag nach Osten.

Jede Region erzieht sich die Wesen, die es dort braucht – und auch nur die halten es dort aus. Mag es für andere eine Einöde sein, für Asta ist es Heimat.

Wir fahren vorbei am größten Canyon Norwegens, im Flussbett des Alta, dort, wo alles anfing.

»Let the river live« war das Credo der Bürgerrechtsbewegung gegen den Ausbau, die zu ihren Hochzeiten zehntausend Menschen auf die Beine brachte. Der Fluss trägt die besten Lachse Norwegens, aber der schnelle Strom eignet sich auch für Turbinen. Da musste irgendwann der große Zusammenstoß kommen.

Rückblende auf 1980. Eine Szene wie aus einem Film. Sieben Frauen stehen auf einer kleinen Anhöhe aus Schnee – die Köpfe erhoben unter den Hauben, die langen blauen Röcke reichen bis zu den Schnabelschuhen. Sie frieren nicht, obwohl es viele Grade unter null ist. Ihre Eltern haben versucht, sie von diesem Aufstand abzuhalten. Aus Sorge, sie würden ihre Zukunft verspielen. »Endlich dürft ihr in die allgemeinen höheren Schulen gehen, nicht wie wir in die Nomadenschule. Die Zeit ist reif für samische Lehrer, Ärzte, Professorinnen, Pilotinnen. Das darf man doch nicht aufs Spiel setzen«, sagten sie ihren Kindern. Aber dann haben die Eltern, so erinnert sich Asta, doch aus der Kleiderkammer alles zusammengesucht, was in alter Tradition schon immer die Hirten wärmte. Zuletzt haben sie für ihre Kinder gebetet und für den Altafluss. Nun saßen sie zu Hause am Radio und warteten auf Nachrichten von der »Alta Action«, dem Versuch, ein gigantisches Industrieprodukt mit Hungerstreiks und guten Worten zu verhindern.

Eine von diesen sieben Frauen ist die Frau auf dem Nebensitz: Asta Balto. Ein ganzes Berufsleben liegt hinter ihr, lange war sie Professorin, aufgewachsen ist sie hier in der Tundra. Erste Sprache Samisch. Norwegisch hat sie sich Wort für Wort selbst beigebracht. Sie ist eine geborene Geschichtenerzählerin, auf Englisch klingt das eleganter: Storyteller.

Ihr habt recht – aber wir haben unsere Befehle

»Gegenüber steht damals die Staatsmacht«, so erzählt Asta weiter, im größten Polizeieinsatz der norwegischen Geschichte in Friedenszeiten. Es wird so viele Festnahmen geben, dass die Regierung eigens ein Schiff in die Stadt Alta entsendet – mit Platz für sechshundert Gefangene.

Die Frauen stimmen einen Joik an – damit kann man bekanntlich Steine erweichen. Es wirkt. Jedenfalls halten die Polizisten inne, senken die Schlagstöcke, sie hören zu.

»Eigentlich hätten sie uns packen und abführen müssen, so wie die sechshundert anderen Demonstranten.«

Dann fasst sich der dienstälteste Polizist ein Herz. »»Es ist nicht richtig, was wir hier tun. Es ist euer Land. Aber wir tun hier unsere Pflicht. Wir müssen euch festnehmen. Hier dürft hier nicht stehen.‹«

Asta erinnert sich: »Wir sangen weiter. Aber uns kullerten die Tränen. Weil wir spürten, dass es trotz aller Unterschiede ein gemeinsames Gefühl für Richtig und Falsch gibt.« Und dann wanderten Asta und ihre Mitstreiterinnen für eine Nacht ins Gefängnis.

Ganz offenbar kann der Glaube an den Mitmenschen jung halten, wenn er denn stark genug ist.

Die Dame Asta strahlt Heiterkeit und Energie aus. Wenn sie geht, dann federt sie. Auf den ersten Blick könnte man sie für Mitte fünfzig halten, sie ist aber Mitte siebzig.

Let the river live

Asta Balto ist mit einem Köfferchen in der Hand in den Bus geklettert und zeigt uns nun für zwei Tage ihre Welt.

Wir sind eine Gruppe von Berichterstattenden aus Europa, unterwegs durch die untere Arktis. Pressereisen sind oft reine Show – dafür sind auch noch die Drinks gratis –, aber diese ist anders.

Das norwegische Außenministerium hat die Organisation seiner offiziellen Kunststiftung OCA (Office for Contemporary Art) überlassen. Die denkt schon mal meilenweit voraus und sieht Norwegen, Schweden und Finnland als alte Kolonialmächte mit einer Bringschuld. Ein Eingeständnis, das die Sami natürlich freut, wo es den Regierungen ansonsten nicht so leicht über die Lippen geht. Immerhin gelang es OCA, die nordischen Länder zu einer einzigartigen Geste zu bewegen. Sie überließen die Gestaltung des nordischen Pavillons auf der Biennale 2022 in Venedig der Urbevölkerung des Nordens. Damit auch jeder den neuen Wind spürt, wurde das Ausstellungshaus – die Visitenkarte der nordischen Länder – umbenannt in Samischer Pavillon.

Asta wird mit uns die ausstellenden Künstler in ihren Ateliers besuchen. Die Namen sind bekannt:

Máret Ánne Sara in Karasjok (die schon auf der Documenta mit ihren ausgestellten Rentierschädeln für Furore gesorgt hat), Anders Sunna in Jokkmokk, über den ich bereits geschrieben habe, und Pauliina Feodoroff in Inari. Sie gelten als die Besten ihrer Generation – und sie sind alle drei voll Zorn.

Aber die Reise wäre keine Reise, wenn wir uns nur in Ateliers bewegten. Alle Teilnehmer freuen sich offen oder heimlich darauf, wenigstens ein Rentier zu streicheln und am Lagerfeuer in der Tundra zu sitzen. Eisbären, die einem auf die Pelle rücken könnten, gibt es erst weiter nördlich, in der oberen Arktis.

Wo Denkmäler nicht lange stehen

Man muss kein großer Freund von Denkmälern sein, aber wenn sie fehlen, stimmt etwas nicht. Während wir dem Altafluss in langen Kurven folgen, wundere ich mich, warum der Aufstand von Alta so wenig Spuren hinterlassen hat. Wo sind die Schilder, Schautafeln, wo ist der Hinweis im Netz? Ob das die Art der Sami sei? Sie bauten ja auch keine Kathedralen?

Astas Antwort lässt darauf schließen, dass die Sami auch in ihrem Kernland nicht allein sind.

»Hinweisschilder auf den Ort des Aufstands halten sich hier nicht lange«, sagt Asta. »Sie werden umgefahren, abmontiert oder dienen als Zielscheibe.«

Der Altafluss galt, wie schon erwähnt, als einer der besten Lachsflüsse Norwegens. Das war vor der Erfindung des Industrielachses, der kreist und niemals ankommt – wie ein Hamster im Rad. Der 110 Meter hohe Staudamm im Alta Canyon, das wusste man, würde dem richtigen Lachs schlecht bekommen.

Zum anderen würde der Damm das örtliche Klima verändern und wichtiges Weideland für die Rentiere schlucken. Und das in einer Gegend, die immer schon auf ihre ganz eigene Art überlaufen war und in der es eigentlich zu viele Tiere und zu wenig Grund gab.

Wer hier auf einen beliebigen Hügel steigt und bis zum Horizont nur Gegend sieht, kann es sich kaum vorstellen, dass es hier an Platz mangeln soll. Aber freie Wesen brauchen viel Platz und kümmern sich weder um Grenzen noch um Zäune. In einer Welt, die komplett vermessen und verteilt ist, ist das der wahre Luxus.

Der zweite Hinweis darauf, dass wir zwar im Kernland der Sami, aber deswegen noch lange nicht im Paradies gelandet sind, erreicht uns an der ersten Haltestelle, einem traditionellen Gasthaus ganz aus Holz, auf halber Strecke zwischen Alta und Karasjok.

Wir sind etwas im Verzug, die Parlamentspräsidentin wartet, aber Asta besteht darauf, dass wir die Kaffeepause nehmen. Was man ankündigt, soll man auch halten.

Dicht steht die Sami-Fahne neben der norwegischen in der Gaststube. Im offenen Kamin brennen Birkenscheite, und auf der langen gedeckten Tafel warten zehn verschiedene Beerensorten-Marmeladen, von der dunkelroten Lingon über Blaubeeren bis Hjortron, die Moltebeere. Dazu gibt es eins der beiden Standardgerichte, das ein Gastronom in Norwegen braucht, um zu überleben: frisch gebackene Waffeln mit Schlagsahne. Das andere ist die Fischsuppe.

Aber was macht dort der blaue Volvo Allrad mit dem Schriftzug »Politi« auf dem Parkplatz neben unserem Bus? Die Beamten steigen aus und gehen den Zaun entlang ins Nirgendwo der baumlosen Ebene.

»Streit schlichten oder einen Diebstahl aufnehmen«, sagt Kjetil, der Busfahrer, knapp. Rentiere verschwinden, so erfahren wir, immer wieder spurlos in der Nacht. Am Ohr sind sie eindeutig markiert – jede Familie hat ihre eigene Renmärke –, aber zwei Schnitte reichen aus, und das Tier geht anonym zum Schlachter.

Busfahrer Kjetil stammt selbst aus einer Rentierhirten-Familie. Sein Großvater war Hirte, sein Vater Bäcker in Karasjok.

»Es ist nicht selten, dass hier oben die Hirten einander bestehlen«, sagt Kjetil. Der Druck sei groß, die Preise fielen, die Herden müssten von Amts wegen schrumpfen.

Mein anderer Gewährsmann – Carl-Johan Utsi, der Kameramann aus dem schwedischen Teil von Sápmi, mit viel Verwandtschaft in Nordnorwegen –, hat mir auf unseren langen Autofahrten ähnliche Geschichten vom Rentierklau hier erzählt. Es gibt wohl Hirten, die deshalb Nacht um Nacht draußen bei ihren Herden verbringen. Carl-Johan hatte dabei geseufzt: »Was für ein Stress.«

Ein halber Sieg

Am Ende wurde der Damm gebaut, aber etwas kleiner und ein ganzes Stück weiter flussabwärts. Das samische Dorf Maze, Kristallisationspunkt des Protestes, eine Stunde südlich von Alta, wurde nicht geflutet. Es durfte stehen bleiben und ist heute als »authentisches Sami-Erlebnis« Programmpunkt des touristischen Programms der norwegischen Postschiffe (Hurtigruten), inklusive Rentier- und Kartoffelauflauf. Ein kleiner Ausgleich dafür, dass die großen Lachse nicht mehr im Altafluss leben, denn sie schaffen es nicht durch die Turbinen. Die erste Kirche – hier im 17. Jahrhundert errichtet – wurde übrigens von den deutschen Truppen auf dem Rückzug in Brand gesteckt und erst 1965 wieder aufgebaut.

Die Sami bekamen zum Trost ein eigenes Parlament mit einem imposanten Bauwerk. Der Konflikt um den Altafluss hatte Norwegen gespalten. Sehr vereinfacht gesagt, war das gesamte Establishment von der Sozialdemokratie bis zur Industrie für das Großprojekt, auch die Parlamentsmehrheit stimmte immer wieder für die industrielle Nutzung des Flusses, aber ein wachsender Teil des Wahlvolks, vor allem der Frauen und generell der Jugend, war dagegen. Die öffentliche Sympathie mit den Sami wuchs, es gab 1980 ein internationales Sommercamp am Fluss mit sechstausend Teilnehmern, an dem auch die damals sehr bekannte kanadische Sängerin Buffy Sainte-Marie teilnahm. Von ihr stammt das Lied »Universal Soldier«, eine Hymne der Antikriegsbewegung. Das Lied »Up where we belong«, gesungen von Joe Cocker und Jennifer Warnes für den Film *Ein Offizier und Gentleman*, brachte ihr 1982 einen Oscar ein.

Buffy Sainte-Marie war die erste Indigene, die einen Oscar gewann, geboren wurde sie im Stamm der Cree-Indianer.

Das Wichtigste war, dass Norwegens abgelegener Norden – zweitausend Kilometer von der Hauptstadt entfernt – plötzlich die Gemüter des ganzen Landes bewegte. Die Krönung war, dass zwei samische Künstler, Mathis Hætta und Sverre Kjelsberg, damals mit dem Lied »Sámiid ædnan« für Norwegen antraten. Die Hymne über das »Mutterland der Sami« gehört noch immer zu den populärsten Liedern, erstmals gespielt vom staatlichen Sender NRK während des Hungerstreiks von bis zu tausend Alta-Aktivsten vor dem Parlament in Oslo. Der Refrain des Liedes war: »Vor dem

Parlament, wo die Menschen saßen, hörte man den Joik Tag und Nacht.« Danach wurde es Norwegens offizieller Beitrag am Eurovision Song Contest. Kulturell hatten die Sami also gewonnen.

Karasjok: Ein Parlament als Trostpreis erster Klasse

Das Parlament residiert in einem weitläufigen Lärchen-holz-Stahl-Stein-Bau mit großen Scheiben, der Plenarsaal erinnert an ein klassisches Zelt, eine Kota.

Am Eingang links hängt die Unterschrift des norwegischen Königs zur Einweihung. Viel Platz für 45 000 Bücher und Kunst – die größte Sammlung samischer Literatur weit und breit –, viel Holz und Licht und ein hauseigener Gründungsmythos.

In der Nacht vor der Eröffnung des Sami-Parlaments in Karasjok im November 2000 baute der Rentierzüchter und zweite Bürgermeister der Stadt Jon mit ein paar Freunden ein traditionelles samisches Zelt, ein Lavvu, im Innenhof auf. Sie zündeten ein Lagerfeuer an und baten um eine Art Bauerlaubnis bei Mutter Erde.

Wir sitzen mit Jon und Asta auf den Hügeln oberhalb der Stadt am Feuer auf Rentierfellen – wenn wir uns recken, könnten wir die Spitze des Parlaments sehen –, warten auf das Nordlicht, essen Rentierschinken und trinken Kaffee.

Der Bürgermeister, der nicht mehr von Rentieren, sondern von Ausflügen mit Allrad, Scooter und Hundeschlitten lebt, stimmt einen traditionellen Joik an (»Denkt nicht nur an die Reichen, vergesst nicht die Armen«), und Asta singt mit. Beim Joiken summt die Gruppe der ausländischen Berichterstatter leise mit.

Mit der samischen Philosophie tun wir uns wohl alle noch etwas schwer. Was erwartet man denn, will Sara Greenberg wissen, wenn man den Boden um Erlaubnis fragt? Sara kommt aus Kalifornien, lebt in London und kennt sich aus mit der Kunst, auch der der indigenen Völker.

Asta richtet sich auf, ihre Augen blitzen – dann spricht sie sanft und lächelt ihr weises Lächeln. »Es gibt nichts umsonst: Wenn wir jagen oder fischen, fragen wir vorher um Erlaubnis. Immer.«

Asta lässt uns Zeit, das sacken zu lassen, Jon legt noch etwas Feuer nach.

Wie anders – so geht es mir dabei durch den Kopf – klingt das doch als der biblische Imperativ: Macht euch die Erde untertan. Und wie ist dieser Imperativ der Erde bekommen?

»In unserer Sprache unterscheiden wir nicht zwischen Fischen und Jagen. Und das Wort dafür bedeutet auch ›um etwas fragen‹.«

Für Samen sind Menschen und Tiere, Wasser und Holz eine Einheit. Rentiere sind so etwas wie nahe Verwandte, wie auch der Fluss.

Unter Samen kann es vorkommen, dass unterwegs »Großmutter Fluss« angerufen wird und Gäste von auswärts gebeten werden, sich kurz in den Schnee zu legen, um sich selbst der Natur vorzustellen.

So verlockend so ein Nahkontakt auch klingt, aber heute Abend bleiben wir lieber auf dem Fell am Feuer. Es ist minus zehn Grad um zehn Uhr abends und fühlt sich doch eher frisch an.

Drei Frauen – die jüngste ist die Chefin

Am Nachmittag ab dreizehn Uhr ist das Parlament für Besucher geöffnet. Anders als in der öffentlichen Wahrnehmung sind hier auch all die Samen vertreten, die nicht mehr mit ihren Tieren umherziehen.

Unser Empfangskomitee im Parlament besteht aus drei Frauen aus drei Generationen mit drei Temperamenten, wie wir schnell merken. Asta ist eine unter den Sami hoch geachtete Weise, eine »elder«; ein Wort, das man auf Anhieb versteht. Neben ihr steht Silja Somby, eine Frau von Ende fünfzig, die in direkter Linie von den Rebellen von Kautokeino abstammt, eine Filmemacherin.

Ihre Vorfahren lynchten 1852 den örtlichen Schnapsmonopolisten und ein paar Staatsbeamte mit dazu. Die Sombys waren keine Räuber, sie waren nicht auf den Schnaps aus, ganz im Gegenteil. Sie waren militante Anhänger der Nüchternheitsbewegung. Alkohol war für sie Teufelszeug, eine Art Opium für das Volk. Der Aufstand lebt in vielen Köpfen weiter, ein Spielfilm hält die Legende am Leben. Es fällt nicht schwer, sich Silja Somby, wie sie da vor uns steht, kraftvoll und zupackend, an der Spitze eines Aufstandes vorzustellen.

Die Präsidentin, Silje Karine Muotka, Mitte dreißig, Juristin, gehört zu den See-Samen und trägt – als Erkennungsmerkmal – Stiefel aus Robbenfell. Robben leben bekanntlich im Meer. Sie ist Laestadianerin, insofern Anhängerin einer wortwörtlichen Auslegung des Christentums, die unter Samen sehr viel Anhänger hatte und die Parole ausgab (und lebte): »Kein Schnaps, keine Feiern, Frauen nur in langen Röcken und Lachen nicht ohne Grund.« Wie weit das heute noch gilt, lässt sich schwer sagen.

Die Präsidentin lacht jedenfalls gerne und oft, hat einen Abschluss in Jura und ein paar Jahre in Kanada verbracht. Samisch – die Amtssprache – musste sie Wort für Wort neu lernen.

»Politik ist eine Domäne der Frauen«, sagt unsere Begleiterin Asta Balto. Traditionell waren bei den Sami Frauen immer Hüter der Kultur.

Viele aktive Rentierhirten sind auch heutzutage dreihundert Tage im Jahr unterwegs mit den Tieren. Die Frauen kümmern sich um Haushalt, Kinder – und Politik.

Von Hausmännern unter den Sami ist selten die Rede.

Von Silja lernen wir, dass die farbenfrohen und handgenähten Röcke, Blusen und Hauben der drei Damen sehr sorgfältig kombiniert sind und dass sich das Design ständig ändert. »Was die Präsidentin heute trägt, ist sehr in Fashion, auf der Höhe der Zeit.«

Eingeweihte können die Kleidung wie ein Buch lesen. Welche Region wird repräsentiert, welche Stadt, sind die Trägerinnen Wald-Sami, Küsten-Sami oder Fjäll-Sami, ledig oder verheiratet?

Die Präsidentin trägt die Bluse sehr hochgeschlossen,

der Knopf sitzt fast auf dem Kehlkopf, fromm und züchtig.

»Könnte mir nicht passieren«, sagt Asta und lacht. »Man will doch zeigen, was man hat.« Die Präsidentin lacht mit. Wie sie sich zusammen präsentieren, hat man den Eindruck ungezwungener Harmonie. Nun kennt in Samiland ohnehin jede(r) jeden, alle sind mit allen über ein paar Ecken verwandt. Es gibt aber neben den Blutsverwandten auch Wahlverwandtschaften. Begegnet man sich etwa in der Schule und kann sich gut leiden, adoptiert man einander.

»Wir sind ja nur wenige und wünschen uns ständig, unsere Familien zu vergrößern. Wir nennen einander zum Beispiel ›Schulschwestern‹ und natürlich auch ›Schulbrüder‹, ›so bauen wir unsere Netzwerke aus‹«, sagen sie und stellen sich – leise klirrend – zum Erinnerungsfoto dicht nebeneinander.

Es wird Rentiergeschnetzeltes mit Lingon und Kartoffelbrei aufgetischt. Die Kantine ist noch nicht lange wieder im Betrieb nach der Corona-Pause. Dem Essen – die Visitenkarte jedes samischen Haushalts – fehlt es an Sahne, Salz und Butter. Das passt dem Trio gar nicht. Wir verhalten uns nach dem ungeschriebenen Gesetz, dass der Gastgeber kritisieren darf, der Gast aber dazu schweigt und leise lächelnd isst.

Dann reden die drei Frauen Klartext. Etwa, dass der Hass auf die Sami besonders am Nationaltag, dem 6. Februar, hochschwappe.

»Der Hass ist gewachsen und setzt sich fest. Es ist schlimmer als zu den Zeiten des Staudamm-Baus 1980«, erzählt die Präsidentin Silje Karine Muotka.

Was ihre eigenen Kinder an negativen Kommentaren im Netz alles lesen müssten, sagt sie mit ernster Miene: »Wir können ja nicht in die Köpfe unserer nicht samischen Mitbürger schauen, aber sie scheinen mit dem Gefühl aufzuwachsen, uns überlegen zu sein.

Wie muss sich das anfühlen – und worauf baut es eigentlich?« Die drei erzählen offen, dass in den (vier) Sitzungswochen lang und ausgiebig diskutiert werde und es nicht immer leicht sei, mit einer Stimme zu sprechen. Die Rentierhirten sind klar in der Minderheit. Nur zehn Prozent der norwegischen Samen sind noch Rentierhirten.

Diplomatisch formuliert die Präsidentin: »Nicht alle Samen finden, dass die Rentierzucht allen nützt.«

Zum Abschluss noch ein Rundgang durchs Parlament:

Viel helles Holz, ein großer Stein rechts neben dem Rednerpult.

Die Präsidentin sagt: »Wir streiten viel. Sehen Sie nur diesen Stein an.« Der Stein sieht recht unschuldig aus. Aber er kam aus einem Bergwerk, einer Mine mitten im Weidegebiet.

»Da gab es Mitglieder, die fanden, dass er nicht in unser Parlament gehört. Die wurden dann überstimmt.«

Mir geht durch den Kopf, dass ja eigentlich die ganze Finnmark Weideland ist. »Sami-Land ist ja überall hier oben im Norden, oder?«, frage ich. »Jeder Stein und jeder Strauch. Wie kann man da überhaupt etwas entnehmen, ohne irgendwem auf die Füße zu treten?«

»Gute Frage«, lacht die Präsidentin. »Recht hast Du. Rentiere brauchen wirklich viel Platz.«

Kautokeino Streichelzoo auf der Hochebene

Rentiere sind keine Kuscheltiere. Sie meiden Menschen. Ein lautes Geräusch, und sie ändern die Richtung.

Wir sind in einer ausgesprochen windigen Ecke in einer ohnehin zugigen Gegend auf den Hügeln rund um Kautokeino und suchen ein Rentier zum Streicheln.

Aber erst einmal sehen wir nichts. Die Fahrt mit dem Scooter hat etwas von einem Blindflug. Unser Guide ist rasant gestartet und im Schneenebel davongefahren – sein Rücklicht können wir nur noch erahnen.

So bremsen wir ab und fahren ganz sachte, Scooter hinter Scooter, jeder die Hand am beheizten Gasgriff, den kleinen Zweigen entlang, die gerade noch aus dem Schnee ragen. Das Manövrieren ist kein reines Vergnügen in diesem Terrain. Direkt neben der festgefahrenen Trasse ist der Schnee butterweich. Ein kurzer Moment der Unaufmerksamkeit, ein kleiner Schlenker, und man landet im Graben, eine Kufe in der Trasse und die andere im Neuschnee. Die natürliche Reaktion, mit einem Fuß abzufedern, wäre in diesem Fall nicht angebracht. Diese Kolosse von Schneemobilen wiegen dreihundert Kilo und sind unmöglich zu halten. Da hilft nur: Füße einklappen, beten und Vollgas.

Nach ein paar Kilometern kreuz und quer taucht in der Ferne ein Holzgatter auf. Davor ein Anhänger mit großen gelben Säcken – und unser Guide und Gastgeber.

Nils Peder Gaup, ein stattlicher Mann mit der geübten Stimme eines Bühnenschauspielers, trägt einen langen weißen Pelzmantel und einen Überwurf wie ein Imperator. Im Hauptberuf dirigiert er Rentiere und Touristen, er tritt aber auch in Spielfilmen auf.

Mit großer Geste schneidet er einen der gelben Säcke auf – und es ist, als ob er an der Glocke im Speisesaal gezogen hätte.

Erst sind es nur ein Dutzend Tiere, die sich aus der Tiefe des Geheges in Gang setzen, sie kommen näher und näher.

»Es ist ein bisschen unfair«, sagt er und schüttelt den Kopf. »Wir haben einen Deal. Erst leben die Rentiere von uns, dann leben wir Hirten von ihnen. Früher kamen sie so durch den Winter. Aber schaut selbst, sie fressen uns die Haare vom Kopf.«

Einmal knuddeln

Ein paar Stunden zuvor. »Alles wunderbar«, lobte die weitgereiste Kunstkritikerin Sarah Greenberg am Frühstückstisch unsere einheimischen Führer. »Was haben wir nicht alles sehen und erleben dürfen: die historischen schamanischen Trommeln, die bahnbrechende samische Kunst wie etwa die Installation der vierhundert Rentierschädel von Máret Ánne Sara, die Lagerfeuer, das Ragout vom Ren, den Satzkaffee aus Schmelzwasser mit der Prise Salz, die Weite, das Licht und all die wunderbaren Geschichten.« Aber ein Wunsch sei noch offen. Ob es möglich wäre, ein einziges, ein lebendiges Rentier zu streicheln?

Gesammeltes Schweigen. Keiner in der Reisegesellschaft durch die Untere Arktis – Sami oder nicht – will irgendetwas versprechen. Rentiere kommen nun mal besser ohne Menschen aus. Und wo bitte sollen wir nur ein Kuscheltier für Sarah finden?

Rudolph der Unantastbare

Dort, wo Sarah herkommt, kennt man Rentiere nur aus dem Kino. Im angelsächsischen Sprachraum haben sie einen fast mythischen Rang. Das liegt vor allem an Rudolph, dem Rentier, einer Kunstfigur, die erstmals 1964 im Trickfilm in den Staaten auftauchte. Die Geschichte ist schnell erzählt: Rudolph wird von den anderen Tieren gemieden, weil er eine rote Nase hat. Er verbündet sich mit anderen Außenseitern (etwa Geschenken, die liegen geblieben sind) und rettet am Ende das Weihnachtsfest. Diese eingängige Geschichte träufelt sich tief in Kinderseelen und verbietet jedes kulinarische Verhältnis zu Rentieren. Helden isst man nicht. Aber umso mehr sucht man deren Nähe.

Und nun haben wir sie vor uns, eine unübersehbare Menge von Rentieren, in einem Gehege so groß wie zehn Fußballfelder. Nachdem Nils Peder und seine Tochter Anne Katja die Futterpellets auswerfen wie Kamellen beim Karneval in Köln, drängen die Vierbeiner zur Krippe.

Es sind rund sechshundert werdende Mütter – das Kostbarste, was ein Hirte hat. Und sie haben alle Hunger.

Während die Herde kaut, hat der junge Mann, der den ganzen Tag mit der Herde verbringt, Nils Peders Neffe, ein fremdes Ren in der Herde entdeckt. Er schwingt das Lasso, trifft auf zehn Meter genau die Hinterbeine, zieht die Schlinge fest, bringt es zu Fall. Es ist schwierig, gleichzeitig das Ren am Boden zu halten und seine Beine zu fesseln.

»Könntest du mal deine Kamera weglegen und mir helfen?«, fragt er.

Er zeigt mir, wie ich den Kopf halten muss, dann bindet er die Vorder- und Hinterfüße zusammen und wuchtet das Ren auf seinen Anhänger. »Das gehört zu den Nachbarn. Nicht hierher. Das bring ich nachher zurück.«

Vielleicht hat sich ja herumgesprochen, wie gut es bei Nils Peder im Gehege schmeckt. Kein mühseliges Graben durch den harten Schnee, eine regelmäßige Mahlzeit, Schutz hinterm Gatter – eine Art grüne Vollpension.

»Hast du gemerkt, die Rene riechen nicht. Das kommt daher, dass sie nur Grünzeug essen. Und die Raubtiere können sie somit nicht riechen.«

Bei den Sami müssen alle mit anpacken. Sarah klettert auf einen Anhänger mit einem vollen Futtersack. Anne Katja kutschiert sie mit dem Scooter hinein in die Herde. Sarah schaufelt und schaufelt, bis sie trotz Kälte ins Schwitzen gerät.

Nils Peder stützt sich auf einen Spaten und schaut halb amüsiert, halb genervt der Fütterung zu.

»Das hier ist nicht normal. So zahm sind sie nicht von Natur aus. Aber wir müssen sie durchfüttern. Und das geht nur im Gehege.«

Und Sarah ist glücklich, die Rentiere so in der Nähe zu spüren. Auch wenn sie nicht direkt kuscheln wollen. Es ist der Hunger, der sie ihre Scheu vergessen lässt. Manchmal streifen sie einen unabsichtlich. Das gibt einen kleinen Glücksstoß. Und Sarah kann es immer noch nicht fassen, dass sie jetzt in der Menge der Rene badet, sie, die schon mit einem Kuscheltier zufrieden gewesen wäre.

Alarm an der Baumgrenze

Nils Peder Gaup ist einer der letzten Vollzeit-Rentierhalter rund um Kautokeino.

Einige seiner Freunde haben zwei Jobs. Einen als Hirten und einen in der Verwaltung oder in der Naturschutzbehörde, wo sie sich die Köpfe darüber zerbrechen, was passiert, wenn es noch wärmer wird und die Böden schmelzen. Die Birken machen sich in der Tundra breit und verstärken den Trend zu wärmeren Temperaturen. Die Böden – heute noch im Permafrost – speichern enorme Mengen an Gasen.

Diese Teilzeithirten gehen nachts um elf noch nach ihren Renen schauen. Man muss schon ein bisschen verrückt sein und auch wohlhabend, um sich Rentiere zu leisten. Es gibt immer mehr Arbeitsunfälle auf der Weide, verletzte Hirten, Schneebrücken, die einstürzen, ertrunkene Tiere auf dünnem Eis. Und es gibt den ständigen Zank um die Tiere und Diskussionen, weil die Hirten dreihundert Tage im Jahr bei ihren Tieren sind – und nicht bei ihren Familien.

Unsere Tour mit Nils Peder Gaup endet in seiner Kota.

Es gibt Satzkaffee, Rentierschinken und ein frisch gebackenes Sami-Brot.

Das Rezept finden Sie hier.

Man nehme

Einen Liter Trockenmilch
100 Gramm Sirup
100 Gramm Butter

Die Zutaten rühren, bis die Masse fingerwarm ist

50 Gramm Hefe dazu
1,7 Kilo Weizenmehl

Stehen lassen

Nudelholz mit Noppen nehmen und Fladen ausrollen
In der Pfanne backen

Nils Peder hat viel Erfahrung mit Touristen und ist auch den Umgang mit Vegetariern gewöhnt. Denen, die nur für dieses eine Mal der Gastfreundschaft Genüge tun und Rentier probieren wollen, bietet er eine geistige Brücke: »Das Ren ist Vegetarier, wie ihr, und lebt von allem, was hier wächst. Wenn wir dann das Ren essen, dann geht all das Grüne weiter an uns.«

Und Nils Peder weiß natürlich alles über die schwindenden Weidegründe und worüber man sich sonst so Gedanken macht, wenn man dicht an der Natur lebt. Und er kann auch ausdauernd Klage führen. Meine Mutter pflegte zu sagen: »Klagen ist das Morgengebet der Kaufleute.« Aber Nils Peder wäre kein Sami, wenn er es dabei belassen würde. Seine Kultur ist die älteste durchgängig bestehende Kultur Europas seit 10 000 Jahren. Und ist immer gut gefahren damit, den Rentieren zu folgen.

»Kommt mit uns im Frühjahr. Da geleiten wir unsere Herde an die Küste bei Tromsø über sieben Tage. Wir gehen, wenn sie gehen – und wenn sie stehen, rasten auch wir. Und am Ende schwimmen sie durch den Sund meilenweit zu ihrer Sommerweide.«

Ein entfernter Verwandter von Nils Peder Gaup, der Dichter Ailo Gaup, hat ein Gedicht geschrieben, das die samische Sängerin Marie Boine zu den Worten inspirierte: »Dieses Gedicht von Ailo Gaup weckte so viel in mir auf, dass ich verstand, wer ich war und wo ich herkomme.«

I belong to the western branch
of an eastern people in the north.
on these tundras, next to
fjords and mountains and under the double starry sky
is our home.

Glossar: Was Sie schon immer über Lappland wissen sollten

Warum wandern Rene? / Die Samen in Zahlen / Sind Sami eine Minderheit oder ein »Urvolk«? / Alle Nomaden? / Haben alle Sami auch Rentiere? / Liebe ist noch untertrieben/ Vorrechte und Pflichten/ Norrland – Lappland – Sápmi / Wer bestimmt über Jagd und Fischfang – das Girjas-Urteil/ / Die Gretchenfrage / Salz im Kaffee

Wie weit reicht das Land der Samen?

Wenn Sie am Giebel eine bunte Fahne in Rot-Blau mit grünen und goldenen Streifen sehen, dann sind Sie auf dem Territorium von *Sápmi*. So nennt die Urbevölkerung ihr Land. Sápmi hat keine Armee und keine Grenzen. Grob gesagt, erstreckt es sich über den nördlichen Teil von Norwegen, Schweden und Finnland bis nach Russland auf die Kola-Halbinsel östlich von Murmansk – immer am Polarkreis entlang und etwa 400 000 Quadratkilometer groß. Die Sami waren die Ersten in Nordeuropa, die sich nicht um Grenzen scherten – lange bevor die Nationalstaaten gegründet wurden.

Warum wandern Rene?

Freie Rene müssen wandern, sonst würden sie ihre Lebensgrundlage zerstören. Die kargen Böden Lapplands müssen sich von der Visite einer Rentierherde erst einmal wieder erholen. Blieben sie auf einer Stelle, würden die Rene früher oder später verhungern.

Nach dem Besuch einer Herde ist der Boden komplett zertrampelt, bezeugt der Rentierhirte Matthias Pirrak von der

Sami-Kooperative Jåhkågasska. Ein ausgewachsenes Rentier braucht zwei Kilo Futter am Tag. Das klingt recht bescheiden, aber wenn man sich eine Horde von 800 000 Renen beim Essen vorstellt, kommen doch gewaltige Mengen zusammen, und das in einem Land der Zwergbirken und Sträucher.

Zum Vergleich: Ein Elefant – auch er ein Wanderer – braucht bis zu 200 Kilo Grünzeug am Tag. In Lappland würde ein Elefant also nicht satt. Es hat sich hier auch noch nie einer blicken lassen.

Auf ihren Wanderungen müssen Rentiere manchmal auch Meeresarme durchschwimmen – und Hunderte von Kilometern wandern. Sie sind unbeschreiblich zäh.

Das Einzige, was sie buchstäblich umhaut, sind starke Winde. Rentiere meiden deshalb im Winter die Küsten des nördlichen Polarmeeres, weil dort der Wind so blasen kann, dass die Tiere im Sturm keine Luft mehr bekommen.

Wer einmal auf einer Wanderung im schwedischen Bergland – dem Fjäll – in einen Schneesturm geraten ist, weiß, warum selbst die geduckten Renvaktar-Hytter, die Schutzhütten der Hirten, mit Stahlseilen und langen Dübeln im Gestein verankert sind. Sie könnten sonst im Schneesturm davonfliegen, und es gäbe nichts – keinen Baum und keinen Strauch –, was sie aufhielte.

Liebe ist noch untertrieben

Zwischen Rentieren und samischen Hirten besteht ein Verhältnis, das mit dem Wort Liebe noch nicht vollständig beschrieben ist. Rentiere werden gepäppelt und über Zäune gehievt, gestreichelt und geküsst. Sie sind der Augapfel und das Sparkonto. Wenn sich ein Rentier verläuft, wird es bis spät in die Nacht gesucht. Es gibt Männer, die verbringen zehn Monate im Jahr mit ihren Rentieren, sie füttern sie durch die karge Zeit und reparieren nebenbei endlos lange Gehege. Jeden Tag.

Wenn nicht am Ende der eine (Mensch) den anderen (Tier) aufessen würde, könnte man von Symbiose sprechen. Dabei wird dann aber alles vom Ren genutzt. Auf Englisch heißt das »nose to tail«, und es gilt als das Nonplusultra der Nachhaltigkeit.

Ohne die Rentiere hätten sich die Samen hier nach der letzten Eiszeit nicht behauptet.

Die Samen in Zahlen

In den drei Ländern des Nordens, Finnland, Norwegen und Schweden, leben zwischen 70 000 und 100 000 Samen.

In Russland kommen noch ein paar Tausend hinzu. Als Same gilt im Prinzip, wer sich als Same fühlt. (Mit Registern haben die Samen in den Zeiten der Rassenbiologie in der ersten Hälfte des letzten Jahrhunderts sehr schlechte Erfahrungen gemacht.)

Aber für den Eintrag ins Wahlregister reicht das nicht.

Wer bei den Wahlen zu den Sami-Parlamenten mitmachen will, muss von einer samischen Mutter abstammen und nachweisen, dass in der Familie Samisch gesprochen wird. Das können hohe Hürden sein.

Sind Sami eine Minderheit oder ein »Urvolk«?

Von den Zahlen her sind Sami eine Minderheit in ihrem eigenen Land. Sie stellen zwischen drei und fünf Prozent der Bevölkerung.

Wer von den Sami aber als »Minderheit« spricht, tritt schnell in einen Fettnapf. »Minderheiten gibt es viele«, sagt Victoria Harnesk. »Wir sind das Urvolk, weil wir hier die Ersten waren. Und wir sind das einzige Urvolk Europas.«

Der Rest der Menschen hier oben – an diesem Rande der Welt – ist über die Jahrhunderte aus dem Süden zugewandert, manche leben schon in achter Generation hier. Auch sie – die Neusiedler – sind hier verwurzelt.

Alle Nomaden?

Ein populärer Mythos besagt, dass die Mehrzahl der Sami von und mit ihren Rentieren leben und somit Nomaden sind.

Dem ist nicht so. Heute leben die meisten Sami so wie fast alle anderen Menschen im Norden, in Häusern mit Zentralheizung und Breitband, und sie zahlen Steuern als Krankenpflegerinnen, Schreiner, Fischerinnen, Ärzte, Pilo-

tinnen, Bauern, Fotografen, Baggerfahrerinnen, Museums-
direktoren, Verkäufer oder Ingenieurinnen.

Samen (oder Sami) stellen viele Größen in der Schriftstel-
lerei, der Musik und Malerei. Der samische Stegreifgesang
Joik, etwa von Marie Boine, ist weltweit populär. Und die
meisten Samen haben dann doch auch Rentierhirten in der
Familie – und immer ein paar Portionen Rentierfleisch in
der Kühltruhe.

Haben alle Sami auch Rentiere?

Das ist die Frage aller Fragen. Sie wird in Schweden, Norwegen und Finnland unterschiedlich beantwortet.

In Schweden und Norwegen dürfen nur Sami Rentiere
halten, aber längst nicht alle. Es ist ein besonderes Privileg.

Das Recht dazu wird innerhalb der eigenen Familie ver-
erbt. Äußeres Symbol ist die sogenannte Renmärke, ein von
Familie zu Familie verschiedenes Zeichen. Die jungen Rentiere werden kurz nach der Geburt an den Ohren damit
markiert.

Die Rentierzüchter sind eindeutig die Minderheit in
der Minderheit. Ein Beispiel: Von den etwa 20 000 Sami
in Schweden ist nur jeder vierte hauptberuflich Hirte.

Sie haben sich in 51 Kooperativen organisiert, den sogenannten Sameby, die alle ihre eigenen Sommerweiden und
Winterquartiere nutzen. Obwohl also zahlenmäßig nicht
die größte Gruppe, bestimmen sie weitgehend das Bild der
Sami in der Öffentlichkeit. Für Norwegen gilt das auch.

Es gibt Interessenskonflikte zwischen Rentierhirten und dem großen Rest der Samen, die auch gerne die Privilegien der Rentierhalter hätten.

Das wichtigste Vorrecht neben dem Eigentum an einer Herde (und dem Verkauf von Fleisch, Fell und Horn) sind die Zugänge zur Somerviste, den traditionellen Sommerdörfern, die häufig in Nationalparks und Naturschutzgebieten liegen. Nur Sami dürfen dort wohnen, und zwar ausschließlich die Familien der anerkannten Rentierhirten mit eigener Renmärke. Neu hinzugekommen ist auch das Jagd- und Fischrecht, wie es von der Girjas-Sameby vor dem höchsten Gericht erstritten wurde.

Wer seine Rentiere verkauft, weil etwa der enorme Arbeitsaufwand zu viel wird, verliert seine Renmärke

Bei allem verständlichen Neid auf die Privilegierten: Ob die Neider auch das harte Leben der Hirten gegen ihren Alltag eintauschen würden, steht auf einem anderen Blatt.

In Finnland wiederum gibt es kein Sami-Privileg, dafür aber eine uralte samische Tradition. Anders als in den übrigen Ländern ziehen die Hirten nicht mit ihren Herden vom Land an die Küste oder ins Hochland. Die Tiere leben ganzjährig frei in weiträumigen Gebieten und werden in aller Regel zugefüttert.

Auf der russischen Kola-Halbinsel wohnen wohl die Sami mit der schlechtesten sozialen Perspektive. In der Sowjetzeit wurden sie gezwungen, in festen Siedlungen zu leben und das Nomadentum an den Nagel zu hängen. Das ist den Sami schlecht bekommen: Die Arbeitslosigkeit ist hoch, und die Lebenserwartung liegt bei unter fünfzig Jahren.

Marketing: Samiland geht immer

Wenn man ein bisschen aufmerksam durch die Natur fährt, bemerkt man, dass die vermeintlich unberührten Berggipfel (Kebnekaise, Akka), fast jeder See (Akkajaure) und die meisten Orte samische Namen tragen. Akka, der heilige Berg, bedeutet so viel wie »Alte Frau«, das schwedische Kiruna heißt auf Samisch »Giron« und der Hausberg (»Kirunanvaara«) war einst der Berg der Giron, der Schneehühner. Nur bei der Eisenbahn haben viele Stationen schwedische Namen wie Riksgrensen (Reichsgrenze) oder Björkliden.

Wenn es um Erze und Stauseen, um Batteriefabriken oder Europas größte Windfarm mit 1011 Turbinen bei Piteå geht, spricht die schwedische Regierung nicht von Lappland – das überlässt sie der offiziellen Touristeninformation –, sondern von der Region Norrbotten, damit keiner auf den Gedanken kommt, das Land gehöre etwa denen, die dort seit jeher wohnen.

Denn Lappland ist im populären Verständnis einfach das Land, wo die Lappen wohnen. Der Name findet sich auf Karten von 1600 und im schwedischen Standard-Geografiebuch von 1906. Das kennen auch die meisten Deutschen.

Besser bekannt ist es als Selma Lagerlöfs Roman über Nils Holgerssons Reise mit den Wildgänsen.

Selma Lagerlöf bekam damals den offiziellen Auftrag, alle Regionen Schwedens vorzustellen – und mischte das mit den alten Volkssagen.

Lappland als Markenname ist indes immer noch gut genug, um Scharen von Touristen in den äußersten Norden des Kontinents zu locken, etwa nach Laponia, den großen Nationalpark.

Während Lappland als Idee von Freiheit, als Warenmarke von unberührter Natur, weiterlebt – auch wenn es den Sami nicht gefällt –, hat das abgeleitete Wort »die Lappen« ausgedient. Es gibt im Schwedischen allerlei Wortkombinationen wie »Lappenteufel«, »Lappenkrankheit« und andere Unfreundlichkeiten.

Für deutsche Leser mag es erstaunlich sein, wie schlecht man im vermeintlich toleranten Schweden von der eigenen Urbevölkerung sprach. Auch Finnland und Norwegen haben in diesem Fall ihre dunklen Kapitel der Geschichte.

Es ist typisch für Kolonialmächte, dass sie sich nicht damit begnügen, der Urbevölkerung das Land wegzunehmen. Sie machen sie auch noch schlecht, erklären sie zu Menschen zweiter Klasse, zu Tieren auf zwei Beinen, unfähig, sich selbst zu regieren. Einen angehängten schlechten Ruf wird man nicht so einfach los.

Wer bestimmt über Jagd und Fischfang – das Girjas-Urteil

Eine populäre Deutung der Geschichte ist, dass die Sami als Nomaden fast immer über den Tisch gezogen wurden, wenn es um das Recht an Grund und Boden ging. Das könnte nur die halbe Wahrheit sein. Als es nämlich zum sogenannten Girjas-Prozess um die Jagd- und Fischrechte der Sami kam – ein Mammutprozess, der sich über zehn Jahre hinzog, bis 2020 –, argumentierte die samische Expertin und promovierte Juristin Malin Brännström sehr geschickt: Der Staat habe von Anfang an die Sami gewähren lassen und ihnen das Recht zugestanden, ihre Herden durch die Weiten Lapplands zu treiben. Ein Deal der Vernunft und zum gegenseitigen Nutzen. Niemand anders hätte solche Erträge aus dem Land geholt und der Krone auch noch Steuern in Naturalien geliefert.

Es hat sicher nicht geschadet, dass Brännström nicht nur Doktorin der Jurisprudenz ist, sondern auch Rentierhirtin.

Vor Gericht argumentierte Malin Brännström: Der Staat habe sich eher wie ein Patron verhalten. Er gewährte Schutz mit der einen Hand und kassierte mit der anderen. Lange Zeit verwaltete der Staat die Jagd- und Fischgründe der Samen, weil er ihnen diese Verwaltung nicht zugetraut habe. Aber jetzt seien die Sami sehr wohl dazu imstande.

Dieser Argumentation ist das Oberste Gericht Schwedens gefolgt und hat die Jagd- und Fischrechte im Prinzip an die Urbevölkerung zurückgegeben. Und seitdem wehen die Farben der Samen – blau, gelb, rot und grün – noch etwas weiter aus.

Die Gretchenfrage

In alten Schriften, etwa 1732 bei dem Naturforscher Carl von Linné, heißt es, dass ein reicher Mann damals um die tausend Rentiere hatte. Wer nur hundert Tiere besaß, galt als arm.

Die Anzahl der Rentiere bestimmt noch immer den Status einer Familie. Rentiere sind das wirtschaftliche Rückgrat der samischen Kultur und bestimmend für ihre Identität. Aber eine Familie direkt nach der Größe der Herde zu fragen, wäre höchst indiskret. Das wäre so, als würde man jemanden nach seinem Kontostand befragen. Die Antwort wäre ein langes Schweigen.

Salz im Kaffee

Die Geschichte der Samen und der Schweden ist voller Missverständnisse. Warum etwa trugen Sami früher zwei Beutel am Gürtel, den einen voll Kaffee, den anderen voll Salz?

Für die Schweden musste es so aussehen, als ob die Samen den Kaffee versalzten. Und die Samen fragten sich, wie denn Kaffee ohne Salz schmecken könne. Das Rätsel ist relativ einfach zu lösen. Victorias Onkel Henrik Valkeapää hat uns das einmal bei einem Ausflug ins Fjäll erklärt:

»Unsere Vorfahren sprachen kein Schwedisch. So kam es zu dem Missverständnis. Der Kaffee wird unterwegs mit geschmolzenem Schnee aufgekocht – wir haben zehn Monate Schnee im Jahr. Dieses Tauwasser ist rein. Es ist nicht über Steine oder Moore gesickert und hat keine Mineralien angenommen.«

Getautes Eis schmeckt fade wie destilliertes Wasser, und es fehlen ihm wichtige Stoffe. So kam es dazu, dass die Samen mit zwei Beuteln am Gurt umherzogen, einen für den Kaffee und einen für das Salz.

Wie das Salz in den Kaffee kam, ist also eine einfache Frage. Victoria Harnesk hat es jedoch oft mit Fragen zu tun, die die innere Organisation der Sami-Gemeinschaften angehen, ihre Riten und Berufsgeheimnisse. Man kann ganze Völker nicht erklären, das wäre Anmaßung. Es bleibt ein Fragment. Aber man kann sich ihnen nähern. Und wer könnte das besser als Victoria, die uns sicher durch die Jahreszeiten geleitet und viele dieser Fragen beantwortet hat.

Literatur

Sigrid Damm: Tage- und Nächtebücher aus Lappland, Insel Verlag, Frankfurt 2002.

Victoria Harnesk: Smak på Sápmi, Samisk Mat – tradition, innovation och framtid, Slow Food Sami, Sameting 2014.

Victoria Harnesk/ Åsa Lindstrand: Samefolk, En samisk tidningshistoria, Stiftelsen Samefolk 2019.

Mats Jonsson: När vi var Samer. En Serieroman, Ordfront Galado, Stockholm 2021.

Elin Anna Labba: Herrerna satte oss hit, Om tvangsförflyttnigar i Sverige, Norstedts, Stockholm 2020.

Ann-Helén Laestadius: Das Leuchten der Rentiere, Hoffmann und Campe, Hamburg 2022.

Selma Lagerlöf: Die Wunderbare Reise des kleinen Nils Holgersson mit den Wildgänsen, Nymphenburger Verlagsanstalt, München 2005.

Åsa Larsson: Sonnensturm, btb Verlag, München 2007.

Åsa Larsson: Denn die Gier wird euch verderben, btb Verlag, München 2014.

Åsa Larsson: Wer ohne Sünde ist, btb Verlag, München 2022.

Mikael Niemi: Populärmusik aus Vittula, btb Verlag, München 2003.

Carl von Linné: Lappländische Reise, Gemini Verlag, Berlin 2004.

Klara Nordin: Totenleuchten, Kiepenheuer und Witsch, Köln 2014.

Office for Contemporary Art Norway (Hg): Let the river flow, An Indigenous Uprising and its Legacy in Art, Ecology and Politics, Oslo 2020.

Polarkreisportal.de von Andrea Seliger, Newsletter.

Lisa Röstlund: Skogslandet, En Granskning, Bokförlaget Forum, Stockholm 2022.

Barbara Schäfer: Lesereise Lappland: Nordlicht, Joik und Rentier-schlitten, Picus Verlag, Wien 2006.

Holger Wolandt: Selma Lagerlöf: Värmland und die Welt, Eine Biografie, Urachhaus Verlag, Stuttgart 2015.

Dank

Im unbekannten Terrain braucht es Wegweiser wie Victoria Harnesk aus dem schwedischen Teil von Sápmi. Dank für ihre Liebenswürdigkeit, ihren Mut und ihre Gastfreundschaft, ihre Lust an Sprache, ihre feine Ironie und ihren Joik, für 1000 Tassen Kaffee, die für Jahrzehnte der Freundschaft stehen. Sie hat mich sicher geleitet. Mögliche Fehler in diesem Buch gehen auf meine Kappe.

Im norwegischen Teil von Sápmi hat mich Asta Balto aus Kautokeino unter ihre Fittiche genommen. Sie hat zwei wichtige Titel: »elder« unter den Samen – eine weise Frau – und Autorität in samischer (Schrift-)Sprache und inzwischen emeritierte Professorin.

Die Reise zu Asta Balto und den samischen Künstlern der Biennale in Venedig hat die führende norwegische Kunststiftung organisiert. Das Office for Contemporary Art (OCA) ist bekannt für den ungeschminkten Umgang mit Norwegens kolonialer Geschichte – und es zeugt von geistiger Unabhängigkeit und Weitsicht, dass das norwegische Außenministerium solche Begegnungen finanziert. Dank an Katya Garcia-Antón vom OCA, Sarah Greenberg von Evergreen Arts und an Clemens Bomsdorf von der Norwegischen Botschaft in Deutschland.

Die Türen im finnischen Teil von Sápmi und den einzigartigen Zugang zu Kalevi Padar und Outi Jääsko in Inari öffnete Jarmo Pykko.

Kameramann Carl-Johan Utsi aus Jokkmokk hat mich als Beobachter dorthin mitgenommen, wo die Samen sonst lieber unter sich bleiben.

Dr. Malin Brännström sei Dank für ihre rhetorischen Höhenflüge und für einen Platz am Lagerfeuer.

Mit dem Biennale-Künstler Anders Sunna aus Jokkmokk bin ich durch den Winterwald von Kallak gestapft.

Dank auch an Jessica Milkewitz, führende Anbeterin des Polarlichts und STF-Chefin in Abisko, und an Aagot Sundelin Johansen, die gute Seele von Kokelv, für Einblicke in ihr Leben und ihre großzügig gewährte Gastfreundschaft. Mit Max von Klitzing würde ich wieder ans Ende der Welt fahren.

Mit einer Lektorin wie Ursula Bergenthal kann eigentlich nichts mehr schiefgehen. Sie ist streng, wenn es dem Text dient, und empathisch, wenn es der Autor besonders nötig hat. Dank an Regina Kammerer, ohne die dieses Buch nur eine Idee geblieben wäre.

Dank an die ersten Leser und Leserinnen: Tatjana Reiff, die Lappland wie ihre Westentasche kennt, an den Altmeister der Skandinavien-Korrespondenten Jörgen Detlefsen, meinen Reisegefährten Mikko Fritze und Dr. Sandra Mischliwietz. Sie alle haben das Buch geformt.

Das Buch ist das Ergebnis langer Reisen nach Lappland: zu Fuß, auf Langlaufskiern, per Bus, Bahn und Mietauto. Einiges war privat, anderes erlebte ich auf Dienstreise für die ARD. Entstanden ist das Buch allerdings erst nach Ende meiner Dienstzeit. Nun liegt Lappland bekanntlich nicht um die Ecke. In einzelnen Fällen habe ich Visit Sweden um Beteiligung an Reisekosten gebeten. Viveca Burkhardt und Sabine Klautzsch von der deutschen Zentrale und Louise Johansson von Visit Lappland in Kiruna waren hilfsbereit und enorm kundig und haben mich dann einfach machen lassen, so wie es eben die Art von Profis ist. Inhaltlichen Einfluss haben die Organisationen, die meine Zugreisen oder Aufenthalte in Hütten und Herbergen bezahlt haben, nicht genommen.

Hamburg, im Februar 2024
Tilmann Bünz

Alta
Kautokeino
Inari
Kiruna
Jokkmokk
Rovaniemi
Polarkreis
FINNLAND
SCHWEDEN
NORWEGEN
Helsinki
Oslo
Stockholm
Göteborg

Hammerfest

Karasjok

Tromsø
Inari
Murmansk

Kautokeino
ÖSTSAMISKT
OMRÅDE

Narvik

Karesuando
NORDSAMISKT
OMRÅDE
RUSSISCHE
FÖRDERATION

Kiruna

Gällivare
Pajala

LULESAMISKT
OMRÅDE
Jokkmokk
Rovaniemi

Arjeplog
Luleå
Haparanda

Arvidsjaur
Skellefteå

Vilhelmina
Umeå

SYDSAMISKT
OMRÅDE
Lycksele
FINNLAND

Trondheim
Åre
Östersund

Röros
Härnösand

Idre
Sundsvall

NORWEGEN
Söderhamn

SCHWEDEN

Anmerkungen

1   *Selma Lagerlöf, Wunderbare Reise des kleinen Nils Holgersson mit den Wildgänsen, 34. Auflage 2005, Nymphenburger Verlagsanstalt München, S. 383.*

2   Zitiert nach »Gesellschaft für bedrohte Völker. Die Sami. Bedrohte Kultur in Lappland«. Bern 1990.

3   Alle Zitate nach Ájtte, das Schwedische Fjäll- und Samemuseum, Jokkmokk.

4   Aus Åsa Larsson, »Wer ohne Sünde ist«, C. Bertelsmann, München 2022, S. 386.

5   Aus: Karen Hensel, Norr Magazin Natur des Norden, Stockholm 2021.